تشنغ خه

إمبراطور البحار الصيني

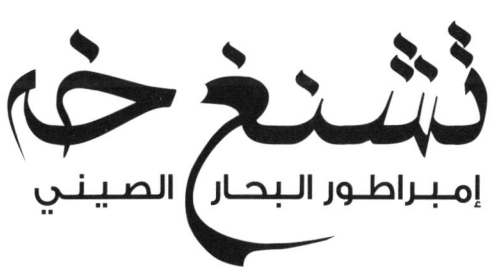

تشنغ خه
إمبراطور البحار الصيني

قراءة جديدة في تاريخ
الكشوفات الجغرافية

د. علي بن غانم الهاجري

دار جامعة حمد بن خليفة للنشر
HAMAD BIN KHALIFA UNIVERSITY PRESS

دار جامعة حمد بن خليفة للنشر
صندوق بريد 5825
الدوحة، دولة قطر

www.hbkupress.com

جميع الحقوق محفوظة.

لا يجوز استخدام أو إعادة طباعة أي جزء من هذا الكتاب بأي طريقة دون الحصول على الموافقة الخطية من الناشر باستثناء حالة الاقتباسات المختصرة التي تتجسد في الدراسات النقدية أو المراجعات.

الطبعة الأولى عام 2020

الترقيم الدولي: 9789927141577

مكتبة قطر الوطنية بيانات الفهرسة – أثناء – النشر (فان)

الهاجري، علي بن غانم، مؤلف.

تشنغ خه : إمبراطور البحار الصيني : قراءة جديدة في تاريخ الكشوف الجغرافية / د. علي بن غانم الهاجري. - الطبعة الأولى. الدوحة، دولة قطر : دار جامعة حمد بن خليفة للنشر، 2020.

صفحة ؛ سم

تدمك 978-992-714-157-7

1. تشنغ، خه، 1371-1435. 2. المستكشفون -- الصين -- تراجم. 3. الكشوف الجغرافية -- تاريخ. أ. العنوان.

DS753.6.Z47 H35 2020

910.92– dc23

202027855697

«في سبيل إقامة العلاقات الودية بين الصين وهذه الدول لا نعبأ حتى بالموت».

تشنغ خه

المحتويات

المقدمة 15

الفصل الأول: سيرة تشنغ خه 21

1.1. مولد تشنغ خه ونسبه 21

2.1. تنشئة تشنغ خه 24

1.2.1. تنشئته الأولى في كنف أسرته 25

2.2.1. تنشئته الثانية في القصر الإمبراطوري 29

1.2.2.1. أسر تشنغ خه واقتياده إلى القصر الإمبراطوري 29

2.2.2.1. تفوق تشنغ خه على أقرانه في القصر الإمبراطوري 30

3.2.2.1. إعجاب الإمبراطور هونغ وو بتشنغ خه 03

4.2.2.1. انتقال تشنغ خه للعمل مع الأمير تشو دي 31

3.1. بروز تشنغ خه كقائد عسكري ودبلوماسي 32

4.1. ديانة تشنغ خه 34

5.1. وفاة تشنغ خه 39

الفصل الثاني: رحلات تشنغ خه البحرية 43

1.2. أسباب اختيار تشنغ خه للقيادة البحرية 43

2.2. أهداف الرحلات 48
2.2.1. البحث عن الإمبراطور المفقود تشو يون ون 49
2.2.2. إضفاء الصبغة الشرعية على حكم الإمبراطور يونغلي 15
2.2.3. التحالف مع الهند لمقاومة عدوان دولة تيمور 51
2.2.4. الدوافع الاقتصادية 52
2.2.5. إظهار قوة الصين والسعي للتفوق البحري 53
2.2.6. الدوافع السياسية 54
2.2.7. الدوافع العسكرية (توطيد السلام) 55

2.3. التجهيز للرحلات 65
2.3.1. إصدار أمر تعيين تشنغ خه 56
2.3.2. بناء الأسطول 57
2.3.3. تقسيم سفن الأسطول 85
2.3.4. التنظيم القيادي والخدماتي للأسطول 95
2.3.4.1. مركز القيادة 61
2.3.4.2. مركز الملاحة 61
2.3.4.3. مركز الشؤون الخارجية والداخلية 61
2.3.4.4. مركز الحماية العسكرية 61
2.3.4.5. مركز الشؤون التموينية 62

2.4. الرحلات السبع 63
2.4.1. الرحلة الأولى 63
2.4.2. الرحلة الثانية 66
2.4.3. الرحلة الثالثة 67
2.4.4. الرحلة الرابعة 69

2.4.5. الرحلة الخامسة 70
2.4.6. الرحلة السادسة 71
2.5.7. الرحلة السابعة 72

الفصل الثالث: التأثيرات الحضارية لرحلات تشنغ خه 77
3.1. دور تشنغ خه في نشر الإسلام 77
3.1.1. العلاقة بين تشنغ خه وانتشار الإسلام في جنوب شرق آسيا ... 81
3.1.2. أنشطة تشنغ خه المرتبطة بالإسلام في جنوب شرق آسيا 83
3.1.2.1. إقامة تشنغ خه للشعائر الدينية 83
3.1.2.2. مساهمة تشنغ خه في بناء المساجد 84
3.1.2.3. تأسيس تشنغ خه للمجتمعات المسلمة 85
3.1.2.4. دفاع تشنغ خه عن استقلال مملكة ملقا الإسلامية 87
3.1.2.5. نقل تشنغ خه للمسلمين من الأراضي الإسلامية
والصين إلى جنوب شرق آسيا 88

3.2. الأثر الإسلامي لتشنغ خه في جنوب شرق آسيا بعد رحيله 89
3.3. دور تشنغ خه في التعايش السلمي العالمي 90
3.3.1. النزعة السلمية للأمة الصينية 91
3.3.2. التعايش الديني 93
3.3.3. التعايش الاجتماعي 97
3.4. رحلات تشنغ خه ودورها في التلاقح الثقافي 101
3.5. رحلات تشنغ خه ودورها الاقتصادي 105
3.5.1. دور رحلات تشنغ خه في إنعاش الاقتصاد 106

3.5.2. دور رحلات تشنغ خه في ظهور الموانئ العملاقة 110
3.5.3. دور رحلات تشنغ خه في ظهور المراكز التجارية............ 111
3.5.4. دور رحلات تشنغ خه في النهوض الاقتصادي لبعض البلدان ... 112
3.5.5. دور رحلات تشنغ خه في المجال الزراعي والحيواني 114

الفصل الرابع: جهود تشنغ خه البحرية والاستكشافية 117

4.1. تمهيد 117

4.2. جهود تشنغ خه في اكتشاف البحار وتخطيطها 118

4.2.1. الخبرات والتكنولوجيات الملاحية المتقدمة 119
4.2.2. تطور تكنولوجيا بناء السفن 120
4.2.3. استكشاف البحار وتخطيطها 121
4.2.4. تراكم التجارب الملاحية 124
4.2.5. تحديد خطوط المواصلات البحرية 124
4.2.6. خرائط تشنغ خه الملاحية 126

4.3. اكتشاف القارة الأمريكية 131

4.3.1. دور العرب والمسلمين في اكتشاف أمريكا 131
4.3.2. تشنغ خه واكتشاف أمريكا وفق نظرية غافن مينزيس 136
4.3.3. رأس الرجاء الصالح اكتشاف شرقيٌّ وليس غربيًّا 144
4.3.4. حقيقة وصول تشنغ خه إلى الأمريكتين 149

4.4. مقارنة بين حجم أسطول تشنغ خه وبعض أساطيل البحارة الغربيين 154

4.4.1. أسطول تشنغ خه 155
4.4.2. الأساطيل الغربية 158

4.4.2.1. أسطول هنري الملاح 158
4.4.2.2. أسطول كولومبس 158
4.4.2.3. أسطول فاسكو دي جاما 159
4.4.2.4. أسطول ماجلان 160

4.5. النظرات الإنسانية لرحلات تشنغ خه 163

الفصل الخامس: دور تشنغ خه في السياسة الخارجية 167

5.1. التمهيد 167

5.2. محددات السياسة الخارجية الصينية في أوائل عصر أُسرة مينغ ... 169
  5.2.1. المحدد العسكري 169
  5.2.2. المحدد الاقتصادي 172
  5.2.3. المحدد الدبلوماسي الإيجابي 173

5.3. التوجهات الدبلوماسية والتنموية لأباطرة أسرة مينغ 174

5.4. الأسس المحركة للسياسة الدبلوماسية السلمية لرحلات تشنغ خه ... 179
  5.4.1. الطبيعة المسالمة للأمة الصينية تضع أساسًا فكريًّا للدبلوماسية السلمية 179
  5.4.2. الربط بين التنمية السياسية والسياسات الدبلوماسية السلمية ... 181
  5.4.3. المصالح الاقتصادية والسياسية المتبادلة 182

5.5. الركائز الرئيسة لدبلوماسية تشنغ خه الخارجية 183
  5.5.1. النهج السياسي السلمي 183
  5.5.2. حسن الجوار 185
  5.5.3. تهدئة الأوضاع المتوترة في جنوب شرق آسيا 185

5.6. أهم الملفات الدبلوماسية التي عالجها تشنغ خه 186
   5.6.1. معالجة الملفات الدبلوماسية بين الصين واليابان 186
   5.6.2. تسوية الوضع السياسي المضطرب في سومطرة وتعزيز العلاقات الودية 187
   5.6.3. إنشاء نظام الحكم في ملقا 188
   5.6.4. معالجة ملف سيلان (سريلانكا) 190
   5.6.5. تسوية الوضع في باليمبانج 193
   5.6.6. العلاقة مع كاليكوت 198
   5.6.7. العلاقة مع تشامبا (مدينة كويرن في جنوب فيتنام اليوم) 198
   5.6.8. تسوية الخلاف مع جاوا 199
   5.6.9. تسوية ملف سيام 200
   5.6.10. توطيد العلاقة مع البنغال 200
   5.6.11. توطيد العلاقة مع الدول العربية والإفريقية 201

الفصل السادس: نتائج الدراسة 205
تشنغ خه ربان الدبلوماسية الصينية ورائد الاكتشافات الجغرافية ... 205
   6.1. تشنغ خه القائد الأممي للأمن الدولي 206
   6.2. تشنغ خه رائد الفكر الاقتصادي العالمي الحديث 209
   6.3. دور تشنغ خه في التكافل الاجتماعي العالمي 211
   6.4. تشنغ خه رسول التعايش السلمي والأمن العالمي 213
   6.5. تشنغ خه التاريخ المشترك بين المجتمعات 215
   6.6. تشنغ خه رائد الكشوفات الجغرافية 216

قائمة المصادر والمراجع 219
1.7. المصادر والمراجع العربية والمعربة 219
2.7. المصادر والمراجع الأجنبية 227

المقدمة

حين يكون الحديث عن كبار البحارة والمستكشفين، فقد جرت العادة أن تطرح بعض الأسماء التي ما فتئ ذكرها يتكرر على مسامعنا أمثال: هنري الملاح وكريستوفر كولومبس وماجلان ودي جاما وغيرهم من الأعلام المبرزين في هذا الصدد، ولكن المؤرخين -مع بالغ الأسف- يظلمون أحد أكبر المستكشفين والبحارة بغض الطرف عن ذكره، وإيراد سيرته العاطرة، وإبراز علو كعبه في هذا المضمار الذي لا يداني إنجازه فيه أحد، حيث قضى قسطًا كبيرًا من حياته فوق أمواج البحار، تلقي به بين شواطئ العالم القديم التي خاض غمارها، وسبر أغوارها قبل تلك الأسماء المشار إليها آنفًا بما يربو على نصف قرن من ظهورها على سطح مياه المحيطات، وبدئها أولى خطوات رحلة الاكتشاف.

إنه عملاق التاريخ الصيني، الأدميرال المسلم تشنغ خه، ويُدعى بالعربية حجّي محمود، والذي قام برحلات عديدة زار خلالها كافة البلدان الواقعة على سواحل المحيط الهندي وجنوب آسيا، فضلًا عن زيارته بعض تلك البلدان الواقعة على السواحل الشرقية لقارة إفريقيا، بل قيل إنه وصل إلى أراضي الأمريكتين، وكان ذلك على مدار سبع رحلات بحرية استغرقت ثمانية وعشرين عامًا، جَسَّدَ تشنغ خه خلالها قيم الأمة الصينية في الانفتاح والتقدم والعمل من أجل السلام والصداقة مع كافة الشعوب.

لقد كانت رحلات تشنغ خه البحرية عملًا عظيمًا، لا مثيل له في تاريخ الصين، بل في تاريخ الملاحة العالمية، حيث مثلت رحلاته خطوات

شديدة الرسوخ في مسيرة تقدم الحضارة البشرية، عبر الاكتشاف والتواصل والمساهمة في مد الجسور بين أوصال الإنجاز الحضاري الإنساني في مختلف البيئات والثقافات على سطح المعمورة آنذاك. وتأسيس أولى خطوات التبادل والتلاقح بين الأفكار والخبرات على نطاق واسع، وفي مجالات شتى، بداية من الملاحة وبناء السفن، ومرورًا بالخبرات الطبية والزراعية والتجارية، ووصولًا إلى المعتقدات الدينية والفنون والآداب. وهو ما ساعد على التقدم خطوة نحو التقارب الإنساني، والتعاطي الحضاري بين الصين ومختلف الشعوب والثقافات التي مر بها، معبرًا من خلال تلك الرحلات عن رغبة صادقة للشعب الصيني في تأسيس حالة التعايش السلمي مع كافة الشعوب.

هذا وقد ترك تشنغ خه من خلال رحلاته انطباعًا عميقًا وتأثيرًا بالغًا، لا تزال بصماته جلية إلى يومنا هذا في نفوس أبناء الشعب الصيني، وفي نفوس الشعوب الآسيوية التي مر بها الأسطول الصيني العظيم، ذلك التأثير الذي لم يتحقق لأي شخصية أخرى من الرحالة والمكتشفين والبحارة الذين تملأ أخبارهم صفحات الكتب والدراسات المعنية بهذا الحقل المعرفي، فلا تزال الذاكرة الجمعية لهذه المنطقة تفيض بالعديد من الحكايات التي تروى عنه، وعن أسطوله الضخم الذي نجد ذكره في العديد من الوثائق التاريخية لمنطقة شرق آسيا.

لقد جَسَّدَ تشنغ خه أهم قيم الشعب الصيني التي أراد أن ينقلها للعالم أجمع، والمتمثلة في عدم الوجل أمام الصعوبات والتحديات، وتجاوز كافة المعوقات من أجل مد جسور التعاون والسلام، والانفتاح على الآخر لإجراء التبادلات الثقافية والتعايش السلمي.

إن ما قام به تشنغ خه وأسطوله مَثَّلَ نموذجًا فريدًا، وحالة نادرة للدور المنوط برحلة الكشف، ذات البعد المعرفي الحضاري النافع أينما حل وأينما ارتحل.

لقد كان أسطوله بمثابة ذلك النهر القادم من أعالي الهضبة الصينية منحدرًا نحو البحار، وممتدًا على سواحل المحيطات والقارات، ليخفف بعذوبته بعضًا من ملوحتها، وليروي ظمأ أرضها المتعطشة لقبلة النماء والازدهار الثقافي والتجاري والأمني، ليكون مَقْدِمُهُ فألَ خير وبركة على كافة الموانئ التي نزل بها، فعجت جوانبها بالأنشطة التجارية والاستقرار القادم في ركابه.

ومن ثم فإن من عجائب التاريخ أن يهال تراب النسيان على مثل هذه الشخصية التي كان يجدر بكل متخصص في هذا الحقل المعرفي على وجه الخصوص -بل في الدرس التاريخي عمومًا- أن يوليها ما تستحق من الاهتمام والإجلال والقراءة المنهجية العلمية الدقيقة. ولكن كما يقال: أن تصل متأخرًا خير من ألا تصل أبدًا، ولذا فإن ما تعرضت له هذه الشخصية التاريخية الفريدة من خطيئة النسيان والتجاهل على مستوى الدرس والقراءة، لتكفر عنه الدراسات الحالية والقادمة التي ينبغي أن تستدرك الإهمال السابق لها. فقد تعيد دراسات هذه الشخصية بعضًا من حقها في الإبراز والإجلال المستحق، بل حقها كذلك في نسبة بعض الإنجازات التي نسبت لغيرها، على غرار ما يتم درسه الآن بين المتخصصين في تاريخ رحلات أسطول تشنغ خه من فرضية علمية تعكف على تفنيدها مراكز بحثية تاريخية، وتفيد بأن تشنغ خه كان له السبق في اكتشاف القارة الأمريكية قبل كريستوفر كولومبوس، وهو الأمر الذي يحظى بقسط وافر من جهد المتخصصين في علوم التاريخ والجغرافيا والآثار للتأكد منه.

تُعَدُّ شخصية تشنغ خه بصدق من الشخصيات الأكثر بروزًا في التاريخ العالمي، سواء على مستوى ما قام به من اكتشافات جغرافية ورحلات بحرية جابت معظم الأسطح المائية في المعمورة أو من حيث سماته الشخصية وسيرته الذاتية، حيث أظهر كفاءة وقدرة فائقة في كافة القضايا العظيمة التي

اضطلع بها طوال حياته، إذ برز في الأعمال الملاحية والدبلوماسية العسكرية والمعمارية والسياسية، ولذا كان حضوره جليًّا في تاريخ العديد من الشعوب.

وعلى الرغم من الشهرة الواسعة التي حظيت بها تلك الرحلات الاستكشافية العظيمة التي قام بها تشنغ خه في الثلث الأول من القرن الخامس عشر الميلادي، وتحديدًا ما بين عامي (1405-1433م)، والتي عرفت باسم (رحلات الكنز)، وما رافق تلك الرحلات السبع من كتابات وأبحاث ودراسات عززت من شهرتها وقيمتها، وما لاقته لاحقًا من حفاوة وتكريم لدى عدد من الشعوب التي زارتها تلك الرحلات، فإننا -وللأسف- ما زلنا نجهل الشيء الكثير عنها، بل نجهل ارتباط تلك الرحلات الصينية بحقبة تاريخية مهمة من تاريخنا الوسيط، كنّا وما زلنا في أمس الحاجة لسبر أغوارها واستجلاء غوامضها وأسرارها. ومن هنا عقدت العزم على القيام بهذا العمل الذي خصصته لدراسة سيرة تشنغ خه وأعماله والظروف التاريخية للحقبة التي عاشها، في محاولة للإحاطة بأكبر قدر ممكن من المعلومات المدونة حول هذه الشخصية، وهو ما تسعى هذه الدراسة أن تتميز من خلاله عن غيرها من الدراسات المماثلة.

وقد شرعنا في القيام بهذا العمل ونحن نرجو أن يحظى بتقدير كل من يجد فيه رواءً لظمأ معرفي -حول هذه الشخصية العظيمة، أو حول تلك الحقبة شديدة الأهمية في تاريخ الصين، وتاريخ كافة شعوب المنطقة الشرق آسيوية- بل وكل من لديه رغبة صادقة في المعرفة والبحث العلمي الجاد، لا سيما في مجال التاريخ.

وتهدف هذه الدراسة إلى تسليط الضوء على أحد أبرز الأعلام الذين ساهموا بأدوار شتى في مضمار العمل الحضاري الإنساني، والذي لم يحظ بما يستحق من الاهتمام، وخاصة في عالمنا العربي، رغم أنه ليس هناك

أولى منا نحن العرب المسلمين للاهتمام بهذه الشخصية الصينية الإسلامية الجليلة، والتي تجسد الدور الحضاري الرائع الذي قام به مسلمو الصين عبر تاريخها الطويل، حيث تسعى هذه الدراسة لإبراز عدد من النقاط شديدة الأهمية حول ذلك البحار الرحالة الدبلوماسي العظيم.

ولا تكمن أهمية هذه الدراسة في كونها تمثل دراسة لمرحلة تاريخية ازدهرت فيها جوانب الحضارة الإنسانية فحسب، بل تكمن أهميتها أيضًا في كونها قراءة جديدة وجادة لهذه الحقبة التاريخية، وتقديمًا لرؤية جديدة حول تاريخ الكشوفات الجغرافية.

وإذ ننطلق في هذا العمل فإن لدينا رغبة جادة في التحرر من أسر المنهجية التقليدية في الطرح التاريخي، والتي تعتمد السرد المتوالي للأحداث والخضوع لسطوة النمطية المميزة لهذا النهج الذائع بين عدد كبير جدًّا من الدراسات التاريخية. حيث سندع مساحة للتحليل والتفنيد لهذه الأحداث بصورة تحررنا من السردية، وتدخلنا في قلب البحث العلمي الجاد، سعيًا نحو قراءة جديدة، ووعي بالتاريخ مستند إلى الديالكتيك بين اللحظة الماضوية لوقوع الحدث التاريخي واللحظة الآنية لقراءته.

الفصل الأول
سيرة تشنغ خه

1.1. مولد تشنغ خه ونسبه:

ولد تشنغ خه في عام 1371م في قرية «خهدا» في بلدة «باوشان» في ولاية كونيانغ (محافظة جينينغ حاليا) في جنوب غرب الصين، وينتمي تشنغ خه إلى قومية هوي المسلمة[1]، وكان اسم عائلته «ما»[2]، وتبعًا لسيرته الذاتية في تاريخ المينغ، كان اسمه جينغ خه[3]، أما اسم رضاعته[4] فهو «ما سان باو» وقد كان هذا الاسم يطلق عليه فيما بعد أيضًا[5].

ووفقًا لتدوين شجرة العائلة لتشنغ خه فإن أصل أجداده يرجع إلى صفير ملك دولة بخارى[6] الواقعة في آسيا الوسطى، وهو من الجيل الحادي عشر من أجداد تشنغ خه، حيث اضطر الجد الحادي عشر إلى ترك بلاده

---

(1) لمعلومات أوفى عن قومية هوي ينظر: لي وينهوا، قومية هوي في الصين، ترجمة: ما ييباو، نينغشيا الشعبية للنشر، توزيع مكتبة شينخوا الوطنية، الطبعة الأولى، سبتمبر 2013م، ص48 وما بعدها.

(2) تشنغ يي جيون، إبحار تشنغ خه إلى المحيط الهندي، دار المحيط، 1985م، ص25.

(3) وفقًا لشجرة عائلة تشنغ خه فإن «خه» تعني السلامة في اللغة الصينية، واسم رضاعته «سان باو»، وكان والده يرجو أن يستطيع ابنه الصغير أن يترعرع في السلامة والطمأنينة تحت حفظ الله. شجرة العائلة لتشنغ خه، 1723-1735م.

(4) اسم رضاعته؛ أي اسمه في طفولته، فعند ميلاده سموه ما سان باو.

(5) سجلات أسرة مينغ، السجل 3161، المجلد 118، ص9389.

(6) منطقة بخارى في أوزبكستان اليوم.

وجاء إلى الصين، ووصل إلى مدينة كايفونغ عاصمة أسرة سونغ الشمالية (960هـ/ 1279م) مع أبنائه الثلاثة وأخيه الصغير.

كما يُعدُّ تشنغ خه من طائفة سيمو التي تعتنق الإسلام، وهو من سليل الجيل السادس من السيد شمس الدين عمر، حاكم مقاطعة يونان الصينية، وقد أتى تشنغ خه من الابن الخامس لشمس الدين، وهو أمر أكدته دراسات النصوص والوثائق التي أشارت إلى أن عشيرته عشيرة مسلمة تنحدر من شمس الدين والي شيانيانغ(1)، وعلى هذا الأساس فإن الأدلة تشير إلى أن الجنرال شيانيانغ في أوائل أسرة يوان هو من أجداد تشن خه.

واسم سعيد شمس الدين عمر هو الجنرال سايديانتشي تشانسيدين (1211-1279م)، وقد كان سياسيًّا مشهورًا في أوائل أسرة يوان (1271-1368م)، ونتيجة لما تمتع به من حس سياسي وحنكة قيادية عينه إمبراطور أسرة يوان الأول رئيس مقاطعة يونان، وقد استطاع إدارتها بامتياز، حيث ترك آثارًا كبيرة في التنمية الاجتماعية والاقتصادية والثقافية في مقاطعة يونان، وتكريمًا له شيد الشعب في مقاطعة يونان نصبًا تذكاريًّا له.

إن معظم أبناء شمس الدين وأحفاده يقيمون في يونان، وكان أجداد تشنغ خه من بينهم، واسم ابنه الصغير مسوح، وكان من أجداد الجيل الخامس لتشنغ خه، وهو الذي ورث منصب أبيه وتولى ديانيانغ، ونتيجة للصفات الاجتماعية التي يتمتع بها مسوح، استطاع أن يتعايش مع أبناء الشعب من قومية هان لفترة طويلة، وساعده هذا الأمر على أن يعتاد على عاداتهم وتقاليدهم، لذلك قرر أن يحوّل اسم عائلته إلى «ما»، ومن هذه التسمية أتى اسم عائلة تشنغ خه.

---

(1) تشنغ يي جيون، إبحار تشنغ خه إلى المحيط الهندي، ص25.

أما عن أصول أسرة تشنغ خه، فيذكر بعض الباحثين أن أصولهم هي أصول عربية[1] حيث ينتمون إلى الأشراف العلويين، فحاكم منطقة يونان الصينية - الجنرال سايديانتشي تشانسيدين (سعيد شمس الدين عمر) كان ينتمي إلى إحدى السلالات العربية العلوية المنتشرة في آسيا الوسطى، التي سافرت إلى الصين، وهو الحفيد رقم 36 للإمام علي بن أبي طالب رضي الله عنه[2].

كما أن من الباحثين من يرى أن جد أجداد تشنغ خه من أصل مغولي يعود إلى الملك جنكيز خان[3].

ويبدو أن الرأي الأول الذي يفيد أن أصول أسرة تشنغ خه هي أصول عربية، وينتمون إلى الأشراف العلويين هو الرأي الراجح، ولعل ما يؤكد ذلك أن أسرته كانت أسرة مسلمة، ومحافظة على التعاليم الإسلامية، وتربية أبنائها وتنشئتهم تنشئة إسلامية[4].

هذا وقد تعددت الأسماء التي أُطلقت على تشنغ خه، فمن أشهر الأسماء التي كانت تطلق عليه:

- ما سان باو: وهذا الاسم هو اسم ولادته؛ أي الاسم الذي أطلق عليه عند ولادته، ويعني ما سان باو (فتى الجواهر الثلاث)،

---

[1] العلوي، هادي، المستطرف الصيني، دار المدى للثقافة والنشر والتوزيع، سوريا، 1994-2000م، ص305؛ مصطفى عبادة، ثلاثون يومًا في المستقبل: رحلة إلى ينتشوان -نينغشيا- الصين، 2107م، ص145.

[2] العلوي، المستطرف الصيني، ص305.

[3] محيرز، عبد الله أحمد، رحلات الصينيين الكبرى إلى البحر العربي، دار جامعة عدن للطباعة والنشر، 2000م، ص47.

[4] لمعلومات أوفى عن تنشئته الإسلامية ينظر ما سيأتي من هذا الفصل تحت عنوان: تنشئته الأولى في كنف أسرته.

وقد ذهب بعض الباحثين إلى أن اسم ماسان باو هو الاسم الذي حُرِّف في الأدب الشعبي العربي إلى السندباد، صاحب الرحلات البحرية السبع المشهورة تماماً كرحلات تشنغ خه السبع[1]، وكما هو معلوم فإن هذه القصة تُعدُّ من أروع القصص في الأدب الشعبي العربي التي ما زالت تحظى بانتشار واسع في الأوساط الشعبية.

- تحول اسم تشنغ خه من ما سان باو إلى ما خه، وكان اسم ما خه هو الاسم الأصلي لتشنغ خه[2]، وظل اسم ما خه يلازم تشنغ خه في أثناء طفولته وحتى في مرحلة انتقاله إلى القصر الإمبراطوري، ولم يتغير هذا الاسم إلا في عهد الإمبراطور تشو دي الملقب بـ يونغلي (1403-1424م)، وهو الإمبراطور هو الذي أطلق على تشنغ خه هذه التسمية.

- حجي محمود شمس: من الأسماء التي يحملها تشنغ خه الاسم حجي محمود شمس، فاسم تشنغ خه يعني بالعربية حجي محمود؛ أي الحاج محمود.

2.1. تنشئة تشنغ خه:

لكي نقدم للقارئ صورة واضحة وبسيطة عن تنشئة تشنغ خه، سنقوم بتقسيم تنشئته إلى مرحلتين وهي:

---

(1) Luo Maodeng, annotated by Lu Shulun and Lan Shaohua, Sanbao Taijian xia Xiyang ji tongsu yanyi) Popular romance of the journey to the Western Ocean of the Three Treasure Eunuch), Shanghai: Shanghai Guji Chubanshe, 1985, p 50-57; Geoff Wade, China and Southeast Asia, London: Routledge, 2009, p 17-18.

(2) ليو ين، رحلة تشنغ خه إلى دول المحيط الهندي، رسوم: تشونغ ليو، دار نشر الفنون الجميلة الشعبية، شانغهاي، الطبعة الأولى، 1983م، ص4.

1.2.1. تنشئته الأولى في كنف أسرته:

نشأ تشنغ خه في مدينة يونان، تلك البقعة التي أنجبت أعظم علماء الإسلام في الصين، كما أنها المنطقة التي شهدت أكثر الأحداث الإسلامية فخرًا في تاريخ الصين، فهي المقاطعة التي تحتضن مدرسة مينغده الإسلامية التي أرسلت دفعتين من طلابها في ثلاثينات القرن الماضي للدراسة بالأزهر الشريف، وكان من بينهم ما يون تينغ، ومحمد مكين ما جيان، ونا شيون، وعبد الرحمن نا تشونغ، وهي المنطقة التي تعتز بحاكمها، في فترة أسرة يوان، المسلم ذي الأصول العربية، السيد الأجل شمس الدين.

وفضلا عن ذلك فإن أجداد تشنغ خه كانوا حكّامًا للمنطقة وظلّوا يعملون للحكومة والأسرة الإمبراطورية، كما كانت عائلة تشنغ خه عائلة كريمة مجيدة تتمتع بالمستوى العالي في ثقافة قوميتها، وكذلك تتمتع بالمكانة المرموقة داخل الثقافة الإسلامية.

وبناءً على هذا يمكننا أن نؤكد أن تشنغ خه قد تعلّم الثقافة الصينية والعربية ومعارف الإسلام منذ طفولته وذلك بحكم تنشئته الأولى داخل بيئة ثقافية إسلامية وصينية، كما انعكست العديد من الصفات الحميدة على شخصيته في المرحلة المبكرة مثل صفات الكرم والتقى وغيرها من الصفات التي تميزت بها أسرته.

ومن المعروف أنه قد سبق لوالده وجدّه أن سافرا إلى مكة المكرمة لتأدية فريضة الحج التي تُعَدُّ الركن الخامس من أركان الإسلام الخمسة، فعاد كل منهما حاملًا لقب الحاج، ولقبُ الحاج المرتبط بزيارة بيت الله الحرام والأراضي المقدسة في مكة والمدينة كان يكسب صاحبه شرفًا

وتميزًا بين أبناء قومه(1)، لذا فقد كان المسلمون الصينيون العائدون من مكة يتمتعون بالاحترام والتقدير من قبل أبناء الشعب المحليين، كما أن الذهاب إلى الحج ليس بالأمر السهل، فالذهاب إلى الحج يحتاج الكثير من المال، ولا تقدر العائلة العادية على نفقاته، ومن هنا فالذهاب إلى الحج مقصور على الميسورين.

ومن المؤكد أن الحجاج الصينيين في أثناء سفرهم إلى مكة لتأدية فريضة الحج كانوا يعانون من بُعد المسافة، ويتعرضون للكثير من المصاعب والمتاعب في طريقهم، ووفقًا لما ورد في المصادر التاريخية عن خط سير الحج للمسلمين المقيمين في منطقة يونان، كان الخط يسير على النحو التالي:

- مدينة كونمينغ ومدينة دالي هما نقطتا الانطلاق إلى الحج، ومن ثم إلى ماندالاي الواقعة في ميانمار.
- الانطلاق من ماندالاي، ومن ثم الوصول إلى رانغون على متن السفن عن طريق نهر إيراوادي.
- الانطلاق من ميناء رانغون عبر البحر، ومن ثم الوصول إلى كاليكوت.
- مغادرة كاليكوت بحرًا عبر خليج البنغال، ومن ثم الوصول إلى خليج عدن عبر البحر العربي.
- الانطلاق من ميناء عدن عبر البحر الأحمر حتى الوصول إلى ميناء جدة الواقع على الضفاف الشرقية للبحر الأحمر.
- الانطلاق من جدة برًّا حتى الوصول إلى مكة المكرمة.

---

(1) Amashita and Michael S. And Gian Guadalupe, "Zheng He: Track the epic journeys of China's largest explorer," White Star Publishing, 2006, p 144.

ومن خلال خط سير الحجاج هذا نلحظ طول المسافة، وتعدد مراحل الرحلة، والمرور بعدد من الشعوب مختلفة الثقافات، وعلى هذا يبدو أن لسفر والد تشنغ خه وأجداده للحج عبر هذا الطريق الطويل الأثر الكبير في تمسك هذه العائلة بالقيم الإسلامية وغرسها في أبنائهم، ومن ثم كان هذا التواصل لهذه الأسرة مع المجتمع الإسلامي وخصوصًا عن طريق الحج قد أثر في تنشئة تشنغ خه من حيث غرس القيم والتعاليم الإسلامية السمحاء وكذلك تَعَلُّمه اللغة العربية، هذا من جهة، ومن جهة أخرى تَعَلُّمه ثقافة الشعوب التي مروا بها.

وعلى هذا فقد كان تشنغ خه يتذكر قصص أبيه وأجداده عن مغامرات ذهابهم إلى الحج، ولعل ما يوضح ذلك أن تشنغ خه في إحدى رحلاته عانى مرافقوه من المصاعب والمتاعب، ويبدو أنهم وصلوا إلى حالة من التذمر، وعندما لاحظ تشنغ خه ذلك جمع البحارة والوزراء وغيرهم من الأتباع الآخرين وحكى لهم قصة أبيه عند ذهابه للحج إلى مكة المكرمة، كما حكى لهم عن المتاعب والمصاعب التي اعترت أبيه في طريقه إلى الحج، مما شجع الجميع على تحملهم الصعوبات[1].

إنّ تذكر تشنغ خه للحكايات التي رواها والده له في صغره لتدل على حرص والده على تهذيب ابنه وتنشئته تنشئة صحيحة، وذلك من خلال تهذيب النفس وشحذها عن طريق القصص، حيث يعد أسلوب القصص من الأساليب التربوية المهمة في التربية، لما يظهر في هذا الأسلوب من التشويق.

وعلاوة على ذلك، فإن تعرض تشنغ خه وأتباعه للمصاعب والمتاعب وانتشار حالة الإحباط والتذمر في صفوف أتباعه، مع رباطة جأشه هو،

---

(1) ليو ين، رحلة تشنغ خه إلى دول المحيط الهندي، ص5.

وقوة عزيمته، كان نتيجة التربية التي تربى عليها، والقيم التي غرسها فيه أبوه منذ نعومة أظفاره.

وعلى الرغم من أنه وقع أسيرًا على يد قوات أسرة مينغ (1368-1644م) وهو في سن الحادية عشرة من عمره، لكن ذلك لم يؤثر عليه، حيث كانت العقيدة الإسلامية قد ترسخت في قلبه وسلوكه[1] رسوخًا عميقًا من خلال التعليم والتربية.

ومهما يكن من أمر فقد توفي والده ما حجي عن مرض ألمّ به وهو -أي تشنغ خه- في الحادية عشرة من عمره[2]، مخلفًا وراءه ابنينِ وأربع بنات. ورغم رحيل رب الأسرة في مرحلة كان فيها أولاده لا يزالون صغارًا، فإن ذلك لم يؤثر على الأولاد، فقد واصلت أم تشنغ خه مسيرة أبيهم، وكانت امرأة طيبة القلب تجمع بين الاجتهاد والفضيلة، واصلت تربية أولادها بعد رحيل زوجها، فاجتهدت في تربيتهم، ودعت المعلمين لتعليمهم.

ونتيجة لهذه التربية فقد كان تشنغ خه -وهو الطفل الثالث للأسرة- طفلًا لبيبًا ذكيًّا منذ نعومة أظفاره، حيث نبغ في قراءة الأشعار والأعمال الأدبية المكتوبة بقلم كبار الأدباء وهو بعمر السابعة أو الثامنة[3].

كما كان تشنغ خه الصغير يحب الاستماع إلى القصص التي حكاها شيوخ العائلة لاسيما القصص حول الحج إلى مكة المكرمة، والتي دائمًا ما كان أبوه الحاج يخبره عنه وعن الدين الإسلامي وعن قصص العرب وغيرها من الحكايات التي كان يصادفها في طريقه إلى مكة المكرمة، كما حكى لهم

---

(1) ربما يلتبس الأمر على الكثير بأن تشنغ خه اعتنق دينًا غير الدين الإسلامي، ولكي نزيل اللبس سيأتي الحديث عن دين تشنغ خه -بشيء من التفصيل- في هذ الفصل تحت عنوان: ديانته.

(2) ليو ين، رحلة تشنغ خه إلى دول المحيط الهندي، ص5.

(3) Tablet of Zheng He: the process of seven voyages of the grand eunuch San, pao.

عن عادات الدول التي مرّ بها من القصص الغريبة والحوادث الشيقة التي رآها بنفسه. فمن خلال هذه القصص والحكايات، عرف تشنغ خه الكثير عن المعتقدات الإسلامية وكذلك الكثير من ثقافات الشعوب.

وعلى الرغم من أن هناك مبالغة في الوصف الذي يوصف به تشنغ خه في صغره، فإنّ ذلك لا ينفي أن تشنغ خه كان يتمتع بدائرة المعارف الواسعة في شبابه، وهو الأمر الذي حدا به نحو بيت الأمير تشو دي[1] ليكون عنده، ومن ثم يصبح من أكبر قادته فيما بعد.

2.2.1. تنشئته الثانية في القصر الإمبراطوري:

1.2.2.1. أسْر تشنغ خه واقتياده إلى القصر الإمبراطوري:

وقصة ذلك أنه في عام 1382م بعد سقوط سلالة يوان، بعث أول إمبراطور لمينغ الإمبراطور تشو يوان تشانغ الملقب بـ«هونغ وو» (1368-1398م) بكتائب من جيشه لوقف الثورة المغولية في إقليم يونان، وعندما وصل هذا الجيش إلى هناك خاض معارك عديدة مع الخارجين عن السلطة، وفي أثناء تلك المعارك وقع تشنغ خه أسيرًا في يد قوات تشو يوان تشانغ أثناء حملته النهائية التي قضت على العصاة في يونان نهائيًّا، وأُخِذَ الولد الصغير ذو الاثني عشر[2] عامًا من قبل جيش أسرة مينغ، ومنذ ذلك الحين أصبح تشنغ خه في البلاط الإمبراطوري[3].

---

(1) لقد رافق تشنغ خه الأمير تشو دي قبل أن يصبح إمبراطورًا عام 1403م.
(2) فيما سبق ذُكر أن تشنغ خه وقع أسيرًا في يد قوات أسرة مينغ وهو في سن الحادية عشرة من عمره، وهنا تذكر الرواية أنه وقع أسيرًا في الثانية عشرة من عمره، لكن هذا الاختلاف البسيط لا يشكل فرقًا جوهريًّا.
(3) ليو ين، رحلة تشنغ خه إلى دول المحيط الهندي، ص96.

2.2.2.1. تفوق تشنغ خه على أقرانه في القصر الإمبراطوري:

أصبح تشنغ خه عضوًا في مجتمع القصر الإمبراطوري؛ وليس أي قصر؛ إنّه القصر الصيني، ذلك القصر الذي لا حدود له، والمتجدد بشتّى شخصيات الفكر والعلم والأدب والاستراتيجيات العسكرية، ويعج بالوزراء والنبلاء وقادة الجيش والخدم والحشم وغير ذلك، في هذا القصر الذي يكتظّ بمختلف الطبقات الاجتماعية، بداية من طبقات الوزراء ووصولا إلى طبقات الخدم، والوصول إلى الترقية والتميز داخل أسواره يتطلب جهدًا جهيدًا، وذلك لشدة المنافسة وامتلاك القدرات والمهارات لكل شخص في هذا القصر، لدرجة أن المبتدئ الطارئ على هذا القصر يشعر بأن التفوق وإظهار القدرات أمر ميؤوس منه وصعب المنال.

ولكن تشنغ خه ذلك الفتى الذي تمت تنشئته تنشئة جيدة من قبل أسرته بحيث شملت هذه التنشئة جميع جوانب شخصيته لم يتأثر بما شاهده في القصر الإمبراطوري، أو يتذمر ويتملكه الإحباط واليأس من عدم قدرته على إثبات ذاته، بل رأى في ذلك فرصة لتحقيق طموحاته وإبراز قدراته.

وعلى كل حال فقد أظهر تشنغ خه تفوقًا على أقرانه في القصر الإمبراطوري في بكين، وهو الأمر الذي عبَّدَ الطريق أمام اختياره للتدريب في مديرية الملابس الإمبراطورية، وكان ذلك في عام 1384م، وكان عمره وقتئذٍ 14 عامًا[1].

3.2.2.1. إعجاب الإمبراطور هونغ وو بتشنغ خه:

بدأ تشنغ خه يطلق عنان طموحاته، ويظهر قدراته، ويستعرض مواهبه، ويكشف عن ذكائه، ويثبت كفاءته، ويتفوق على أقرانه فلفت الأنظار إليه،

---

(1) Gavin Menzies, 1421: The Year a Magnificent Chinese Fleet Sailed to Italy and Ignited the Renaissance, (P.S.) Paperback - June 9, 2009, p 27.

ولاحظ مَن في القصر ما يتمتع به تشنغ خه من ذكاء وكفاءة ومواهب، وكذلك ما يتميز به من اجتهاد في الدراسة، وكفاءة في العمل، كما حظي تشنغ خه بثقة الإمبراطور تشو يوان تشانغ الملقب بـ«هونغ وو» (1368-1398م) الذي لاحظ أن تشنغ خه طفلٌ ذكيٌّ ولبيبٌ، وهذا الأمر دفع الإمبراطور تشو يوان تشانغ أن ينقل تشنغ خه للعمل مع ابنه الأمير تشو دي[1].

وعلى الرغم من صغر سن تشنغ خه وانتقاله من أسرته التي تمثل مجتمعًا بسيطًا ومحدودًا إلى مجتمع كبير وواسع، بل هو قمة المجتمع الصيني، فإن ذلك لم يؤثر عليه، بل مضى يشق طريقه. ويبدو أن تشنغ خه قد كشف عن إمكانات فذة وقدرات فائقة وذكاء ومواهب كانت محط إعجاب مَن في القصر الإمبراطوري لدرجة أنّ الإمبراطور نفسه أعجب بما يمتلكه هذا الطفل الصغير، ولم يكن إعجاب الإمبراطور بتشنغ خه شيئًا عاديًّا بل يدل على بروز قدرات تشنغ خه من بين الآلاف الذين يعملون في القصر، ولولا ذلك لما وصل صدى هذا الطفل إلى مسامع الإمبراطور الذي شاهد إبداع هذا الطفل بعد ذلك بأم عينيه.

وعلاوة على ذلك، يبدو أن الإمبراطور كان يتمتع بحدس قوي، فقد أدرك أن هذا الطفل-تشنغ خه- سيكون له شأن كبير في المستقل، وهذا الأمر هو الذي جعله يختار تشنغ خه للعمل مع ابنه تشو دي.

4.2.2.1. انتقال تشنغ خه للعمل مع الأمير تشو دي:

انتقل تشنغ خه للعمل مع تشو دي، وكان تشو دي حينئذ حاكمًا لبكين، فأحبَّ تشو دي الطفل ما خه (الاسم القديم لتشنغ خه) لأنه كان يأخذ كل أمر مأخذ الجد، ويكمله بصورة سريعة وجيدة، ولذا كان تشو دي يصحبه

(1) ليو ين، رحلة تشنغ خه إلى دول المحيط الهندي، ص7.

معه أينما ذهب، ومن ثم اختاره ليكون الحارس الشخصي له، وعندما كان يترأس تشو دي الجنود للقيام بجولة تفتيشية فيما وراء السور العظيم كان تشنغ خه دائمًا برفقته، ومن هنا تعلم تشنغ خه كثيرًا من المعارف والمعلومات المتعلقة بالاستراتيجيات العسكرية في الحروب والمعارك مما رفع قدرته على القيادة بصورة تدريجية[1].

3.1. بروز تشنغ خه كقائد عسكري ودبلوماسي:

لقد كان للتنشئة المختلفة التي مر بها تشنغ خه في حياته دور كبير في تكوين شخصيته، تلك الشخصية التي صقلت مواهبها في جوانب متعددة، وهو الأمر الذي ساعد تشنغ خه أن يصبح من كبار القادة العسكريين والسياسيين في عهد الإمبراطور تشو دي الملقب بـ«يونغلي» (1403–1424م).

ففي الفتنة الداخلية التي شنها تشو دي تحت شعار تصفية البلاد من الفتنة بغية الاستيلاء على العرش، سجل تشنغ خه عددًا متلاحقًا من المآثر السامية، مما دلَّ على مقدرته الفائقة في الشؤون العسكرية والسياسية وجعله يحظى بإعجاب الإمبراطور.

كما برزت أخلاقه الحميدة وكفاءته ومواهبه في معركة جينغنان[2] التي دامت لسنوات، حيث رافق تشو دي ليقاتل معه على الجهات العديدة متجشمًا كافة المخاطر والأهوال، وسجّل كثيرًا من المآثر،

(1) ليو ين، رحلة تشنغ خه إلى دول المحيط الهندي، ص7.

(2) كانت هذه المعركة هي المعركة الفاصلة التي وصل تشو دي من خلالها إلى الحكم.
Robinson, David M: “Banditry and the Subversion of State Authority in China: The Capital Region during the Middle Ming Period (1450-1525),” Journal of Social History (Spring 2000), p 527

وأصبح من الأبطال الذين ساعدوا في استيلاء يونغلي على الحكم واعتلاء العرش(1).

وبعد أن اعتلى الإمبراطور يونغلي عام 1403م العرش، قام بترقية الأبطال الذين رافقوه لمدة طويلة، ومنهم تشنغ خه، ومنحه اسمًا جديدًا في العام الثاني من فترة يونغلي 1404م، وهو اسم تشنغ خه، وقد كتب الإمبراطور ذلك بخط يده ليمنحه اسم عائلته، ومنذ ذلك الوقت أصبح اسمه تشنغ خه(2).

وفي الوقت نفسه رُقِّيَ إلى منصب المدير الكبير لمديرية قصر العمال، وهو اللقب الرسمي المصنف في المرتبة الرابعة في نظام التصنيف التاسع، وفي المرتبة الثانية بعد إدارة الشؤون الاحتفالية(3).

بعد ذلك واصل تشنغ خه بروزه، فوصل إلى درجة المبعوث، حيث أعجب به وبذكائه السياسي الإمبراطور يونغلي، ولعل من أبرز البعثات الدبلوماسية التي أرسله الإمبراطور يونغلي مبعوثًا أمميًّا فيها هي البعثة إلى اليابان، والتي حقق فيها انتصارات دبلوماسية للصين(4).

عُيِّن تشنغ خه بعد ذلك قائدًا عامًّا للأسطول الصيني الذي جاب البحار في رحلات سبع استمرت 28 عامًا، وظل تشنغ خه طيلة هذه المدة هو القائد الأعلى للأسطول، وكذلك المبعوث السياسي الأول(5).

---

(1) F. W. Harvard, Imperial China 900-1800, Publisher: Harvard University Press, 2003, p 467.

(2) ليو ين، رحلة تشنغ خه إلى دول المحيط الهندي، ص12.

(3) Gavin Menzies, 1421, 47.

(4) عن ذلك ينظر الفصل الخامس تحت عنوان: معالجة الملفات الدبلوماسية بين الصين واليابان.

(5) عن رحلاته ينظر الفصل الثاني.

4.1. ديانة تشنغ خه:

توصَّل الباحثون إلى إجماع على أن تشنغ خه كان أحد أفراد شعب هوي، ولكن هناك آراء مختلفة حول عقيدته الدينية، فقد أشارت العديد من الكتب المنشورة حتى الآن إلى أنه بوذي، ومع ذلك، وخلال رحلاته الطويلة، ارتبط ارتباطًا وثيقًا بالطاوية. وفي المقابل هناك أيضا بيانات كافية تشير إلى أنه كان مسلمًا.

وعلى هذا فإنّ ما يؤمن به تشنغ خه موضوع خلافي بين الباحثين، وذلك وفقًا لآرائهم واستنتاجاتهم المختلفة، لكنّ الحقيقة أنّ معظم الباحثين لا يستندون إلى أي أساس علمي عند الحكم على ما يدين به تشنغ خه، لذلك من الضروري مناقشة هذه المسألة بشكل أكثر كي نزيل ما التبس على البعض حول ديانته.

هناك وجهة نظر قديمة تشير إلى أن تشنغ خه كان يؤمن بالبوذية، حيث ينظر بعض الناس إلى تشنغ خه باعتباره تلميذًا لبوذا وفقًا لبعض الأدبيات، فمن ذلك النقوش، ولعل أهمها النقش الملحق بالمجلد السابع من كتاب سوترا لمبادئ أوباساكا الذي نُشر في أوائل عهد أسرة مينغ، ففي بداية هذا النقش إشارة إلى أن تشنغ خه كان خصيًّا داخليًّا لإمبراطورية مينغ وقد ورد في هذا النقش Feng Fo Xin Guan (مصطلح يعبر عن تقوى المرء كعابد لبوذا)، وكان اسمه دارما سو نان تشا شي (السنسكريتية)، أي أنّ اسمه فو جي شيانغ[1].

---

(1) Deng Zhicheng, Edited Antique Miscellanea, Antique Miscellanea III Volume VI, Zheng He Printed Tripitaka (Gudong Suoji Quanbian, Gudong Sanji Juanliu, Zheng He Yinzao Dazangjing 骨董琐记全编· 骨董三记卷六· 郑和印造大藏经), Beijing: Zhonghua Book Company, 2008.

وحتى قبل هذا النقش، كانت هناك إشارة إلى بوذية تشنغ خه، ففي 23 أغسطس من السنة الأولى من حكم يونغلي؛ أي عام 1403م تمت الإشارة إلى تشنغ خه بأنّه كان يدعى بوديساتفا التلميذ(1).

كما أن هناك عددًا من الروايات التاريخية تفيد بأن تشنغ خه قد ساهم في بناء عدد من المعابد البوذية، وكذلك تقديم الدعم في صورة عدد من المستلزمات للمعابد في عدد من البلدان التي زارها(2).

وإذا قرأنا سيرته الشخصية سنجد أن هناك من يدعي أنه كان يدين بالطاوية، وذلك لعدد من الأشياء التي قام بها تجاه الطاوية، ولعلّ من أبرز الأمثلة على ذلك أنه خلال عام 1431م قام تشنغ خه بتشييد نصب تذكاري في أحد المعابد لإلهة طاوية صينية وتسمى تيان فِي «الأميرة السماوية» في محافظة فوجيان، وأن تشنغ خه وبحارته صلوا إليها من أجل سلامتهم في البحر، وقد سجل هذا النصب تبجيله لهذه الإلهة وتصديقه في قوتها الإلهية مع بعض التفاصيل القليلة عن رحلاته البحرية(3).

إن الناظر لما سبق يتبادر إلى ذهنه أن تشنغ خه بوذيّ أو طاويّ، وهو أمر يجعلنا نميل لمن رأى أنه يدين بالبوذية أو الطاوية، ولكن من المجازفة أن نطلق على تشنغ خه أنه المسلم والبوذي والطاوي، فهل من المعقول أن يدين الشخص بأكثر من دين؟

---

(1) Samanen Sutra (Shaminili Jiewen 沙弥尼离戒文), the last volume, collected in Yunnan Provincial Library.

(2) لمعلومات أوفى عن تلك الأعمال التي قام بها تشنغ خه، ينظر ما سيأتي من الفصل الثاني تحت عنوان: التعايش السلمي.

(3) داير، إدوارد، تشنغ خه: الصين والمحيطات في فترة سلالة مينغ المبكرة 1405-1433م، بيرسون لونجمان، نيويورك، 2007م، ص148.

إن حقيقة صدق عقيدة تشنغ خه الإسلامية ليست محل شك رغم الكتابات التي ذهبت إلى نعته بالبوذي والطاوي، فهو الذي بنى المساجد وهو الذي أدى فريضة الحج وكذلك والده وجده، كما أنه كان يؤدي الصلاة ويقرأ القرآن، وهذا يدلّ على أنه يقيم شعائر دينية هي أساس الدين الإسلامي.

أما أنه أقام معبدًا بوذيًّا أو طاويًّا، فقد كان ذلك بدوافع شخصية وسياسية على اعتبار أنه ممثل الإمبراطور وليس ذلك مبررًا لأن نقول عنه إنه كان طاويًّا أو بوذيًّا، ولكنها مقتضيات المنصب الذي يشغله والدور السياسي والدبلوماسي الذي يلعبه. ومن المؤكد أنه كذلك كان يحترم عقائد الآخرين، ويعطيها كل تقدير واحترام، ويقيم علاقات طيبة مع الجميع، ولذا سادت مشاعر الود والاحترام والتقدير بينه وبين الذين تعاونوا معه في رحلته.

ومن ثم فإن تشنغ خه رغم أنه ولد في عائلة حجي، وكان يؤمن بالإسلام، إلا أن مهمته الأساسية والأولى التي أوكلها إليه الإمبراطور كانت التمثيل الدبلوماسي في البعثات وخلال رحلاته السبع؛ أي أنه كان مبعوثًا يعينه الإمبراطور لينفذ سياسته، فهو سياسي لا شأن لمعتقداته الشخصية فيما يكلف به.

لذلك يجب إدراك سلوكيات تشنغ خه من خلال هذه المهمة الخاصة به؛ فبعض أعماله تجاه الديانات الأخرى كانت من اختياره الخاص لتعبر عن دافعه التعايشي، وبعضها الآخر اضْطُر إلى القيام به كأحد شروط مهام عمله، فعلى سبيل المثال: عندما كان تشنغ خه يتبرع للمعابد البوذية، فليس معنى هذا أنه من أتباع البوذية، أو يريد أن يصبغ على نفسه صبغة البوذي ويحمل اسم دارما، والحقيقة أنه تبرعه للمعابد البوذية لم يكن فعلًا ناجمًا عنه هو شخصيًّا، وإنما هو حامل لتلك التبرعات إلى المعابد بصفته ممثلًا للإمبراطور الذي يدين بالبوذية.

وفضلًا عن ذلك، يجب أن نعلم أن أسطوله يضم أكثر من 27000 رجل، وهم ينتمون إلى أديان مختلفة، ومن ثم فأي عمل قام به الأسطول تجاه طائفة دينية لا يعني أن طاقم الأسطول كله يدين بدين تلك الطائفة.

وممّا تجدر الإشارة إليه بهذا الصدد أنه عندما وصل الأسطول سيام التي تعد من أكبر المجتمعات البوذية في ذلك الوقت، ومن أكثر المجتمعات انتشارًا للمعابد، بعث تشنغ خه البوذيين المسافرين بالأسطول للتعاطي مع الجماهير العامة المحلية الذين رحبوا بهم ترحيبًا حارًّا[1]، وفي ذلك دليل أن تشنغ خه لا يدين بالبوذية ولو كان يدين بها لكان أول من نزل للتعامل معهم.

وعلى هذا الأساس فإننا نحكم على التبعية الدينية لأي شخص من خلال التصرفات الشخصية وأعماله الاعتقادية، فهي -بدون شك- ستحدد الاتجاه الديني لأي شخص، ولذا إذا ما أردنا معرفة حقيقة ديانة تشنغ خه وما إذا كانت هي الديانة الإسلامية، فيمكن ذلك انطلاقًا من عدد من الاعتبارات الخاصة بتشنغ خه وكذلك اعتقاداته التي نرصدها فيما يأتي:

1- لقد عُرف عن تشنغ خه تعلقه بالمساجد والمكوث فيها[2]، وهذا إن دلّ على شيء فإنما يدل على ارتباطه بمكان العبادة في الإسلام.

2- تواتر الروايات التاريخية على أن تشنغ خه كان يؤدي الصلوات، فمن تلك الروايات على سبيل المثال: أنه عندما خضع أسطوله للصيانة في سيمارانج (في إندونيسيا اليوم) لمدة شهر كامل لإجراء

----
(1) ليو يين، رحلة تشنغ خه إلى دول المحيط الهندي، ص63.
(2) Parlindungan Siregar, Tuanku Rao, Terror Mazhab Hambali di Tanah Batak, Disunting: Dame Ambarita, Jakarta, 1964, p 653.

إصلاحات، كان تشنغ خه يصلي الصلوات في مسجد تلك المنطقة خلال الشهر كاملًا[1]. كما أنه عند وصوله إلى مايليندي (في كينيا حاليًّا) ذهب إلى المسجد ليصلّي مع السكان المحليين[2]. فالمحافظة على الصلوات إذن تدل على ورعه الديني، إذ الصلاة تعدّ من أهم المعتقدات في الشريعة الإسلامية، بل هي الركن الرئيس من أركان الإسلام.

3- لقد عرف عن تشنغ خه الذهاب إلى المسجد ليتلو القرآن الكريم[3].

4- عرف عن تشنغ خه كذلك مشاركاته في الشعائر الدينية مع سكان الدول التي زارها، ومن ذلك على سبيل المثال مشاركته بمراسيم التشييع، ففي إحدى زيارته إلى جنوب شرق آسيا توفي ملك بروناي بسبب إصابته بالمرض، فأمر تشنغ خه بإقامة الجنازة الضخمة وفقا للمراسيم الإسلامية ودفنه في يويهواتاي الواقعة في ضاحية نانجينغ[4].

5- مشاركة تشنغ خه في بناء المساجد في أنتجول (أنكول في جاكرتا) وسيمبونج ولاسم وتوبان وجريسك (يورتان) وغير ذلك[5].

---

(1) Parlindungan, Tuanku Rao, p 653.
ليانغ تشيتشاو، سيرة تشنغ هو، الملاح العظيم في الصين»، مختارات عن دراسات تشنغ هو، وانغ تيان يو ووان مينغ، مطبعة جامعة بكين، 2004م، ص4؛ ليو روزهونغ، بعثات تشنغ هو، مطبوعات الأدب الصيني، 1983م، ص16.

(2) موقع arabic.cri.cn - البحّار الصيني المسلم تشنغ خه الذي قام برحلات عدة لسواحل دول العالم، على الرابط: http://arabic.cri.cn/801/2010/12/29/382s135898.htm

(3) ليو ين، رحلة تشنغ خه إلى دول المحيط الهندي، ص73.

(4) ليو ين، رحلة تشنغ خه إلى دول المحيط الهندي، ص76.

(5) Parlindungan, Tuanku Rao, p 653.

6- كان تشنغ خه ملمًّا بفقه الشريعة الإسلامية، لذا كان يتجنب محرمات الدين الإسلامي، ولما كانت الشريعة الإسلامية تحرم شرب الخمر، فقد كان يتجنب ذلك[1]، كما كان يأمر أتباعه بدفع الأسعار للبضائع التي اشتروها[2]، فأي تصرف من التصرفات غير الشرعية غير مقبول في عملية التجارة عنده.

7- كان يرسل أصحابه لتأدية الحج[3].

8- كان تشنغ خه مسلمًا مؤمنًا يتشوق إلى زيارة الأراضي الإسلامية المقدسة لأداء فريضة الحج، باعتبار ذلك أمنية يتمناها كل المسلمين الصادقين، وقد أدى تشنغ خه فريضة الحج إلى بيت الله في مكة، وفي أثناء حجه دخل تشنغ خه وحده الكعبة بصفته حاجًّا، حيث تلا القرآن الكريم بصوت منخفض، ومن شدة فرحه لم يستطع أن يتمالك نفسه عن القول: «أخيرًا قد حقّقت حلمي الذي حلمت به ليلًا ونهارًا[4]»، وعندما غادر مكة كان يعزّ عليه فراقها.

5.1. وفاة تشنغ خه:

لقد قضى تشنغ خه 28 عامًا من عمره وهو في أعماق البحار يبذر بذور الصداقة ويصنع التعايش ويدعو إلى الأخوة، ويقضي على القراصنة، ويؤمّن الطرق، ويقلل من حدة التوتر بين الدول.

---

(1) ليو ين، رحلة تشنغ خه إلى دول المحيط الهندي، ص99.
(2) ليو ين، رحلة تشنغ خه إلى دول المحيط الهندي، ص99.
(3) مصطفى عبادة، ثلاثون يومًا في المستقبل، ص146.
(4) ليو ين، رحلة تشنغ خه إلى دول المحيط الهندي، ص113، 115.

نعم، 28 عامًا قضاها في البحار دون أن يعلم أنه قد قضى ما قضى من عمره في البحار، وأن ما قضاه في البحار كاد يقارب نصف عمره، وذلك من شدة حبه للبحار. فقد كان عمره في الرحلة السابعة قد بلغ أكثر من 60 عامًا، وهو ما زال في أوج العطاء ولا يأبه أنه قد بلغ من العمر عتيًّا، وكيف له أن يأبه بذلك وهو الذي ارتبط بالبحر ارتباط الروح بالجسد.

لقد أيقن أصحابه أنه لا يأبه كم مضى من عمره، ولذا نصحه أصدقاؤه وأقاربه قبل الرحلة السابعة ألا يغامر بروحه خوفًا من وفاته خارج البلاد، وبعد استماع تشنغ خه لهذه النصائح وقف مندهشًا وتنهد قائلًا: «إنهم رجال طيبون، أتمنى أن أقابلهم قبل وفاتي حتى ولو مرة واحدة»[1].

وهكذا لم يتفاعل مع نصح أصحابه وأقاربه، بل كانت نفسه مشتاقة لرؤية من أحبهم، وكأنه يقول لنا إنه سيودعهم الوداع الأخير، وأقلع بالرحلة السابعة وغادر بأسطوله حتى وصل مومباسا (في كينيا اليوم)، وهناك نصحه بعض الوزراء، وحثوه على العودة إلى البلاد، فقد اشتعل رأسه شيبًا، فتنهد تنهدًا عميقًا[2]، وبعدها عاد إلى الصين.

لقد كان تشنغ خه لا يشعر بالتعب في سبيل خدمة بلده ونشر الأمن وإقامة العلاقات بين الشعوب، ومن المواقف الدالة على ذلك أن الإمبراطور يونغلي سأل تشنغ خه قائلا: «ألم تشعروا بالتعب وقد قمتم بثلاث رحلات؟» فأجابه تشنغ خه قائلا: «في سبيل إقامة العلاقات الودية بين الصين وهذه الدول لا نخاف من التعب أو الموت»[3].

---

(1) ليو ين، رحلة تشنغ خه إلى دول المحيط الهندي، ص109.
(2) ليو ين، رحلة تشنغ خه إلى دول المحيط الهندي، ص115.
(3) ليو ين، رحلة تشنغ خه إلى دول المحيط الهندي، ص79.

وفي سنوات عمره الأخيرة اختار أمير البحر المسلم الإقامة في مدينة نانجينغ، وتحديدًا في مكان يسمى جينغهاي بسفح جبل شيتسي، حيث أقام فيها حتى فاضت روحه عام 1435م عن عمر يناهز الرابعة والستين(1).

وهكذا طويت صفحات تشنغ خه، التي كانت تحمل عواطف المحبة نحو أبناء الشعوب المختلفة، فقد نقل الصداقة الودية من قبل الشعب الصيني إلى أكثر الدول، ونقل العلوم والابتكارات الصينية والثقافة الصينية إلى مختلف الشعوب(2).

لقد جسدت رحلات تشنغ خه قيم الشعب الصيني المتمثلة في عدم التهيب أمام الصعوبات والمشقات، وقهر المعوقات، وبرهنت على عزيمتهم في الخروج من بلادهم إلى العالم لإجراء التبادلات الثقافية، كما جسد تشنغ خه قيم الأمة الصينية في الانفتاح والتقدم والسعي وراء السلام والصداقة، وأدت رحلاته دورًا كبيرًا في تطوير الحضارة البشرية، ومن ثم لم تكن مآثر تشنغ خه ملكًا للصين وحدها بل كانت ملكًا للعالم بأسره.

لقد ترك تشنغ خه برحلاته انطباعًا عميقًا وتأثيرًا بالغًا ما زال مستمرًّا إلى يومنا هذا في نفوس أبناء الشعب الصيني والشعوب الآسيوية. ففي تلك المناطق التي وصل إليها هو كثير من الحكايات عنه وكثير من الآثار له.

كما كان تشنغ خه ومستشاروه المسلمون يدعون بانتظام للإسلام أينما سافروا، وينشرون السلام، فكان تشنغ خه الذي تربى تربية جيدة هو الدبلوماسي، والجندي، والتاجر، وهو الذي قاد أكبر أسطول في ذلك الوقت يضم العديد من السفن، كما عُرف عن تشنغ خه بأنه رسول سلام،

---

(1) مصطفى عبادة، ثلاثون يومًا في المستقبل، ص147؛ الصين اليوم / أغسطس 2005م.

(2) ليو ين، رحلة تشنغ خه إلى دول المحيط الهندي، ص117.

فلم يكن كغيره ممّن يشعلون الحروب والفتن(1)، لذا فهو بحق عملاق التاريخ الصيني والعالمي.

كما يُعدُّ تشنغ خه من أعظم البحارة والمستكشفين في تاريخ البشرية، فقد زار أكثر من 30 دولة ومنطقة في آسيا وإفريقيا، وقاد أسطوله في أعماق المحيطات، فمهّد طرقًا ملاحية من الصين إلى هذه المناطق.

وفي الظروف التاريخية وقتذاك، وخلال مدة 28 عاما قاد تشنغ خه أسطوله في الرحلات السبع البحرية بإرادة قوية وجرأة نادرة، ونشرَ الحضارة وتعايشَ في سلام مع شعوب العالم، ولذا تعد رحلاته مبادرة ريادية ناجحة خلال مسيرة تطور حضارة البشرية، وتجربة لربط حضارة الأمة الصينية بالحضارات الأخرى.

---

(1) Pollard, Elizabeth, Worlds Together Worlds Apart, New York: W.W. Norton & Co, 2015, p 409.

الفصل الثاني

رحلات تشنغ خه البحرية

خلال 28 عامًا قام تشنغ خه بسبع رحلات بحرية جاب خلالها البحار والمحيطات، وزار فيها العديد من الدول، فكانت تلك الرحلات من أهم الأحداث التاريخية في تاريخ المنطقة لما ترتب عليها من اتصال الشعوب فيما بينها، كما أنها فتحت الباب على مصراعيه للاكتشافات الجغرافية، ودفعت نحو مزيد من الازدهار الاقتصادي.

ولما كانت هذه الرحلات على هذا القدر من الأهمية فقد خصصنا هذا الفصل لتسليط الضوء عليها، ولكننا رأينا قبل الحديث عنها أن من الأهمية معرفة الأسباب التي أدت إلى اختيار تشنغ خه للقيادة البحرية، وكذلك معرفة الأهداف التي من أجلها انطلقت هذه الرحلات.

1.2. أسباب اختيار تشنغ خه للقيادة البحرية:

أخذ الإمبراطور يونغلي اختيار قائد الأسطول مأخذ الجد فأولى هذا الأمر اهتمامًا شديدًا، إذ إن الأسطول سيضم الآلاف من الجند، وبضائع لا حصر لها، وكذلك العديد من المعدات، ولكي لا يغامر الإمبراطور بهذا كله، كان لا بد من أن يدقق النظر في اختيار شخصية مؤهلة للقيادة، يعهد إليها بهذه المهمة الجليلة.

وتجدر الإشارة إلى أنه كان هناك عدد محدود من المرشّحين لقيادة الأسطول، وما كان اسم تشنغ خه ضمن هؤلاء المرشحين الذين كان من بينهم لي كاي ويانغ مين وكذلك وانغ جينغ هونغ الذي أصبح نائب المبعوث المفوض بعد ذلك.

وبينما كان الإمبراطور يونغلي متردّدًا في اختيار قائد الأسطول أشار يوان تشونغ تشه، الخبير في قراءة الوجوه، والكاهن المشهور، أشار على الإمبراطور أن يولي تشنغ خه قيادة الأسطول، حيث ذكر للإمبراطور أن تشنغ خه أفضل المرشحين شكلًا ومضمونًا، وذلك لما يمتاز به من دراية وحكمة وأنه جدير بثقة الإمبراطور، وقد كان يوان تشونغ تشه من الأصدقاء المقربين لياو قوانغ شياو[1]، وكان الإمبراطور يونغلي يعرف بدهاء لياو، كما كان لياو من المقربين من الإمبراطور ففهم الإمبراطور أن رأي تعيين تشنغ خه قائدًا للأسطول هو رأي ياو، وبذلك وقع اختياره على تشنغ خه، إذ إنه يثق بياو ثقة تامة رغم أن تشنغ خه لم يكن يحظى بنفس الثقة لديه.

لكن السؤال الذي يطرح نفسه هو: لماذا قام ياو قوانغ شياو بمساعدة تشنغ خه للوصول إلى منصب قائد الأسطول؟

يبدو أن سبب ذلك يرجع إلى أن تشنغ خه كان رفيق ياو في معركة جينغنان في عام 1399م، ففي هذا العام شنّ يونغلي حربًا على الإمبراطور تشو يون ون،

(1) يُعدُّ ياو قوانغ شياو شخصية مهمة في أوائل أسرة مينغ، حيث يُعدُّ المدبر لمعركة جينغنان، ثم إنه اشترك في عملية بناء المدينة المحرمة والمعبد السماوي وتشييدهما، وكذلك أشرف على سبك ناقوس يونغلي الكبير، كما كان المحرر الرئيس في عملية تأليف التدوين الحقيقي لحوادث فترة الإمبراطور تشو يوان تشانغ، وكذلك دواوين يونغلي الكبرى ومجموعة الوثائق الموسوعية التي تمّ تأليفها في فترة الإمبراطور يونغلي وراقب هو تأليفهما، وهو النفوذ الذي جعله يؤثر في رحلات تشنغ خه إلى دول المحيط الهندي ويدفعها في مجراها.

الملقب بـ«جيان ون» (1399-1402م) ودارت بين الطرفين معارك شرسة كانت أشهرها معركة تسمى بـ«معركة الدفاع عن بكين»، ففي هذه المعركة ترأس لي جينغ لونغ جنرال الإمبراطور تشو يون ون عددًا هائلًا من الجنود وحاصروا بكين حصارًا محكمًا، وتحت وطأة هذه الحصار كان قوانغ شياو يحرس مدينة بكين من الداخل، في حين خاطر تشنغ خه بحياته وخرج إلى خارج السور فقاتل الأعداء خارجها قتالًا عنيفًا، ولهذا كانت المشاركة التي جمعت بينهما في السراء والضراء سببًا في هذا التقارب بين الرجلين، ثم إن هذا التقارب بينهما جعل ياو يقدم العون لتشنغ خه لكي يتولى قيادة الأسطول.

وهنا يعود السؤال ليفرض نفسه مرة أخرى: هل جاء ترشيح تشنغ خه نتيجة توصية لياو قوانغ شياو؟

إن الإجابة المنطقية لتؤكد على أن اختيار الإمبراطور لتشنغ خه لم يكن استنادًا لتوصية لياو قوانغ شياو فحسب، بل كان ذلك بفضل ما يتمتع به تشنغ خه من سمات ومزايا تؤهله لقيادة الأسطول، فقد كان ذكيًّا منذ صغره، كما أنه رافق الإمبراطور يونغلي منذ كان يونغلي أميرًا على بكين، فكان موهوبًا في عدة مجالات ولذا وقع عليه الاختيار، بالإضافة لعدد من الأسباب منها[1]:

- الخبرات التي لديه بالاستراتيجية العسكرية وقيادة الجيش والشجاعة في المعارك.
- معارفه المتنوعة في مجالات شتى، فقد كان ملمًّا بالتاريخ والجغرافيا والعادات والتقاليد والأديـان في مختلف الدول

(1) ليو ين، رحلة تشنغ خه إلى دول المحيط الهندي، ص12؛ شبكة الصين / 8 يوليو 2005.

الآسيوية والإفريقية، فضلًا عن معرفته باللغة العربية، وكل ذلك كان مطلوبًا توافره في قائد الأسطول.

- أن له دراية بالملاحة وصناعة السفن.
- يتمتع بقدرات عالية في التواصل وإقامة العلاقات بين مختلف الأديان.
- لديه قدرة فائقة في الشؤون الدبلوماسية.

ونظرًا لوجود العديد من الدول الإسلامية حول المحيط الهندي في غرب آسيا فقد كانت الصفات المذكورة مهمة في شخصية القائد، ولذا وقع اختياره على تشنغ خه.

كما أن الإمبراطور تشو تشانغ جي الملقب بـ«شيوان ده» (1426-1435م) عندما أراد إرسال الحملة السابعة لم يعهد بها إلا لتشنغ خه رغم تقدمه في العمر، وهذا إن دل على شيء فإنما يدل على أن لديه ما يؤهله للقيادة رغم كبر سنه.

وانطلاقًا من ذلك يمكن القول إنّ تشنغ خه كان لا يزال القائد المناسب والمثالي الأول رغم كبر سنه في الحملة السابعة، حيث لم يكن هذا الملاح يدّخر أي جهد في أداء واجبه، فقد كرس حياته للرحلات إلى قبل وفاته بأقل من سنتين.

كما كان سجل تشنغ خه حافلًا بمآثر عظيمة بفضل توافر الفرص الفريدة والظروف المناسبة له في خدمة الإمبراطورية، فكانت سببًا في اختياره، هذا بالإضافة إلى أنه كان من أهم معاوني أميره الذي أصبح الإمبراطور فيما بعد.

وفضلًا عن ذلك كان لتشنغ خه فرص كثيرة في التعامل مع كبار موظفي الطبقة الحاكمة داخل القصر الإمبراطوري، فاتسع بُعد نظره وازدادت معارفه، وكل هذه الأمور ساعدت على توليته هذه المهمة.

وعلاوة على ذلك فقد كان تشنغ خه شابًا مستقيمًا يتحدث مع أميره الإمبراطور بقلب مفتوح، ويتشاور معه فيما يخص شؤون الدولة فاكتسب الخبرة، وتعلم من أميره مهارة إدارة الشؤون السياسية والعسكرية، وأساليب معالجة المشاكل المختلفة، كما أنه لم يكن هناك أحد يجاري تشنغ خه في القصر من حيث الذكاء والكفاءة والقدرة على الصبر وتحمل المهام، مما جعله محل اختيار الإمبراطور يونغلي.

وفضلًا عن ذلك فقد وضعت زيارة تشنغ خه الدبلوماسية إلى اليابان وتايلاند الأساس لرحلاته في المستقبل، حيث أظهر فيها حذقًا سياسيًّا ودهاءً دبلوماسيًّا[1]، كما كانت لديه ثروة من الخبرة في الإبحار، خاصة إذا ما عرفنا أنه عاش طفولته في بيئة عرف عنها المهارات البحرية، وفي الوقت نفسه لم يقف الأمر عند هذا الحد، بل كان تشنغ خه يحظى باحترام كبار رجال القصر الإمبراطوري، وهذا عزز نجاحه بنسبة كبيرة، ثم إن نجاحه في حل المشكلات مع اليابان عندما تم إرساله من قبل الإمبراطور لهذه المهمة ساعد في إزالة بعض شكوك الوزراء حول قدرات تشنغ خه في القيادة والدبلوماسية.

كان الإمبراطور قد استقصى آراء بعض الوزراء بأمر تولية تشنغ خه قيادة الأسطول، ويبدو أن الجميع أجمعوا أن تشنغ خه مناسب لهذه المهمة، وسبب ذلك يرجع إلى أن قيادته لعدة معارك دلّت على قدرته العسكرية الفائقة، كما أن تشنغ خه ألمّ باللغة العربية، وعلى هذا الأساس استدعاه الإمبراطور يونغلي وأمره بالقيام بالرحلة إلى دول المحيط الهندي[2].

---

(1) سيتم الحديث عن ذلك في الفصل الخامس.
(2) ليو ين، رحلة تشنغ خه إلى دول المحيط الهندي، ص15.

ويبدو أن وزراء وقادة وأشخاصًا مقربين من الإمبراطور كانوا داعمين لترشيح قائد للأسطول بعد أن عرفوا بخبر التجهيز للرحلات فاجتهدوا في ترشيح أشخاص كثيرين، ولكن الإمبراطور لم يلتفت إلى ذلك؛ لأنه وجد ضالته في الشخص المؤهل لهذا المهمة.

على كل حال، فإن أي شخص مرشح لقيادة الأسطول لا بد له من معرفة بحرية، لكن عندما تكون المهمة بحرية ودبلوماسية، فهذا يعني أن الشخص القائد لا بد أن يتحلى بالقيادة البحرية ولا بد كذلك من وجود قدرات تؤهله للمهمة الدبلوماسية، ثم أن الأمر ليس بحاجة إلى القيادة البحرية والقدرة الدبلوماسية فحسب، بل لا بد أن يتحلى بنزعة المغامرة والإقدام، وهي الصفات التي اجتمعت في شخصية تشنغ خه، فجعلته يخطف الأضواء ويتصدر قائمة المرشحين لقيادة الأسطول دون منازع.

إن معرفة تشنغ خه وخبراته وقدراته كانت كافية لتمكينه من التعامل مع الأوضاع المعقدة التي سيواجهها في رحلاته، بالإضافة إلى قدرته ومعرفته البحرية التي مكنته من اجتياز البحار والمحيطات، كما ساعدته مهاراته التواصلية التي يجيدها على القيام بالمهام الدبلوماسية، وإبرام الصفقات التجارية، ومد جسور التقارب الاجتماعي مع الشعوب الأخرى، فضلًا عن الخلفية الدينية واللغوية التي مكنته أيضًا من إكمال مهمته الدبلوماسية وتأسيس قاعدة من التعايش السلمي.

2.2. أهداف الرحلات:

إن الدارس لتاريخ أسرة مينغ وتاريخها العسكري في مرحلتها الأولى يستطيع أن يلحظ انهماك حكامها الأوائل في تنفيذ العديد من السياسات واسعة النطاق، والتي يمكن فهمها على أنها خلاصة لتوجههم السياسي

والاقتصادي، ومحور ارتكاز لاستراتيجيتهم العسكرية، ولعل أشهر تلك السياسات هي الرحلات السبع المعروفة بـ«رحلات الكنز» التي انطلقت في عهد الإمبراطور يونغلي في عام 1405م.

هذا وقد سعت أسرة مينغ من خلال الرحلات البحرية السبع لتحقيق عدد من الأهداف الرئيسة، إلا أن هذه الأهداف لم تذكر بصراحة في مدونات الرحلات البحرية، ولذا جاءت هذه الأهداف مختلفة باختلاف نظرة الباحثين واستنتاجاتهم، وفيما يأتي سنحاول إبراز أهم هذه الأهداف وتحليلها:

1.2.2. البحث عن الإمبراطور المفقود تشو يون ون:

جاء في مؤلفات سيرة تشنغ خه من تاريخ مينغ[1] أن «هدف الإمبراطور يونغلي من إرسال تشنغ خه ليقوم بالرحلات البحرية هو البحث عن الإمبراطور المفقود تشو يون ون».

ففي 13 يونيو عام 1402م استطاع يونغلي أن ينتزع الحكم من الإمبراطور تشو يون ون بعد أن هزمه واحتلّ العاصمة نانجينغ، وبعد هذه الهزيمة اختفى الإمبراطور تشو يون ون، فتضاربت الأنباء حول سر اختفائه، فقيل إنه قد مات في قصره محروقًا بالنار، وقيل إنه هرب عبر أنفاق القصر[2]، ولهذا كان الإمبراطور يونغلي يفكر في سر اختفائه، ويبدو أن الإمبراطور يونغلي كان يرجح هروب الإمبراطور تشو يون ون.

(1) ينظر: سجلات أسرة مينغ، سجل أسرة مينغ للاستكشاف والعلاقات الخارجية.
Chan, Hok-lam, “The Chien-wen, Yung-lo, Hung-his, and Hsüan-te reigns 1399-1435”, The Cambridge History of China, Volume 7: The Ming Dynasty 1368-1644, Part 1.Cambridge: Cambridge University Press, 1998, p 233-232.

(2) Robinson, David M: “Banditry and the Subversion, p 527.

ورغم ردود الفعل والمعارضة تجاه يونغلي لانتزاعه الحكم بالقوة من الإمبراطور تشو يون ون فلم تكن ردود الفعل هذه ولا المعارضة تُقلقه، وإنما كان قلقه يتمثل -بحسب الرواية- في خوفه من إمكانية نجاة الإمبراطور تشو يون ون وهروبه، وهو الأمر الذي يشكل خطرًا عليه وتهديدًا على حكمه.

وأيًّا كان حجم قلق الإمبراطور يونغلي من هروب الإمبراطور السابق، فلا يبدو لنا أن هذا سبب مقنع لإطلاق تلك الرحلات الهائلة والمكلفة، فمن غير المعقول أن تكون تلك الرحلات من أجل ملاحقة الإمبراطور الهارب، كما أن أسرة مينغ كانت قد بلغت ذروتها ازدهارًا عندما عاد تشنغ خه من رحلته الثالثة، فلو كان هدف الرحلات مطاردة الإمبراطور الهارب لتوقفت في الرحلة الثالثة، هذا بالإضافة إلى أنه من المستبعد أن يقلق الإمبراطور تشو دي من النشاطات الخارجية للإمبراطور السابق تشو يون، لأنه لم يكن بتلك الدرجة من الخطورة، هذا إن كان على قيد الحياة.

وعلاوة على ذلك فقد كانت الأماكن المقصودة للرحلات البحرية تقع في غرب الهند، وكان من المستحيل أن يجد الإمبراطور تشو يون ون من يساعده في تلك الجهات البعيدة عن الصين للعودة إلى حكمه.

ولذلك فالبحث عن الإمبراطور المفقود تشو يون ون لا يرتقي أن يكون الهدف الرئيس لرحلات تشنغ خه البحرية، بل لا يرتقي أن يكون من الأهداف المهمة للرحلات السبع، ومع هذا يمكن القول إن البحث عن الإمبراطور الهارب -كما أحسب- كان هدفًا شخصيًّا للإمبراطور يونغلي، ولكنه لم يكن ذلك الهدف الجدير بالحضور القوي ضمن الأهداف الرئيسة، ومن ثم فهو هدف استثنائي، لأن هذا الهدف الشخصي كان مقيدًا بظروف تاريخية موضوعية في ذلك الوقت.

2.2.2. إضفاء الصبغة الشرعية على حكم الإمبراطور يونغلي:

لقد أحدث استيلاء يونغلي على الحكم بالقوة وانتزاعه الملك من الإمبراطور تشو يون هزة عنيفة في جميع أنحاء الصين؛ فَسلْب السلطة من ابن أخيه تشو يون ون كان في نظر الصينيين سلوكًا من السلوكيات الفاحشة، ويتعارض مع رمز أخلاقية الكونفوشيوسية التقليدية داخل البلد، ومن ثم تمت إدانته في أنحاء المجتمع بعبارات متعددة مثل «التعطيل»، و«التمرد»، و«الظلم»، وعلى الرغم من أن الحكومة قد منعت هذه الأصوات والإدانات بالقوة، إلا أن صوت الاحتجاجات انتشر صداه في كل مكان في الصين.

وعلى هذا الأساس، عندما رأى يونغلي ما أحدثه استيلاؤه على العرش من ضجة سعى عن طريق الرحلات البحرية إلى إضفاء نوع من الشرعية على عهده، والقيام بعمل يثير اهتمام وإعجاب الشعب، وذلك من خلال إجبار الدول الأجنبية على الاعتراف بمركز الصين في النظام العالمي[1].

ويبدو أن هذا الرأي قد جانب الصواب، فلو أراد الإمبراطور يونغلي إضفاء الصبغة الشرعية على حكمه لسعى لتحقيق ذلك داخليًا وليس خارجيًا، كما أن هذه الرحلات استمرت طيلة عهد الإمبراطور يونغلي، وهو ما لا يفسر هدف الإمبراطور يونغلي والقول بأنه أراد بذلك إضفاء الصبغة الشرعية لحكمه.

3.2.2. التحالف مع الهند لمقاومة عدوان دولة تيمور:

رأى بعض الخبراء أن الهدف من رحلات تشنغ خه هو تحالف أسرة

---

(1) Wang, Gongoo, Ming foreign relations: Southeast Asia, The Cambridge History of China, Volume 8: The Ming Dynasty 1398-1644, Part 2, Cambridge: Cambridge University Press,1998, p 321-320,

مينغ مع الهند من أجل مقاومة عدوان دولة تيمور[1]، ولكن الإمبراطور يونغلي -على ما يبدو- لم يولِ اهتمامًا مفرطًا بحركات دولة تيمور رغم أنه قد عرف بعض المعلومات عنها، إذ اعتقد أن تيمور غير مقدم على شنّ الهجوم على الصين، هذا من ناحية، ومن ناحية أخرى فإنه لا يوجد أي اتصال سياسي بين أسرة مينغ والهند قبل وصول تشنغ خه إلى هناك في أثناء رحلاته السبع.

وعلاوة على ذلك، فإن الهند كانت متورطة في أوضاع الانقسام والانفصال حينما قام تشنغ خه بزيارته لها، حيث خلت شبه القارة الهندية من الدولة الموحدة التي تستطيع مقاومة دولة تيمور، ومن ثم فليس لوجهة النظر هذه أي أساس كبير من الصحة.

4.2.2. الدوافع الاقتصادية:

هناك بعض من يعتقد أن زيارات تشنغ خه للدول كانت تهدف إلى تطوير التجارة مع الدول الأجنبية وزيادة دخل البلاد[2]، ومع أن أصحاب هذا الرأي يهملون سياسة الحكم لدى أسرة مينغ التي تتمثل في الاهتمام بالزراعة وإغفال التجارة بعض الشيء، فإن من غير المستبعد أن تكون الدوافع الاقتصادية من أهم أهداف هذه الرحلات.

وتجدر الإشارة -في هذا الصدد- إلى أن رحلات تشنغ خه كانت رحلات ذات طابع دبلوماسي وكذلك تجاري[3]، كما أن التنمية الاقتصادية

---

(1) Dreyer, Edward, China and the oceans in the early Ming Dynasty 1405-1433, New York: Pearson Longman, 2007, p 60-61.

(2) ينظر على سبيل المثال: ليو ين، رحلة تشنغ خه إلى دول المحيط الهندي، ص13.

(3) Robert Finlay, The Voyages of Zheng He: Ideology, State Power, and Maritime Trade in Ming China", Journal of The Historical Society, Volume8, Issue3, 2008, p330-331.

عن طريق التجارة كانت من الأهداف الرئيسة للدبلوماسية الصينية، ولذلك أطلق عليها الدبلوماسية التنموية[1].

ففي بداية فترة أسرة مينغ المزدهرة دخلت الصين أواخر المجتمع الإقطاعي، وكانت صناعات الغزل والنسيج والخزفيات والتعدين والسفن متطورةً، ولذا انتهج الإمبراطور يونغلي الانفتاح على الخارج محاولًا خلق وضع سلمي مستقر لفترة طويلة بما من شأنه أن يسهل ويؤمن إقامة التبادلات التجارية بين الصين ومختلف البلدان.

5.2.2. إظهار قوة الصين والسعي للتفوق البحري:

لقد كان إمبراطور الصين يهدف من رحلات تشنغ خه السبع إلى إظهار قوة بلاده للعالم[2]، حيث كان الإمبراطور يونغلي يسعى إلى تَبَوُّء المكانة الأعلى في أنحاء العالم، فأراد عرض القوّات الوطنية أمام الشعوب العالمية، وهو ما جعل حكّام مختلف الدول يأتون إلى الصين ليمثلوا بين يديه ويعبّروا عن احترامهم وتقديرهم له.

---

[1] حول تأسيس الدولة وعلاقتها التجارية مع الدول الاجنبية ينظر: لويز ليفاثيس، يوم سادت الصين البحار، ترجمة: علي أحمد كنعان، تالة للطباعة والنشر، الرياض 2005م، ص73-76؛ هيلد هوخام، تاريخ الصين، ترجمة: أشرف محمد كيلاني، المجلس الأعلى للثقافة، القاهرة، 2002م، ص257.

Robinson, David M: "Politics, Force and Ethnicity in Ming China: Mongols and the Abortive Coup of 1461", Harvard Journal of Asiatic Studies, Volume 59, Number1, June 1999, p 79-123; Robinson, David M: "Banditry and the Subversion, p 527-563; Hucker, Charles O: "Governmental Organization of The Ming Dynasty," Harvard Journal of Asiatic Studies, Volume 21, December 1958, p 1-66; Atwell, William S:" Time, Money, and the Weather: Ming China and the "Great Depression" of the Mid-Fifteenth Century," The Journal of Asian Studies Volume 61, Number 1, 2002, p 83-113.

[2] ليو ين، رحلة تشنغ خه إلى دول المحيط الهنديّ، ص13.

ولقد كانت الدول الأوروبية وروسيا أكثر تركيزًا على التوسع البحري، وسعوا إلى التفوق فيه، فسلكوا طرقًا في جزر الهند الغربية والقارات والجزر الجديدة والمستعمرات والأسواق الجديدة، حيث أبحروا إلى ماي فلاور، وبحثوا عن إلدورادو وأسسوا بؤرًا استيطانية في ألاسكا وفورت روس على جزر المحيط الهادئ، وهو الأمر الذي جعل الصين تخطو خطوة جبارة في رحلاتها الاستكشافية، بهدف مساعدة الإنسانية على التعارف والتعايش وفتح قنوات الاتصال بين الشعوب.

6.2.2. الدوافع السياسية:

إن الأنشطة الدبلوماسية والعسكرية خلال الرحلات السبع لتجعلنا نجزم بأن الهدف السياسي كان حاضرًا بقوة فيها، حيث هدفت الرحلات إلى تعزيز نفوذ إمبراطورية مينغ العظيمة خارج الصين، والتي يحدها الجدار الصيني والبحار المطلة على البحر والمرتفعات التبتية.

كما أن مكانة الصين الدولية كانت قد أخذت في الهبوط التدريجي قبل أسرة مينغ، فلما استولى يونغلي على العرش الإمبراطوري قرر أن يغير هذا الوضع، فأمر تشنغ خه أن يبحر إلى المحيط الهندي، وهدفه الرئيس من ذلك أن يستعيد اتصالات الصين بالبلدان الأفرو آسيوية، وأن يقيم مع هذه البلدان اتصالات سياسية، وأن يؤكد هيبة أسرة مينغ، ويعزز من سلطته الإمبراطورية، هذا بالإضافة إلى السعي إلى امتصاص حدة التوترات في البيئة الإقليمية للصين، والقضاء على القرصنة في البحار الصينية الأربعة.

لقد كانت الرحلات الاقتصادية والدبلوماسية والعسكرية السبع إلى جنوب الهند وشواطئ الخليج العربي والجزيرة العربية وشمال شرق إفريقيا إحدى الخطوات المهمة للسياسة الخارجية الصينية، ومن ثم كانت رحلات

تشنغ خه البحرية من الإجراءات الهامة لتنفيذ سياسة الصين الخارجية هذه، ويمكن القول بأن الدافع الرئيس لها هو التفكير السياسي.

7.2.2. الدوافع العسكرية (توطيد السلام):

إن الدارس لرحلات تشنغ خه وتاريخها العسكري ليستطيع أن يلحظ انهماك تشنغ خه في تنفيذ العديد من العمليات البحرية واسعة النطاق، والتي يمكن فهمها على أنها خلاصة أهداف أسرة مينغ في عصر يونغلي وتوجههم العسكري، ومحور ارتكاز لاستراتيجيتهم الأمنية القائمة على استقرار الأمة الصينية محليًا واستقرار الدول المجاورة خارجيًا.

وعلى هذا الأساس وجَّه تشنغ خه أنظاره شطر البيئة الدولية المجاورة للصين منذُ اللحظات الأولى لرحلاته، ويعود التفاته إليها والاهتمام بها إلى إدراك الصين أهمية هذه الرحلات لأمن الصين خاصة وللأمن الإقليمي عامة.

ومن المعروف أن البيئة الدولية المجاورة للصين لم تكن مستقرة كثيرًا قبل رحلات تشنغ خه، فقد سادت دول جنوب شرقي آسيا الشكوك المتبادلة والمنافسة، وانتهج بعضها التوسع الخارجي والاعتداء على الدول المجاورة، وقَتَلَ بعضُها رُسُلَ أسرة مينغ، ومنع البعض الوفود التي تزور الصين واختطفوها، كما طغى القراصنة على البحار، ولم تكن خطوط المواصلات البحرية مأمونة آنذاك.

أثرت كل هذه العوامل في أمن جنوب الصين، وأثرت في صورة أسرة مينغ الدولية، من ثم انتهج إمبراطور أسرة مينغ سياسة خارجية سلمية تجسدت في «إقرار الأمة الصينية محليًا وإقرار الدول المجاورة خارجيًا ومعاملتها بالمساواة».

جملة القول أن من أهم أهداف رحلات تشنغ خه البحرية إقامةَ علاقات مع الدول الواقعة على الخط البحري بجنوب غربي الصين، وكسبَ قلوب الشعوب، في سبيل تهيئة بيئة سلمية دولية يمكن للصين أن تحقق فيها القوة والاستقرار لأبناء الشعب، وفي الوقت نفسه تحقيق الانفتاح البحري على الخارج للقيام بالتبادل التجاري والاقتصادي والثقافي مع مختلف البلدان الآسيوية والإفريقية.

كما كان الهدف السياسي من الأهداف الرئيسة، حيث سعت أسرة مينغ إلى تعزيز حضورها الخارجي، ومن ثم يمكن القول إن كل هذه الأهداف قررها الوضع السياسي والاقتصادي داخليًا وخارجيًا لأسرة مينغ في بداية فترة حكمها.

3.2. التجهيز للرحلات:

منذ مرحلة تعيين تشنغ خه وحتى مرحلة الانطلاق مرت العملية بعدد من المراحل يمكن لنا أن نوجزها فيما يأتي:

1.3.2. إصدار أمر تعيين تشنغ خه:

عندما عزم الإمبراطور على القيام برحلات بحرية قرر أن يكون تشنغ خه القائد العام لهذا الأسطول، وما إن سمع تشنغ خه أن الإمبراطور اختاره ليقود الأسطول، ويكون المبعوث إلى الدول المطلة على المحيط الهندي حتى كاد يطير فرحًا، وقال على الفور للإمبراطور: «بفضلكم العظيم يا صاحب الجلالة، إنني مستعدّ لتسجيل المآثر في البحار، ونشر قوة البلاد وسلطتها في الدول والمناطق على طول خطّ ملاحتي»، ولما سمع الإمبراطور ما قاله تشنغ خه فاض قلبه سرورًا، ثم أعطاه منصب مبعوث الإمبراطور المفوض الرئيس،

وأمر القطاع المسؤول عن صنع الختم بإعطاء تشنغ خه ختمًا، كما أمر القطاع المسؤول عن كتابة الأوراق الرسمية بصياغة وثائق التعيين[1].

2.3.2. بناء الأسطول:

أصدر الإمبراطور يونغلي أمرًا إمبراطوريًا ببدء مشروع بناء الأسطول ثم أصدر أوامره للشاب تشنغ خه بالبدء في العمل، فبدأ الشاب المسلم على الفور إجراءات تنفيذ المرسوم الإمبراطوري، حيث بعث عددًا من مساعديه إلى مدينة نانجينغ ومقاطعات جيانغسو وتشجيانغ وفوجيان وجيانغشي وهونان وقوانغدونغ لمعاينة مراكز بناء السفن فيها، وتجهيز الأغراض المختلفة لعملية البناء؛ كما وظّف آلافًا من النجارين والدهانين والحدادين وغيرهم من الأيدي العاملة، وأنشأ مصانع السفن في نانجينغ وتشيقو (مدينة تيانجين اليوم) وقوانغتشو ومينغتشو (مدينة نينغبوه اليوم)، ثم إنه أشرف على عملية الصناعة بنفسه[2].

وبعد جهود كبيرة استطاع تشنغ خه أن يبني أسطولًا ضخمًا وكبيرًا يتكون من سفن كبيرة وعملاقة لا تضاهيها سفن في وقتها، واستطاعت الصين بذلك صناعة أكبر ناقلات جنود بحرية في العالم[3].

وفي هذا الصدد يقول الباحث قونغ تشن: «... كان الأسطول الإمبراطوري الذي يقوده تشنغ خه يضم سفنًا ضخمة لا تضاهيها أية سفن أخرى،

---

(1) ليو ين، رحلة تشنغ خه إلى دول المحيط الهندي، ص16.

(2) ليو ين، رحلة تشنغ خه إلى دول المحيط الهندي، ص17؛ بروك، تيموثي، الاتصالات والتجارة، تاريخ كامبريدج في الصين: أسرة مينغ، 1398-1644م، مطبعة جامعة كامبريدج، كامبريدج، المجلد (8)، الجزء (2)، 1998م، ص616؛ لويز، ليفاثيس، عندما حكمت الصين البحار: أسطول الكنز من عرش التنين 1405-1433، أونكتاد، «تنظيم المشاريع والتنمية الاقتصادية: معرض برنامج Empretec»، جنيف، 2004م، ص75.

(3) مصطفى عبادة، ثلاثون يومًا في المستقبل، ص146.

ولها أشرعة ومراسٍ لا يقدر على رفعها إلا رجال أشداء يتراوح عددهم ما بين مائتين إلى ثلاثمائة شخص...»(1)، وكان أسطول تشنغ خه عندما جهزه للانطلاق في رحلته الأولى يتكون من 317 سفينة ذات أحجام مختلفة وأنواع متعددة(2).

وتذكر السجلات التاريخية لأسرة مينغ أنّ طول إحدى السفن بلغ 150 مترًا وأن عرضها بلغ 60 مترًا، وبلغت حمولتها ألف طن. واستدعى تشنغ خه المتخصصين في الملاحة من أنحاء الصين لمرافقته في رحلاته(3).

3.3.2. تقسيم سفن الأسطول:

لكي يقوم الأسطول بالدور المنوط به، ويحقق أهداف الرحلة، كان من اللازم إعداد الأسطول إعدادًا منظمًا، وتقسيمه وفق أقسام دقيقة، بحيث تستوعب تلك الأقسام كل متطلبات واحتياجات الرحلة، ومن أجل هذا الغرض راعى تشنغ خه عند بناء الأسطول أن يضم عددًا من السفن المختلفة المهام.

وعلى هذا الأساس فقد تكون الأسطول من مجموعة من السفن المختلفة الأنواع والأحجام، كلٌ منها يفي بوظائف متخصصة(4)، فمن تلك

---

(1) قونغ تشن، سجلات البلدان في المحيط الهندي، مراجعة وملاحظات شيانغ دا، دار الصين، بكين 1961م. مقدمة الكتاب.

(2) Haraptasad Ray, The Eighth Voyage of the Dragon that Never was: An Enquiry into the Causes of Cessation of Voyages during Early Ming Dynasty, Institute of Chinese Studies, Delhi, Vol 23, Issue 2, 1987, P 51.

دراير، تشنغ خه، ص51.

(3) مصطفى عبادة، ثلاثون يومًا في المستقبل، ص146.

(4) Helaine Selin, Encyclopaedia of the History of Science, Technology, and Medicine in Non-Western cultures, New York: Springer, Edition2, Volume A-K, 2008, P2355.

السفن سفن نقل الجند والتي كانت تختلف في أحجامها، فهناك سفن تحمل حوالي 500 رجل، وهناك سفن تحمل ما لا يقل عن 600 رجل[1]، كما جُهزت سفن التموين لحمل مئات الأطنان من المؤن.

وكذلك ضم الأسطول العديد من السفن التجارية والسفن الحربية وسفن الدعم والقوارب[2]، موزعةً بين سفن الأحصنة المخصصة لحمل الأحصنة، وسفن التموين العسكري المخصصة لشحن الحبوب الغذائية، وكذلك سفن القعود؛ أي سفن الجلوس من أجل جلوس البحارة فيها، وسفن القتال التي تحمل الجنود من أجل أي طارئ، وكان هذا النوع من السفن مجهزًا لخوض المعارك، كما كانت هناك سفن مخصصة لحمل الماء العذب[3]، إلى غير ذلك من السفن المتخصصة والصغيرة.

وكان هذا الأسطول يشكل مشهدًا رائعًا وهو يشق طريقه بين المياه التي لا يفصلها عن السماء سوى ذلك الأفق الذي لا نهاية له، وسط الأمواج التي تتلاطم كالجبال، فتراه «يمخر العباب بملء أشرعته البيضاء ليل نهار بسرعة كأنه يمشي في مسلك هادئ»[4].

2.3.4. التنظيم القيادي والخدماتي للأسطول:

كان الأدميرال تشنغ خه هو القائد العام للأسطول، وذلك بموجب التكليف من الإمبراطور يونغلي، ومن ثم كان صاحب الكلمة الأولى في الأسطول،

---

(1) Robert Finlay, Portuguese and Chinese Maritime Imperialism: Camões's Lusiads and Luo Maodeng's Voyage of the San Bao Eunuch, Volume 34, Issue 2, Society for the Comparative Study of Society and History, 1992, P277.

(2) لويز، عندما حكمت الصين البحار: أسطول الكنز، ص74.

(3) ليو ين، رحلة تشنغ خه إلى دول المحيط الهندي، ص17.

(4) دراير، تشنغ خه، ص127، 128، 139- 140، 145- 146، 190-199.

وكان له حق القيادة وإجراء الصفقات والمباحثات، وكذلك إعلان حالة الحرب وما إلى ذلك.

ويأتي بعد القائد العام للأسطول نائب القائد العام للأسطول[1]، كما كان هناك 7 مديرين كبار في مناصب سفراء وقادة الأسطول، ويأتي ترتيبهم بالمرتبة الثالثة بعد الأدميرال تشنغ خه ونائبه، وكان الأدميرال تشنغ خه يوكل إليهم مهمة قيادة الأسراب المنفصلة عن الأسطول العام للقيام ببعض المهمات، ويليهم 10 مديرين مبتدئين يأتون في المرتبة الثالثة، وتضم قيادة الأسطول كذلك ما مجموعه 70 شخصًا تناط بهم مهام مختلفة، أما مركز القيادة ففيه اثنان من العمداء و93 من القباطنة و104 ملازمين و103 مساعدين فرعيين[2].

كما كان هناك 180 موظفًا طبيًّا، ومدير للمالية، واثنان من الأمناء، واثنان من ضباط البروتوكول من محكمة الدولة الاحتفالية، وضابط الفلكية، وأربعة من المنجمين، وكان لدى الأسطول أيضًا قضاة، كما كان من بين الأفراد المتبقين موظفون صغار ذوو مهام مختلفة، هذا بالإضافة إلى فيلق الشجعان، وفيالق السلطة، والجنود العسكريين المشار إليها باسم الجنود الرسميين أو جنود العلم، والزائدين، وأصحاب القوارب، والمشترين، والكتبة، وكذلك الضباط وضباط الصف، وقادة الفوضى، وأصحاب الدفة، والمذيع، والمترجمين، ومدراء الأعمال، والمحاسبين، وكذلك عمال ميكانيكا المرساة[3]، وأعداد من الطباخين والسقائين (أصحاب المياه) وغير ذلك من أصحاب الوظائف الخدمية.

---

(1) ليو ين، رحلة تشنغ خه إلى دول المحيط الهندي، ص46.

(2) دراير، تشنغ خه، ص127.

(3) دراير، تشنغ خه، ص128.

وتجدر الإشارة إلى أن أسطول الأدميرال تشنغ خه كان يشتمل على 4 هيئات وظيفية كبيرة وهي:

1.4.3.2. مركز القيادة:

يتكون أعضاء مركز القيادة من قائد الأسطول؛ ونائبه الذي كان يقدم للقائد المشورة[1]، و7 مديرين كبار في مناصب سفراء وقادة الأسطول[2]، ويُعدّ مركز القيادة هيئة مركزية لقيادة كل من الملاحة والشؤون الدبلوماسية والقتال والتجارة وغير ذلك من الأعمال المهمة.

2.4.3.2. مركز الملاحة:

يُعدُّ مركز الملاحة هو المسؤول عن سلامة الملاحة، كما كان يدخل في إطار اختصاصه عمليتا الإرساء والإقلاع ورفع وإنزال الأشرعة والتجديف والإرصاد الجوية وصنع وإصلاح الأدوات الحديدية والخشبية والأجهزة الخاصة بالملاحة، وينطوي هذا المركز تحت مركز القيادة العامة بقيادة الأدميرال تشنغ خه، ولذا يُعَدُّ من أهم مراكز الأسطول.

3.4.3.2. مركز الشؤون الخارجية والداخلية:

هو المركز المسؤول عن الشؤون الخارجية والمراسيم والتموين والترجمة وشراء اللوازم والحسابات وإعداد مسودات التقارير التجارية والدبلوماسية، كما يُعدّ هذا المركز المسؤول عن الوقاية من الأمراض وعلاجها.

4.4.3.2. مركز الحماية العسكرية:

هو المركز المسؤول عن سلامة السفن في الملاحة وفي المراسي، وكذلك يتولى مهمة الدفاع والمقاومة ضد القوات المسلحة المعتدية والقراصنة.

---

(1) ليو ين، رحلة تشنغ خه إلى دول المحيط الهندي، ص46.

(2) دراير، تشنغ خه، ص127.

2.3.4.5. مركز الشؤون التموينية:

هو المركز المسؤول عن التموين والاحتياجات الغذائية في الأسطول، كما يتولى الإشراف العام على إعداد الطعام.

مما سبق نلحظ أنّ كل شيء في الأسطول كان يسير وفق تنظيمات دقيقة ومحكمة. فالأسطول عبارة عن مؤسسة كبرى، بل مدينة بحرية بأكملها، عائمة فوق سطح الماء تتكون من مئات السفن وآلاف الناس، وآلاف الأطنان من البضائع النفيسة، ومن ثم كان لا بُدّ لكل شيء في الأسطول أن يسير بدقة متناهية وتنظيم محكم، فالخطأ في الأسطول ممنوع، لأنّ أي هفوة بسيطة ستكلف الأسطول خسائر فادحة.

هذا وقد كانت أمور الإبحار والعمل والإدارة في الأسطول تسير بطريقة منتظمة للغاية، تحت قيادة وإشراف القائد العام للأسطول تشنغ خه الذي يتمتع بقدرات قيادية وإدارية ممتازة، فكان لتلك المقومات الشخصية التي يتمتع بها تشنغ خه دور كبير في نجاح مهام الأسطول في رحلاته السبع خلال 28 عامًا[1].

وهكذا كان أسطول تشنغ خه أسطولًا مختلفًا كل الاختلاف عن أي أسطول آخر في العالم، فقد تم تشييد هذا الأسطول وفق أحدث مقومات الملاحة البحرية التجارية، وكذلك وفق أرقى النظم الدفاعية آنذاك، وذلك حتى يستطع أن يؤدي أكثر من مهمة في وقت واحد.

---

(1) لمعلومات أوفى عن إدارة تشنغ خه، ينظر ما سبق من هذا الفصل تحت عنوان: أسباب اختيار تشنغ خه للقيادة البحرية.

Hoon, H.S, Zheng He's art of collaboration: Understanding the legendary Chinese admiral from a management perspective. Institute of Southeast Asian Studies, 2012, p 32, 155.

خلاصة القول؛ أن القائد الأدميرال تشنغ خه كان قائد القوات البحرية العام، وذلك لأنه يملك أسطولًا متكاملًا من حيث عدد الأشخاص والسفن في كل رحلة بحرية، حيث كان يندرج تحت قيادته في كل رحلة أكثر من 27000 شخص؛ وكان الأسطول يضم أعدادًا كثيرة من السفن، فقد وصل عدد سفنه في إحدى رحلاته إلى 317 سفينة، هذا بالإضافة إلى القدرة القتالية للأسطول؛ لقد كانت فِرَق السفن والقوة البرمائية في الأسطول تضاهي قوة السفن حاليًّا.

4.2. الرحلات السبع:

منذ عام 1405م إلى 1433م قاد تشنغ خه 7 رحلات أبحرت إلى ماليزيا، وإندونيسيا، وتايلاند، والهند، وسريلانكا، وإيـران، وعمان، واليمن، والسعودية، والصومال، وكينيا، والعديد من البلدان الأخرى[1]، بل -كما يقول جافين منزيس- وصلت قطع الأسطول إلى الشواطئ الأمريكية والأسترالية.

وهذه الحملات لم تكن أمرًا سهلًا بل كانت في غاية الصعوبة والخطورة؛ لأنها إبحار في العالم المجهول، ولأنها تمثل أول الرحلات الاستكشافية واسعة النطاق، ومع هذا نجحت جميع الرحلات السبع نجاحًا كبيرًا، كما حققت إنجازات كبيرة للشعوب وللإنسانية في مختلف المجالات.

1.4.2. الرحلة الأولى:

في الشهر القمري الثالث (من 30 مارس إلى 28 إبريل) من 1405م، صدر أمر مبدئي عن الإمبراطور بتولي تشنغ خه وآخرين قيادة 27000 جندي

(1) لمزيد من المعلومات عن رحلاته ينظر:
Hui Chun Hing, Huangming Zuxun and Zheng He's Voyages to the Western Oceans, Journal of Chinese Studies, No. 51, July 2010.

إلى المحيط الغربي(1)، كما صدر مرسوم إمبراطوري بتاريخ 11 يوليو 1405م يأمر تشنغ خه ووانغ جينغهونغ وآخرين للإبحار بالأسطول(2).

وقبل المغادرة أقام الإمبراطور يونغلي مأدبة عشاء لطاقم العمل في الأسطول، وبعد المأدبة تم تقديم الهدايا للضباط والطاقم المشترك بحسب رتبهم، وقدمت الأضحيات والصلوات لضمان رحلة ناجحة وممر آمن أثناء الرحلة، ثُمّ تمّ تجميع الأسطول في نانجينغ في خريف عام 1405م وهو في أتم الاستعداد للانطلاق والمغادرة(3).

وبحسب تايزونغ شيلو أنه في 11 يوليو 1405م غادر الأدميرال تشنغ خه في رحلته الأولى، وكان يحمل رسائل الإمبراطور إلى بلدان المحيط الهندي، كما حمل الهدايا لملوك تلك البلدان وحكامهم(4).

وعند انطلاق الأسطول قام تشنغ خه بتنظيم الأسطول في أسراب، ومن ثم أبحر الأسطول على الساحل الصيني متقدمًا نحو فم مين ريفر، ومن ثَمّ الوصول إلى مرسى تايبينغ في حي تشانغله وهناك انتظروا الرياح الموسمية الشمالية الشرقية، ومنها غادر الأسطول عبر فوجيان(5).

وعن هذه الرحلة يذكر قائد الأسطول تشنغ خه أنه: «في العام الثالث

---

(1) سجلات أسرة مينغ، اليوم 15 الشهر 11 السنة العاشرة، الموافق 18 ديسمبر 1412م، السجل 834، المجلد 12، ص1639؛

Duyvendak. J.J.L, The True Dates of the Chinese Maritime Expeditions in the Early Fifteenth Century1, in T'oung Pao China, Asian Studies, Leiden, Volume 34: Issue 1, The Netherlands, 1938, p 256-258.

(2) Helaine Selin, Encyclopaedia of the History of Science, p 2345.

(3) لويز، عندما حكمت الصين البحار: أسطول الكنز، ص87-89.

(4) دراير، تشنغ خه، ص51.

(5) دراير، تشنغ خه، ص52.

للإمبراطور يونغلي 1405م أمر الأسطول بأن يذهب إلى كاليكوت وبلاد أخرى»، ووصل الأسطول في هذه الرحلة إلى فيتنام وسومطرة وسيلان وغيرها، وفيها تعرض الأسطول لهجوم قراصنة البحر، ولكن تشنغ خه تمكن من النيل منهم، كما تمكن من أسر عدد من القراصنة، وفي ذلك يذكر تشنغ خه في مخطوطتيه[1] أن القرصان تشين تسو-ين وأتباعه تجمعوا عند سان-فو-تشي (باليمبانج)، وقاموا بسرقة التجار من أهل البلد، فهاجمهم تشنغ خه، وتمّ القبض على قائد القراصنة حيًّا وعادوا إلى الصين في العام الخامس من حكم يونغلي الموافق 1407م[2].

والجدير بالذكر أن تشنغ خه عاد في هذه الرحلة إلى الصين ومعه مبعوثون من دولة جاوا وغيرها لتقديم احترامهم لإمبراطور أسرة مينغ، كما كانت عشرات السفن محملة بالمنتجات النفيسة التي حصل عليها تشنغ خه

---

(1) وثق تشنغ خه رحلاته في مخطوطتين (نقشين)، وقد كتب المخطوطة الأولى في 14 مارس سنة 1431م على لوح من الحجر وهو موجود الآن في متحف تيان -في tien-fei، الموجود في إقليم t,ai- tsang وذلك قبل رحلته السابعة والأخيرة، وتسمى هذه المخطوطة: في ذكرى العلاقات مع البرابرة، أما المخطوطة الثانية فهي بعنوان فو- تشيان رين - هوا fu-chien wen-hua، واكتشف المخطوطة رجل يدعى وانج بو-تشيو wang po-ch,iu وهو موظف حكومي في البلاط الإمبراطوري، وقد كتب تشنغ خه المخطوطة في الفترة من 5 ديسمبر 1431م حتى 3 يناير 1432م، وتم تحقيق المخطوطتين من بعض الباحثين، إلا أننا سنعتمد على تحقيق محمد محمود خليل الذي قام بتحقيقهما ضمن كتابه: الخليج العربي والجزيرة العربية في الوثائق والحوليات الصينية «فترة العصور الوسطى» أسرة مينغ نموذجًا، وسوف نضمن كتابنا هذا ملحقين للمخطوطتين، بتحقيق محمد محمود خليل.

(2) تشنغ خه، في ذكرى العلاقات مع البرابرة، (ينظر: ملحق رقم 1 تحقيق: محمد محمود خليل)؛ فو- تشيان رين - هوا، (ينظر: ملحق رقم 2 تحقيق: محمد محمود خليل)؛ سجلات أسرة مينغ، السجل 834، المجلد 12، ص 1639؛ شيه غويان، مدخلات الأجهزة الغربية في عهد أسرة مينغ والمجتمع الصيني ما قبل الحديث، العدد الأكاديمي الشهري (Xueshu yuekan)، العدد (8)، 2003م.

من الخارج عن طريق التبادل التجاري، فخلع عليه الإمبراطور العديد من الألقاب ومنحه الكثير من الهدايا[1].

وتجدر الإشارة إلى أن عدد البحارة والمرافقين والجنود على متن سفن الأسطول الضخم قد بلغ في الرحلة الأولى 27800 شخص، وكان منهم مترجمون وأدباء وعلماء وأطباء وغيرهم، كما كان الأسطول أسطولًا مهيبًا يتكون من العديد من سفن نقل الجند، وسفن البضائع والمجوهرات، وسفن الخيول، والسفن الحربية، وسفن المؤن، وحُمِّلَتْ السفن بكميات هائلة من المنسوجات الحريرية والعقاقير التقليدية الصينية.

ويبدو أن تشنغ خه -خلال الفترة الأولى لرحلاته البحرية لاسيما الرحلة الأولى- قد بدأ يدرس ويحلل خريطة الملاحة ومواقع النجوم وفن عبور المحيطات والسجلات الأجنبية المختلفة حول عبور البحار والفلك والجغرافيا وعلم البحار وقيادة السفن وإصلاحها، وهذا الأمر نستطيع أن نلحظه في أنه كان يبني كل رحلة على ما قبلها من رحلات، وهو الأمر الذي جعله ينجح ويتوغل في كل رحلة أكثر من التي قبلها.

2.4.2. الرحلة الثانية:

في العام الخامس للإمبراطور يونغلي 1407م أمر الإمبراطور الأسطول بالقيام برحلة ثانية فانطلق إلى كوا-وا (جافا) وكو-لي (كاليكوت) وكو-تشيه (كوتشين)، وهسن-لو (سيام)، وكان ملوك تلك البلاد جميعهم قد قدموا منتجات محلية كجزية، كما قدموا بعض الطيور

---

[1] الصين اليوم / أغسطس 2005م / المصدر: شبكة الصين على الرابط: http://arabic.china.org.cn/culture/archive...ent_2188110.htm

والحيوانات النادرة، وعاد بعدها الأسطول في العام السابع للإمبراطور يونغلي 1409م⁽¹⁾.

انطلق الأسطول في هذه الرحلة من نانجينغ إلى تشانغله ثم أبحر إلى تشامبا؛ ثم سيام، ثم جافا، ثم ملقا، ثم بروناي، ثم تايلند، ثم كوشين، ثم كاليكوت في الهند، وسريلانكا، ومن المحتمل أن سيام وجاوا قد زارهما الأسطول الرئيس أو الأسراب المنفصلة قبل إعادة تجميعها في ملقا، وخلال هذه الرحلة لم يهبط تشنغ خه وأسطوله على سيلان⁽²⁾.

وتم تكليف الأسطول في هذه الرحلة بتنفيذ بعض الاستثمارات التجارية في كاليكوت، حيث استطاع تشنغ خه تنفيذ تلك الاستثمارات، وأقيم نصب تذكاري في كاليكوت لتخليد العلاقة بين الصين والهند⁽³⁾.

3.4.2. الرحلة الثالثة:

في العام السابع من حكم الإمبراطور يونغلي الموافق عام 1409م أمر الإمبراطور الأسطول بالقيام برحلة ثالثة والذهاب إلى بعض البلاد التي تمت زيارتها من قبل في الرحلتين الأولى والثانية⁽⁴⁾.

---

(1) تشنغ خه، في ذكرى العلاقات مع البرابرة، (ينظر: ملحق رقم 1 تحقيق: محمد محمود خليل)؛ فو- تشيان رين - هوا، (ينظر: ملحق رقم 2 تحقيق: محمد محمود خليل).
Liu Zhiqin, Discussion on the late Ming History: Rethinking the Decline and Change in the Last Phase (Wan ming shi lun: chongxin renshi moshi shuaibian), Jiangxi Universities and Colleges, 2004.

(2) دراير، تشنغ خه، ص64.
(3) لويز، عندما حكمت الصين البحار: أسطول الكنز، ص88.
(4) Wang Tianyou, Xu Kai, Wan Ming, ed., Zheng He's Voyages and World Civilization: Proceedings in Memory of the 600th Anniversary of Zheng He's Expedition (Zheng He yuanyang yu shijie wenming: jinian zhenghe xi xiyang 600 zhounian lunwen ji), Peking University, 2005.

أما مسار رحلة الأسطول فقد غادر الأسطول قاعدته في الشهر التاسع (9 أكتوبر-6 نوفمبر 1409م)، ووصل إلى تشانغله في الشهر التالي (7 نوفمبر - 6 ديسمبر)، ثم غادرها في الشهر الثاني عشر (5 يناير - 3 فبراير 1410م)، وبعدها انطلق الأسطول ليمر بعدد من المحطات، ومن أهم تلك المحطات: تشامبا، جاوا، ملقا، سومطرة، سيلان، كوشين، كاليكوت، كما قام سرب بقيادة وانغ جينغ هونغ بعمل محطات قصيرة في سيام، وملقا، وسومطرة، وسيلان أثناء التحويلات، وقد كان وصول هذا السرب إلى سيلان في 1410م، ومن ثم انضمامه إلى الأسطول[1].

وخلال رحلة العودة إلى الصين عام 1411م خاض الأسطول مواجهة عسكرية مع ملك سيلان الذي كان يشكل تهديدًا للبلدان المجاورة والمياه المحلية لسيلان وجنوب الهند، وكان يرتكب وقومه أعمال القرصنة ضد البلدان المجاورة التي تقيم علاقات دبلوماسية مع الصين، وعند وصول تشنغ خه وبعض جنوده إلى الملك طمأنهم مما جعل تشنغ خه وقليلًا من قواته يترجلون عن الأسطول بعد أن أغراهم الملك بالتوغل إلى دخل مناطق سيلان، وعندها قطع الملك الطريق على تشنغ خه وقواته المرافقة له التي كانت تقدر بـ2000 جندي، وفي الوقت نفسه خطط الملك أيضًا لشن هجوم على الأسطول، إلا أن تشنغ خه عرف بكل مخططاته، فداهم بقواته المدينة التي يقيم فيها الملك وحاشيته وانتصر عليهم، ووقع الملك والعديد من أسرته وحاشيته في الأسر[2].

عاد تشنغ خه بعد ذلك إلى نانجينغ في 6 يوليو 1411، وقدم الأسرى للإمبراطور يونغلي فعفا عنهم وأمر بإعادتهم إلى بلدهم، كما طلب من

---

(1) دراير، تشنغ خه، ص64.
(2) دراير، تشنغ خه، ص67-73.

وزارة الطقوس أن توصي شخصًا ما ليكون بمثابة الملك الجديد، ومنذ ذلك الوقت استتبت الأمور في تلك المنطقة وانقطعت أي أعمال عدائية ضد الأسطول خلال الزيارات اللاحقة إلى سيلان[1].

4.4.2. الرحلة الرابعة:

في هذه الرحلة سيقود تشنغ خه الأسطول إلى البلدان العربية والإسلامية، ومن ثم فإن من الواجب والمهم أن يرافق الأسطول عدد من المترجمين، ولذا قام تشنغ خه بالبحث عن مترجمين لمرافقته، ولعل مما يؤكد ذلك ما وجد في نقش بمسجد في مدينة شيان من أنه في الشهر الرابع من السنة الحادية عشرة لحكم الإمبراطور يونغلي الموافق عام 1411م، كان تشنغ خه موجودًا في ذلك المسجد للبحث عن مترجمين موثوقين، وقد وجدوا رجلًا يدعى حسن[2].

بعد أن أعد تشنغ خه العدة وبأوامر من الإمبراطور، انطلق تشنغ خه بالرحلة الرابعة في نوفمبر 1412م، حيث واصل أسطوله رحلته إلى الغرب حتى وصل إلى ساحل إفريقيا الشرقي، ثم عاد تشنغ خه إلى بلاده عام 1415م، ويبدو أن هناك سفنًا لم تعد مع الأسطول، حيث عادت السفن الفرعية بعد سنة من عودة الأسطول؛ أي في عام 1416م.

هذا وقد جرت في هذه الرحلة بعض الأحداث، ومنها كما يقول تشنغ خه: «في العام الحادي عشر للإمبراطور يونغلي 1413م وتحت قيادتي للأسطول ذهبنا إلى هو-لو-مو-سسو (هرمز)، وبلاد أخرى. وفي بلدة سو-مين-تا-لا (سومطرة) كان هناك ملك مذنب اسمه سو-كان-لا (إسكندر)

---

(1) دراير، تشنغ خه، ص70-73.

(2) Duyvendak, The True Dates of the Chinese Maritime Expeditions, p 256-258.

كان قد نهب وتعدى على بلده، وملكها الأصلي تساي-نو-لي-آ-بي-تينج (زين العابدين)، وأرسل زين العابدين مبعوثًا إلى البوابات الإمبراطورية حتى يقدم مظلمته، ولذا ذهبنا إلى هناك ومعي القوات الرسمية خاصته تحت قيادتنا، وأبدنا المغتصبين وقبضنا على المتمردين... وتمّ القبض على إسكندر حيًّا، وفي العام الثالث عشر 1415م عدنا وقدمنا إسكندر سجينًا لدى الإمبراطور، وفي نفس العام أتى ملك بلدة مان-لا-تشيا (ملقا) شخصيًّا هو وزوجته وابنه حتى يقدموا الجزية بأنفسهم»[1].

إن قيام الصين بحماية ملك سومطرة الأصلي تساي-نو-لي-آ-بي تينج (زين العابدين) لأمر يؤكد على أن السلطة الصينية تحمي الطريق البحري من خلال حماية السلطة السياسية المحلية التي ترعى التجارة[2].

5.4.2. الرحلة الخامسة:

كانت المهمة الرئيسة لتشنغ خه في رحلته الخامسة هي حماية واصطحاب مبعوثي 19 دولة ليعودوا إلى بلدانهم، فوصل أسطوله إلى أقصى جنوب ساحل إفريقيا الشرقي.

وعن هذه الرحلة يقول تشنغ خه: «في العام الخامس عشر للإمبراطور يونغلي 1417م وبقيادة الأسطول زرنا المناطق الغربية، حيث بلدة هرمز التي قدمت الأسود والفهود وقطعًا ذهبية وخيولًا غربية (عربية) ضخمة، أما بلدة آ-تان (عدن) فقدمت تشي-لين واسمه الأصلي هو-تسو-لا-فا، كما قدموا أيضًا حيوان وحيد القرن، وقدمت بلدة مو-كو-تو-شو (مقديشو)

---

(1) تشنغ خه، فو - تشيان رين - هوا، (ينظر: ملحق رقم 2 تحقيق: محمد محمود خليل)؛ سجلات أسرة مينغ، سجل 834، المجلد 12، ص1639.
(2) دراير، تشنغ خه، ص79-81.

هوا-فو-لو (الحمار الوحشي المخطط) وقدموا الأسود أيضًا، أما بلدة بو-لا-وا (براوه) فقدمت إبلًا تجري 1000 لي، كما قدموا طيور الإبل (النعام)، وقدمت كل من بلدة تشا-وا (جافا) وكو-لي (كاليكوت) حيوان من-لي-كاو (محار اللؤلؤ). جميعهم تنافسوا في تقديم مواد عجيبة وكنوز جميلة موجودة في الجبال أو الرمال أو الشواطئ، وقد أرسل بعض ملوك تلك الدول أقاربهم من الأخوال أو الأعمام أو الإخوة حتى يقدموا خطابًا بالطاعة للإمبراطور مكتوبًا على رقائق من الذهب كدليل على الجزية[1].

ومن أهم المحطات التي مر بها الأسطول في هذه الرحلة الأماكن التالية: تشامبا، ملقا، جاوا، سومطرة، كاليكوت، سريلانكا، هرمز، الإحساء، عدن، مقديشو، ماليندي، سولو، بروة[2].

6.4.2. الرحلة السادسة:

اصطحب تشنغ خه في رحلته البحرية السادسة مبعوثي 16 دولة إلى بلدانهم، ووصل أسطوله في هذه الرحلة إلى ميناء ممباسا في كينيا. وعن هذه الرحلة يقول تشنغ خه: «في العام التاسع عشر للإمبراطور يونغلي 1421م قمنا بتوصيل سفراء هرمز والبلاد الأخرى التي حضرت إلى العاصمة وهم عائدون إلى بلادهم، وقد أحضر ملوك جميع تلك البلاد الهدايا ودفعوا الجزية بشكل أكثر من السابق»[3].

---

(1) Ming - shih, ch 7, 3a, p 295 Ming - shih, ch 7, 2b, p 294.

(2) دراير، تشنغ خه، ص79-81.

(3) تشنغ خه، في ذكرى العلاقات مع البرابرة، (ينظر: ملحق رقم 1 تحقيق: محمد محمود خليل)؛ فو - تشيان رين - هوا، (ينظر: ملحق رقم 2 تحقيق: محمد محمود خليل). لقد ذكر في وثائق أسرة مينغ أن سبب تلك الرحلة هو أن الإمبراطور أمر القائد تشنغ خه بمصاحبة سفراء البلدان الغربية العائدين إلى بلدانهم، وذلك لحمايتهم في الطريق، وكذلك لتقديم العديد من الهدايا لملوك عدد من الدول منهم ملوك عدن وهرمز وظفار وشرق إفريقيا.

ومن المحتمل أن تكون الوجهات القليلة الأولى التي قام بها الأسطول كله في هذه الرحلة هي ملقا والولايات الثلاث السومرية في لامبري وأرو وساموديرا[1]، وبعد ذلك تم تقسيم الأسطول عدة أسراب منفصلة في ساموديرا[2]، وقد انتقلت جميع تلك الأسراب إلى سيلان ثم انفصلت عن بعضها البعض واتجهت إلى وجهات مختلفة، وعند العودة أعيد تجميع العديد من الأسراب في كاليكوت، ومن ثم اجتماع الأسراب في سومطرة[3].

7.5.2. الرحلة السابعة:

في بداية عام 1431م أمر الإمبراطور شيوان تسونغ الملقب بـ«هسوان-تي» بأن يقوم تشنغ خه بالرحلة البحرية السابعة، وقد استغرقت هذه الرحلة أكثر من ثلاث سنوات، زار أسطول تشنغ خه خلالها نحو 20 بلدًا.

وعن هذه الرحلة يقول تشنغ خه: «في العام السادس للإمبراطور «هسوان-تي» 1431م قمت بقيادة الأسطول مرة أخرى وهممنا بالذهاب إلى البلاد البربرية حتى نقرأ عليهم فرمان الإمبراطور ونمنحهم الهدايا، ولقد رسونا في هذا الميناء ننتظر الرياح الشمالية لنأخذ البحر وننطلق، ووقتها تذكرنا كيف تلقينا سابقًا رعاية الآلهة وحفظها في العديد من المناسبات، لذلك قمنا بتسجيل مخطوطة على الحجر: في العام السادس للإمبراطور «هسوان-تي»، في الشهر الثاني للشتاء (5 ديسمبر 1431 – 3 يناير 1432م) في يوم سعيد أقام هنا المبعوثون الرئيسون، الطواشي العظيم تشنغ خه والطواشي وانج - تشينج - هنج، والمبعوثون المساعدون،

---

(1) دراير، تشنغ خه، ص93.

(2) Helaine Selin, Encyclopaedia of the History of Science, p 2325.

(3) دراير، تشنغ خه، ص92-94، 144، 146.

الطواشي لي- هسينج، والطواشي تشو ليانج، والطواشي تشو – مان، والطواشي هنج – باو، والطواشي يانج – تشين، والطواشي تشانج تا، والطواشي وو – تشينج، والقادة تشو – تشين، ووانج – هينج، والراهب الساكن رفيع المنزلة يانج- يي – تشو، واسمه الديني تشينج – يي، الذي حنى رأسه لأسفل وتوسل لإقامة ذلك الحجر»[1].

بدأ الأسطول الإبحار من لونغوان (خليج التنين) في نانجينغ في 19 يناير عام 1431م، وفي 23 يناير توقف الأسطول في جزيرة زوشان، وهي جزيرة غير معروفة حاليًا في نهر اليانغتسي، وفيها اصطاد طاقم الأسطول الحيوانات، وفي 2 فبراير 1431م أبحر الأسطول عبر ممر فُوزِي، ومنها إلى مصب نهر يانغتسي ووصل الأسطول إلى تشانغله فظلوا فيها حتى منتصف ديسمبر، وفي 16 ديسمبر سافروا إلى فو تو شان (ربما بالقرب من فوتشو)، وأبحر الأسطول إلى تشامبا ثم إلى جافا، وهناك أنشأوا ميناء سورابايا، وبقي الأسطول في المنطقة حتى 13 يوليو، وفي 24 يوليو 1432م وصل الأسطول إلى باليمبانج وغادرها في 27 يوليو إلى أسفل نهر موسي، ثم عبر مضيق بانكا، ومرورًا بأرخبيل لينججا ورياو، وكان في أرخبيل لينججا ورياو عدد كبير من القراصنة الذين يشكلون خطرًا على السفن العابرة، لكن هؤلاء القراصنة لم يشكلوا أي تهديد للأسطول، وفي 3 أغسطس 1432م وصل الأسطول إلى ملقا، وغادرها في 2 سبتمبر 1432م، ومنها سافر إلى سومطرة والتي وصلها في 12 سبتمبر، وفي 2 نوفمبر 1432م غادر الأسطول سومطرة، فوصل بيروالا بالقرب من سيلان في 28 نوفمبر 1432م، ثم غادر الأسطول بيروالا في 2 ديسمبر، ووصلوا إلى كاليكوت في 10 ديسمبر، والتي غادرها إلى هرمز في 14 ديسمبر عام 1432م فوصلها في 17 يناير 1433م،

---

[1] تشنغ خه، فو- تشيان رين – هوا، (ينظر: ملحق رقم 2 بتحقيق محمد محمود خليل).

وبقي الأسطول في هرمز لمدة شهرين تقريبًا قبل أن يعود إلى الصين في 9 مارس 1433م[1].

كما زار الأسطولُ في الرحلة السابعة عددًا من البلدان، فإلى جانب ما ذُكِرَ من بلدان في خط السير السابق في هذه الرحلة، فإن هناك وجهات أخرى ذهب إليها الأسطول، فمن الوجهات الإضافية التي تم تسجيلها: البنغال، والإحساء، وعدن، ومكة، ومقديشو، وبرافا[2]، وغيرها من البلدان.

وتشير الوثائق إلى أن الأدميرال تشنغ خه قام بزيارات إلى عدد من البلدان في جنوب الهند، وكذلك زار عددًا من البلدان في الساحل الجنوبي للجزيرة العربية وكذلك الساحل الشرقي للقارة الإفريقية[3].

ويوضح دراير أن النصوص غير جازمة حول ما إذا كان قد ذهب إلى تلك الأماكن شخصيًا، فالصياغة في الوثائق الصينية يمكن أن تشير إلى أنه زار كل هذه البلدان، ولكن من الممكن ألا يكون قد زار تلك البلدان بنفسه، لأن الأسطول تأخر في خروجه من الصين، كما أنه توقف في كاليكوت كثيرًا، ولكن من المحتمل أن الأسطول كان يقوم بالتوزع على شكل أسراب، حيث كانت تتوزع السفن ثم يعيد تجميعها مع الأسطول الرئيس في كاليكوت وفقًا لدراير، فهذا الأمر يتوقف على ما إذا كان تشنغ خه قد زار هذه الدول بنفسه أو بقي مع الجزء الرئيس من الأسطول، ولكن دراير يعتقد أن الأسراب المنفصلة قد تكون تجمعت بالفعل في كاليكوت عند عودتها إلى الصين، لأن الأسطول الرئيس لم يبق هناك لفترة طويلة[4].

---

(1) دراير، تشنغ خه، ص150–155.

(2) Ming - shi- lu, ch128,3b, p 290-291; Ming -shih, ch7,5a, p 301

(3) Ming - shi- lu, ch128,3b, p 290-291; Ming -shih, ch7,5a, p 301

(4) دراير، تشنغ خه، ص156، 160.

ويبدو أن تشنغ خه أعطى الأوامر لهونغ باو للتحرك بسربه إلى البنغال، وسافر ما هوان مع هونغ باو في هذا السرب، لكن من غير المعروف متى انفصلوا بالضبط عن أسطول الكنز، ولكن المؤكد أنهم أبحروا من سومطرة مباشرة إلى البنغال(1)، وفي البنغال سافروا إلى شيتاغونغ، ثم إلى سونارجاون، وأخيرًا إلى العاصمة غور، ثم شرعوا في الإبحار من البنغال مباشرة إلى كاليكوت، وكان أسطول الأدميرال تشنغ خه قد غادر من كاليكوت إلى هرمز في الوقت الذي وصل فيه سرب هونج باو إلى كاليكوت، فربما شارك هونغ باو في أسراب متعددة(2).

---

(1) دراير، تشنغ خه، ص157.
(2) دراير، تشنغ خه، ص157.

الفصل الثالث
التأثيرات الحضارية لرحلات تشنغ خه

إنّ رحلات تشنغ خه البحرية لعمل عظيم، يُعَدُّ بصدق علامة فارقة، ليس في تاريخ الصين فحسب بل في تاريخ الملاحة العالمي على وجه العموم، فقد كانت استكشافًا ملاحيًا ناجحًا في مسيرة تقدم الحضارة البشرية، وجهودًا جبارة هدفت لربط حضارة الصين بالحضارات الأخرى، ثم إن تلك الرحلات شكّلت بداية التلاقح الحضاري من اندماج الفنون والأفكار والعلوم والتكنولوجيا الشرقية والغربية بعضها ببعض، ودفع تبادل الزيارات الودية بين الصين ومختلف الدول الأخرى، وربط الحضارة الصينية بحضارات العالم، ولقد عبَّرت تلك الزيارات عن رغبة حقيقية من قبل الشعب الصيني في التعايش السلمي مع شعوب وبلدان العالم.

ومن خلالها، تعرفت بلدان العالم على عزيمة الشعب الصيني في شخصية تشنغ خه الذي لا يهاب التحديات الطبيعة والصعوبات والمشقات، وتعرفت الشعوب على قيم الأمة الصينية المتمثلة في محبة السلام، والسعي وراء التقدم، والارتقاء بروح منفتحة نحو الآخر.

3.1. دور تشنغ خه في نشر الإسلام:

يزخر التاريخ الإنساني عبر العصور بالأحداث الكبيرة والعلامات الفارقة التي أثرت في مجرى الحضارة البشرية بالحراك والتفاعل،

وبقيت تلك الأحداث عالقة بالذاكرة الإنسانية توثق التحولات الكبرى التي نتجت عنها، وتعمقت كأفكار وتجارب تسهم في رفد عطاء الإنسان من أجل توطيد وترسيخ قيمه الحضارية ورغباته وتصوراته لما يجب أن تكون عليه ممارساته اليومية وتعاطيه مع الظروف المحيطة.

ومن تلك العلامات الفارقة والأحداث الكبيرة ما قدمته الصين في عدد من محطاتها التاريخية من أعمال إنسانية، ولعل أوفرها إسهامًا وأكثرها تلاقحًا ومنفعةً للتواصل بين الشعوب والثقافات على مرّ التاريخ هو الإسهام الصيني الذي قدمته للحضارة الإنسانية تحت مسمى طريق الحرير، حيث أفادت البشريةَ بفيض متصل من المنافع. إنها الصين بلد الحضارة الضاربة بجذورها في قلب الميراث الإنساني والتي لا تزال بعض ثمارها تبهر عقولنا حتى يومنا هذا.

ولم يكن إسهام الصين ماضيًا فحسب، ولم يكن مؤقتًا في مدة زمنية بعينها، بل هو إسهام حضاري غير منقطع ولا شحيح، إنه ذلك النهر المتدفق نحو السهول والوديان المتشوقة لعذوبة مائه الترياق، الذي ينساب عبر أوصالها لينبت من قلبها الحياة التي تثمر نماء وعطاء لا ينقطع. عبر طريق الخير والرفاه، طريق تجد كل الخطوات مكانًا لها فيه، إنه طريق الحرير.

وكما كان طريقًا للتبادل التجاري والتعاون الاقتصادي الهادف إلى رفاهية الجميع، كان كذلك مساحة للتلاقح الفكري والحوار العقائدي، حيث انتقلت عبر طريق الحرير الديانات المختلفة، فعن طريقه عرف العالم البوذية، وعرفت آسيا الإسلام، فالبوذيَّة: منشؤها الأصلي هو الهند، وعبر طريق الحرير انتشرت تدريجيًا إلى أنحاء آسيا والتبت والصين ومنغوليا

واليابان وكوريا[1]، وكذلك انتشرت الزرادشتيَّة في إيران، وحاولت المرور شرقًا وغربًا، لكن لم يكتب لها النجاح في الانتشار.

وعبر طريق الحرير انتقلت الكونفوشيَّة إلى الصين ومنغوليا، وعبره وصلت المسيحيَّة إلى الهند والصين، وما زالت الكنيسة السريانيَّة نشطة هناك، وكذلك المانويَّة توسعت عبر طريق الحرير فوصلت إلى الهند.

كما ساهم طريق الحرير بدور كبير في انتشار الإسـلام[2]، فجميع المناطق الإسلاميَّة في آسيا موجودة على طريق الحرير البرّيّ مثل: إيران، وجمهوريّات آسيا الوسطى، وباكستان، وأفغانستان، وكشمير، ثمّ إلى كاشغر شمال غرب الصين، أما الطريق البحريّ فانتشر الإسلام عبره في عدد من البلدان مثل: ماليزيا وإندونيسيا وجزيرة سيريلانكا، ودخل الإسلام إلى الصين كما تذكر المصادر الصينية في منتصف حكم الإمبراطور) وو ده (من أسرة تانغ الإمبراطورية، حيث جاء أربعة دعاة للدعوة إلى الإسلام وعمل أولهم على الدعوة في كانتون؛ وثانيهم في يانغتشو، أما الثالث والرابع فعملا على الدعوة في مدينة أوتشوان تشو- مدينة الزيتون-[3]، وبعد ذلك توسع الإسلام في الانتشار من خلال الفتوحات الإسلامية والتجارة[4].

وزاد انتشار الإسلام من خلال القوافل التجارية المارة عبر طريق الحرير، فقد كان للتجارة دورٌ كبير في نشر الإسلام في الصين، حيث كان التجار

---

(1) البوذية، مقال على موقع ويكيبيديا http://ar.wikipedia.org/wiki. بتاريخ 3/ 9/ 1426هـ.

(2) عفاف مسعد العبد، دراسات في تاريخ الشرق الأقصى، ص28.

(3) قوه ينغ ده، تاريخ العلاقات الصينية العربية، ترجمة: تشانغ جيا مين، المرآز العربي للمعلومات، 2004م، ص120.

(4) الطبري، أبو جعفر محمد بن جرير (توفي: 923م)، تاريخ الأمم والملوك المعروف بـ«تاريخ الطبري»، دار النشر للطباعة، القاهرة، الطبعة الرابعة، 1995م، ج3، ص99.

المسلمون يَعتبرون أنفسهم سُفراء الإسلام في المناطق التي يصِلون إليها، فكانوا يعملون في التجارة ويدعون إلى عبادة الله تعالى، ويُرغّبون الناس في الإسلام من خلال أخلاقهم وتعاملاتهم، كما أن العديد من التجار قد استقر في الصين وتزوج من الصينيات، وبنوا الكثير من المساجد والمدارس، كل هذا ساعد على انتشار الإسلام.

وتذكُر المصادر التاريخية أنّ مدينة «شي آن» الصينية التي تُعد بداية طريق الحرير كانت هي أول مدينة يدخلها الإسلام على يد التُّجار العرب، فكان الجميع يعيشون في الصين بكلّ حبٍّ وتعاون، وكان المسلمون يتعاملون مع البوذيين والوثنيين بالإحسان مع احتفاظهم بالهوية الإسلامية، ومن ثم تعايش الجميع في استقرار[1].

وكأن التاريخ يعيد نفسه في دورة حضارية جديدة من التلاقح والانتشار الحضاري بين الشعوب وخصوصًا التلاقح الديني، ولكن التاريخ هذه المرة أعاد نفسه عبر الأسطول الصيني وقائده المسلم تشنغ خه الذي كان له دور كبير في التلاقح الديني وخصوصًا مع الدين الإسلامي وهو موضوع حديثنا في هذا المقام.

لم تكن الآثار الاقتصادية والسياسية هي الآثار الوحيدة لرحلات تشنغ خه والأسطول الكبير الذي قاده، فقد كان للجانب الديني حضور قوي في هذه الرحلات، فمن إسهامات تشنغ خه في الجانب الديني نشره للإسلام في جنوب شرق آسيا، حيث ساهم مع العديد من مستشاريه المسلمين في

---

(1) Chau Ju-Kua, His Work on the Chinese and Arab Trade in the Twelfth and Thirteen Century Entitled Chu-Fan-Chi, translated from the Chinese, and Annoted by Friedrich Hirth and W. W Rockhill (St. Petersburg: Printed Office of the Imperial Academy of Science, 1911, p 4.

نشر الإسلام أينما حلوا، في الجزر الإندونيسية وجاوا وسومطرة وبورنيو وغيرها، كما ساهم تشنغ خه في تكوين جاليات صغيرة من المجتمعات الإسلامية، والتي كان لها دور كبير في انتشار الإسلام في هذه المناطق فيما بعد.

3.1.1. العلاقة بين تشنغ خه وانتشار الإسلام في جنوب شرق آسيا:

إن من يقوم بالاستطلاع الكلي حول جهات الطرق والوقت في رحلات تشنغ خه وسيرته وبعض النشاطات ذات الصلة والقصص الكثيرة على طول طرق رحلاته، فليس من المستعصي عليه أن يكتشف أن هناك بعض الصلات المهمة فيما بين رحلات تشنغ خه وانتشار الدين الإسلامي في جنوب شرق آسيا.

فقد درس بعض الباحثين العلاقة بين بعثات تشنغ خه والمسلمين في جنوب شرق آسيا فوجدوا أن هناك علاقة بين تشنغ خه وانتشار الإسلام في تلك المناطق، ومن تلك الكتابات -على سبيل المثال- ما كتبه الباحث الياباني تيرادا تاكانوبو، حيث قال: «... يمكن النظر إلى حملات تشنغ خه على أنها تعهد إسلامي رائع يصدر من قبل المسلمين الصينيين بصفتهم النجوم والمسلمين البارزين في جنوب شرق آسيا والهند وغرب آسيا...».[1]

إن العلاقة بين تشنغ خه والإسلام في جنوب شرق آسيا لأمر يتفق عليه عدد من الباحثين، حيث يؤكدون على أن بعثات تشنغ خه ساعدت في ربط الشرق والغرب من خلال النقل البحري وتوسيع الروابط بين جنوب شرق آسيا والعالم الإسلامي هذا من ناحية، وتسريع انتشار الإسلام من ناحية أخرى،

---

[1] تيرادا تابانوبو، تشنغ هو: مستكشف يربط بين الصين والدول الإسلامية، مطبعة هايبانغ، 1988م، ص144.

ومن ثم فعندما يتحدث المؤرخون الأجانب عن دور تشنغ خه في نشر الإسلام خارج الصين فإنهم يهتمون في الغالب بنشاطاته عامة ومنها نشره للإسلام في أرخبيل إندونيسيا وخاصة جاوا. ومن أولئك المؤرخين؛ المؤرخون الإندونيسيون من أمثال: هامكا، وأونجانج بارليندونجان، وعثمان أفندي، وأجوس سجدي، وهارتونو كاسمادي؛ ومنهم الباحثون الصينيون الإندونيسيون مثل: ليم ثيان جو وبيني ج. سيتونيو؛ ومنهم كذلك العلماء السنغافوريون أمثال: لي خون تشوي وتان يوك سيونج؛ والعلماء الغربيون ومنهم: دي ويلموت، وروبرت موريسون، فجميعهم يحملون الرأي الذي يفيد بالعلاقة الوثيقة بين بعثات تشنغ خه والمسلمين في جنوب شرق آسيا[1].

هذا وقد وُثِّقَتْ أعمال تشنغ خه في نشر الإسلام في عدد من الأدبيات في جنوب شرق آسيا، فمن تلك الأدبيات ما استندت إلى مواد تم جمعها من معبد تشنغ هو (معبد سام بو كونغ) في سيمارانج، حيث يسميها علماء آخرون باسم سيمارانج كرونيكل أو سيمارانج وكيربون كرونيكل[2].

---

[1] كونغ يوانزي، حول العلاقة بين تشنغ هو والإسلام في جنوب شرق آسيا، نشرت هذه الورقة لأول مرة في دراسات جنوب شرق آسيا 2006، وتوجد نسخة منها على موقع كيوتو لجنوب شرق آسيا، على الرابط:

https://kyotoreview.org/issue-10/on-the-relationship-between-cheng-ho-and-islam-in-southeast-asia/#return-note-3047-34

[2] لمعلومات أوفى يمكن الرجوع إلى بعض الدراسات منها:

Chen Dasheng, "Cheng Ho, Islam in Southeast Asia and the Chronicles of Semarang," Asia Culture, Singapore Association of Asia Studies, June 2003 ; Qian Jiang, "Cheng Ho's Expeditions and Chinese Muslim Communities in the Indonesian Archipelago as seen through The Malay Annals of Semarang and Cirebon," Overseas Chinese History Studies 2005.

2.1.3. أنشطة تشنغ خه المرتبطة بالإسلام في جنوب شرق آسيا:

لقد قام تشنغ خه ومرافقوه من المسلمين بدور كبير في نشر الإسلام في جنوب شرق آسيا وغربها وكذلك في المنطقة الهندية، وذلك من خلال العديد من الأنشطة الدينية، ويمكن تصنيف أنشطة تشنغ خه المرتبطة بالإسلام في جنوب شرق آسيا والهند وغرب آسيا إلى ثلاثة أمور نوجزها فيما يأتي:

1.2.1.3. إقامة تشنغ خه للشعائر الدينية:

كانت الصلاة أحد الأنشطة التي كان يمارسها تشنغ خه ويحافظ عليها، ومن الشواهد التاريخية التي تؤكد لنا ذلك ما كتبه مانجارادجا أونغانغ بارليندونغان أنه في عام 1413م ظل الأسطول الذي أرسلته حكومة مينغ في سيمارانج (في إندونيسيا اليوم) لمدة شهر كامل لإجراء إصلاحات في الأسطول، وخلال تلك الفترة كان القادة الثلاثة (تشنغ خه، ما هوان، فاي شين) يترددون كثيرًا على مساجد تلك المنطقة للصلاة، كما عرف عنه وأصحابه أيضًا تعلقهم بالمساجد والمكوث فيها[1]، وهذا إن دل على شيء فإنما يدل على محافظة تشنغ خه على الصلوات وتلاوة القرآن.

وفضلًا عن ذلك كان تشنغ خه يُظْهِرُ في تصرفاته انتماءه لدين الإسلام، فكان يعبر عن ذلك بتمسكه بإقامة الشعائر والحرص عليها، حيث كان يعبر عن رغبته في الجلوس في المسجد وقراءة القرآن الكريم، كما كان يحث أتباعه والناس عامةً في دول جنوب شرق آسيا وكذلك ملوك دول تلك المناطق وأمراءها على هذا الأمر.

---

(1) Parlindungan, Tuanku Rao,p 653.

ومما تجدر الإشارة إليه في هذا الصدد أنه في إحدى زياراته إلى جنوب شرق آسيا اصطحب ملك بروناي المسلم وغيره من المبعوثين الآخرين إلى المسجد حيث صلوا، وتلوا القرآن الكريم[1].

ومن الشعائر الدينية التي مارسها تشنغ خه المشاركة في مراسم التشييع، ففي إحدى زياراته إلى جنوب شرق آسيا توفي ملك بروناي بسبب إصابته بالمرض، فأمر تشنغ خه بإقامة الجنازة الضخمة وفقًا للمراسم الإسلامية ودفنه في يويهواتاي الواقعة في ضاحية نانجينغ[2].

2.2.1.3. مساهمة تشنغ خه في بناء المساجد:

يُعدُّ بناء المساجد من أهم الأعمال الخيرية في الشريعة الإسلامية، ومن أهم الأعمال التي يكسب بها المسلم الأجر والثواب، لذا فقد حرص الميسورون والملوك والعلماء والأمـراء ورجال الدولة والأثرياء من المسلمين على بناء المساجد.

فبناء المساجد فيما مضى وخصوصًا في المناطق التي لا يقع فيها مساجد أو المناطق التي كان المسلمون فيها قلة قليلة يساهم في نشر الإسلام واتساع دائرته في تلك المناطق، وهذا هو ما حصل في جنوب شرق آسيا، حيث ساهم تشنغ خه في تشييد المساجد وكذلك ترميمها، فكان لذلك الأثر الكبير في انتشار الإسلام وتوسعه في جنوب شرق آسيا.

ومما يذكر في هذا المجال أنه بفضل الجهود المبذولة من قبل تشنغ خه من عام 1411 إلى 1416م، استمر بناء المساجد في جاكرتا وسيريبون ورازم

(1) ليو ين، رحلة تشنغ خه إلى دول المحيط الهندي، ص73.

(2) ليو ين، رحلة تشنغ خه إلى دول المحيط الهندي، ص76.

وموخيرتو وغيرها من مدن جافا⁽¹⁾، ثم إنه في أثناء زياراته لجنوب شرق آسيا تم بناء المساجد في أنتجول (أنكول في جاكرتا) وسيمبونج ولاسم وتوبان وجريسك (يورتان) وغيرها من المناطق⁽²⁾.

وبناءً على ما سلف نستطيع القول إن اتساع وكثرة بناء المساجد في منطقة جنوب شرق آسيا أثناء زيارات تشنغ خه دليل على الجهود التي بذلها تشنغ خه في هذه المنطقة، حيث ساهم في تعزيز الإسلام فيها وزاد من انتشاره.

3.2.1.3. تأسيس تشنغ خه للمجتمعات المسلمة:

لقد تبين من خلال المصادر أن العرب والمسلمين الذين كانوا يمارسون التجارة عملوا على نشر الدين الإسلامي في الصين ودول جنوب شرق آسيا وذلك منذ القرن الثامن الميلادي، كما أن أعدادًا منهم استوطنوا تلك المناطق وأسَّسوا بعض المستوطنات الصغيرة، وخاصة في بعض المناطق التي يمر فيها طريق الحرير البحري، ولكنَّ رحلات تشنغ خه إلى جنوب شرق آسيا ساعدت على انتشار الإسلام هناك بصورة سريعة وبنطاق كبير.

ويبدو أن نجاح تشنغ خه في نشر الإسلام في تلك المناطق يرجع لجهوده في تأسيس المجتمعات الإسلامية، ولعل ما يؤكد ذلك أنه في الفترة بين عامي (1411-1416م) تم تأسيس مجتمعات المؤمنين بالحنفية الصينية في شبه جزيرة الملايو وجاوا والفلبين⁽³⁾، وهي تلك الفترات التي زار فيها تشنغ خه لتلك المناطق.

---

(1) Parlindungan, Tuanku Rao, p 653.

(2) Parlindungan, Tuanku Rao, p 653.

(3) Parlindungan, Tuanku Rao, p 653.

ومما تجدر الإشارة إليه في هذا الصدد ما ذكره أحد المؤرخين من أن تشنغ خه أنشأ أول مجتمع مسلم صيني في كوكانج، ومن ثم في سامباس ومنطقة جافا الساحلية، ومن ثم نشر الإسلام باللغة الصينية وفق مذهب المدرسة الحنفية[1].

ووفقًا لما ذكره العالم والمؤرخ السنغافوري لي خون تشوي من أنه بحلول عام 1430م، بنى تشنغ خه أساسًا قويًّا لنشر الإسلام، وأنشأ مجتمعات إسلامية صينية في توبان وسيريبون وكوكانج وجريسك[2].

وعلى هذا، فإن تشنغ خه قد أسس المجتمعات المسلمة الصينية في باليمبانج (سومطرة) وفيما بعد في أماكن مثل سامباس من كاليمانتان والمناطق الساحلية في جاوا، ونشر الإسلام طوعًا باللغة الصينية وفق مذهب المدرسة الحنفية[3].

كما لاحظ باحث سنغافوري آخر وهو تشن يوسونغ أن معظم المهاجرين الصينيين في هذه الفترة كانوا يؤمنون بالإسلام تحت رعاية تشنغ خه، كما أنهم أنشأوا مجتمعات إسلامية في أماكن متعددة مثل باليمبانج وجريسك وغيرها، واستمروا في نشر الإسلام في تلك المناطق بين السكان المحليين[4].

---

(1) Slamet Muljana, Runtuhnja Keradjaan-Keradjaan Hindu Djawa Dan Timbulnja Negara-Negara Islam Di Nusantara, Jakarta, Bhratara, 1968, p 64-72.

(2) لي خون تشوي، إندونيسيا: الأسطورة والواقع، ص85.

(3) Muljana Slamet, Runtuhnja Keradjaan-Keradjaan Hindu Djawa Dan Timbulnja Negara-Negara Islam Di Nusantara, Jakarta: Bhratara, 1968, p 64-72.

(4) Chen Yusong, The Relationship between Chinese Immigrants from Ming Dynasty and the Islamization of Southeast Asia (Mingdai Zhongguo Yimin Yu Dongnanya Huihua De Guanxi 明代中国移民与东南亚回化的关系), in Journal of the South Seas Society, 1975-1976, volume 30 (1-2).

وعلى الرغم من اعتناق الإسلام في جزر جاوا الإندونيسية وكذلك في سومطرة وبورنيو وغيرها من مناطق جنوب شرق آسيا، فإن بعض تلك المجتمعات الإسلامية الصغيرة كانت على علم بالإسلام قبل وصول تشنغ خه إليها، لكن تشنغ خه دعم بقوة الإسلام، فتمكن من النمو والانتشار المستمر في هذه المناطق.

4.2.1.3. دفاع تشنغ خه عن استقلال مملكة ملقا الإسلامية:

إن من يرصد الوشائج بين تشنغ خه والإسلام في جنوب شرق آسيا سيجد ترابطًا وثيقًا بينهما، حيث إن رحلات تشنغ خه إلى المحيط الغربي قد قطعت طريقًا بحريًا يمتد بين الغرب والشرق، كما أن رحلاته وسَّعت الاتصالات بين جنوب شرق آسيا والإسلام، فكانت حافزًا على تسارع انتشار الإسلام هناك، وفي الوقت نفسه -وبصفته مبعوثًا لأسرة مينغ- دافع تشنغ خه عن استقلال مملكة ملقا لإذكاء انتشار الإسلام[1]، وهو الأمر الذي تُوِّجَ باستقلال مملكة ملقا الإسلامية.

إن تأسيس مملكة ملقا الإسلامية بمساعدة تشنغ خه كان له الأثر الكبير في نشر الإسلام في جنوب شرق آسيا، فقد أصبحت ملقا فيما بعد مركزًا تعليميًا إسلاميًا، وكذلك مركزًا تجاريًا إسلاميًا ضخمًا للمناطق الجنوبية.

ومن هذا المنطلق، فإن خطوة تشنغ خه لمساعدة استقلال ملقا كانت من أكبر الإنجازات الإسلامية لتشنغ خه بصفة خاصة وللإسلام بصفة عامة، بل إن هذا الإنجاز يُعَدُّ من أكبر الإنجازات الإسلامية إلى يومنا هذا.

---

(1) Liao Dake, Zheng He's Voyages to the Western Ocean and the Spread of Islam in Southeast Asia (Zheng He Xiaxiyang Yu Yisilanjiao Zai Dongnanya De Chuanbo 郑和下西洋与伊斯兰教在东南亚的传播), The Chinese People Towards the Ocean (Zouxiang Haiyang De Zhongguoren 走向海洋的中国人) edited by Nanjing Zhen He Research Center, Beijing: Haichao Press, 1996, p 254-256.

5.2.1.3. نقل تشنغ خه للمسلمين من الأراضي الإسلامية والصين إلى جنوب شرق آسيا:

يُلاحظ في الرحلات الأولى لتشنغ خه عدم وجود أية نشاطات تتعلق بالإسلام، ولكن نشاطاته في هذا الجانب بدأت تظهر بوضوح في رحلته الرابعة وما بعدها، فقد قام بنقل عدد من مسلمي الدول العربية والإسلامية إلى ملقا وسومطرة وسورابيا في إندونيسيا وأماكن أخرى.

وعلاوة على ذلك فإن بعض الذين جاؤوا إلى الصين مع رحلات تشنغ خه تجارًا أو سفراء، قد استقروا فيها، مما أدى إلى زيادة عدد المسلمين في غرب آسيا بفضل أولئك الذين جاؤوا إلى الصين، وكذلك أدت عملية انتقال دفعات كثيرة من المسلمين للإقامة في الصين وغرب آسيا وآسيا الوسطى إلى التوسع في انتشار الإسلام.

ومن الشواهد التي تؤكد ذلك ما أفادت به بعض الإحصائيات التي ذكرت أن أسرة مينغ قد شهدت أكثر من أربعين وفدًا من البلدان العربية، فمنهم من قدم من مكة المكرمة والمدينة المنورة، ومنهم من قدم من مقديشو ومصر أيضًا، وقد أقام بعضهم في الصين سنوات طويلة لم يرجعوا خلالها ولو مرة واحدة إلى بلادهم الأصلية.

والخلاصة أن تشنغ خه قد ساهم بدور كبير في نشر الإسلام في جنوب شرق آسيا، حيث كان لمعاملاته الأخلاقية والإنسانية والمحافظة على الشعائر الدينية الإسلامية دور بارز في إعجاب الناس واقتدائهم به، كما ساعد انتشار الإسلام بسرعة في جنوب شرق آسيا في تأسيس تشنغ خه للمجتمعات المسلمة الصينية في باليمبانج وجاوا وشبه جزيرة الملايو والفلبين وغيرها من المناطق.

وعلاوة على ذلك، فقد ساهم تشنغ خه في نشر الإسلام وتعاليمه في جنوب شرق آسيا من خلال بناء المساجد وتقديم الخدمات الاجتماعية الأخرى التي يحتاجها المجتمع المسلم المحلي، كما كان لمساهمته في تكوين التجمعات الإسلامية دور بارز في توطيد مكانة الإسلام في تلك المناطق، هذا بالإضافة إلى دوره الفعال في تأسيس دولة ملقا الإسلامية والتي صارت فيما بعد مركزًا إسلاميًا.

كما يلاحظ هنا أن سومطرة وجاوا وغيرهما من المناطق التي اختلف إليها أسطول تشنغ خه كثيرًا تعد أكثر المناطق التي انتشر الدين الإسلامي فيها، أما المناطق الداخلية في شبه جزيرة جنوب شرق آسيا فلم ينتشر الإسلام فيها أساسًا، وهذا الأمر لم يكن مصادفة بل هو دليل على جهود تشنغ خه في نشر الإسلام بتلك المناطق.

2.3. الأثر الإسلامي لتشنغ خه في جنوب شرق آسيا بعد رحيله:

انقطعت رحلات تشنغ خه بوفاته عام 1433م، ولكن أثره بقي بعد رحيله، حيث واصل المسلمون الصينيون جهودهم في جنوب شرق آسيا لنشر الإسلام، وقد شجَّع هذا التجارَ المسلمين الصينيين في جنوب شرق آسيا للتزوج من سكان هذه المناطق واستيعاب السكان المحليين في الجزر وشبه جزيرة الملايو، وهو ما جذب مزيدًا من الناس إلى الإسلام في جنوب شرق آسيا، فضلًا عن تعزيز وتنويع المجتمع الإسلامي المتنامي.

إن جهود تشنغ خه في نشر الإسلام في مناطق جنوب شرق آسيا لتحظى بتقدير كبير من قبل المؤرخين والباحثين بل من قبل الشعوب كذلك في

تلك المناطق، ومن الشواهد على ذلك تأكيد بويا هامكا الزعيم الإسلامي الشهير في إندونيسيا على العلاقة الوثيقة بين انتشار الإسلام في إندونيسيا والملايا وبين رحلات تشنغ خه.

3.3. دور تشنغ خه في التعايش السلمي العالمي:

لقد شكلت ظاهرة الوفود الدبلوماسية في أوائل عصر أسرة مينغ بين الصين وشعوب العالم ظاهرة لا مثيل لها في التاريخ، فقد كانت من أهم مظاهر التواصل والحوار بين مختلف الحضارات الإنسانية.

كما عملت الجهود الدبلوماسية الصينية على توسيع نطاق الاتصالات الدبلوماسية في الخارج على أساس التعايش السلمي، وقد أوضحت هذه الأفكار والأعمال أن الصين لا تريد الهيمنة، حتى وهي في عصر أسرة مينغ المزدهرة والقوية، كما أكدت أن الصين تدعو إلى التنمية السلمية منذ القدم، فسفيرها تشنغ خه يُعَدُّ من أبرز من ترجموا مبدأ التعايش السلمي بين الصين والشعوب خلال رحلاته السبع.

إن القراءة التاريخية لمعظم المعاملات التي تمت بين تشنغ خه والشعوب التي زارها خلال رحلاته السبع على مدى 28 عامًا لتخرج بنتيجة واضحة، وهي أن تشنغ خه استطاع أن يقدم نموذجًا فريدًا للتجانس والتعايش والتفاهم الذي يرتقي بسلم الحضارة، فقد استطاع أن يوجد حالة من التجانس والتعايش والتفاهم بين مختلف الفئات والقوميات والطوائف والأديان، وفي مختلف جوانبها النفسية والاجتماعية والسياسية حتى كُتب لأثره البقاء التاريخي على مر الأجيال، وذلك نتيجة قدرته على تحقيق الوفاق الإنساني والسلام العام.

وعلى هذا الأساس، كان من الأهداف الرئيسة لرحلات تشنغ خه ترسيخ مجموعة من القيم السامية التي ترقى بالإنسان إلى مستوى إنسانيته، وفطرته السليمة التي خلقه الله عليها، وقد ظهر ذلك من خلال ما انطوت عليه الرحلات ومعاملات تشنغ خه من فضائل وأخلاق كريمة وقيم إنسانية تدعو الأمم والشعوب أن يتخذوا السلام والتعايش دستورًا ومنهجًا في الحياة، وإذا تتبعنا دور تشنغ خه في التعايش السلمي العالمي سنجد أن دوره كان مستمدًا ومنطلقًا من عدة ركائز من أهمها:

1.3.3. النزعة السلمية للأمة الصينية:

يعد تشنغ خه من أعظم البحارة والمستكشفين في تاريخ البشرية فقد زار أكثر من 30 دولة ومنطقة في آسيا وإفريقيا، وقاد أسطوله في زيارة مناطق البحر الأحمر وإفريقيا الشرقية، ومهَّد طرقًا ملاحية من الصين إلى هذه المناطق بهدف ربط الإنسانية ببعضها البعض.

ففي الظروف التاريخية وقتذاك، وخلال 28 عامًا قاد تشنغ خه أسطوله في الرحلات السبع البحرية بإرادة قوية وجرأة نادرة لنشر الحضارة السلمية للأمة الصينية ونزعتها إلى السلام ورغبتها في التعايش في سلام مع شعوب العالم، ولذا تُعَدُّ رحلاته مبادرة ريادية ناجحة خلال مسيرة تطور حضارة البشرية، وتجربة لربط النزعة السلمية للأمة الصينية بالحضارات الأخرى، وإن دل ذلك على شيء فإنما يدل على محبة الشعب الصيني للسلام وعلى تقدم حضارة الأمة الصينية وازدهارها القائم على الأمن والاستقرار.

ولقد برهنت رحلات تشنغ خه على قيم الشعب الصيني المتمثلة في عدم مخافة الصعوبات والمشقات وقهر العقبات الطبيعية بهدف مد جسور التعاون والسلام، وبرهنت كذلك على عزيمتهم في الخروج من بلادهم إلى

العالم لتبادل العلاقات الثقافية والتعايش السلمي، كما جسدت روحُ تشنغ خه قِيَمَ الأمة الصينية في الانفتاح والتقدم والسعي وراء السلام والصداقة، فأدت هذه الروح دورًا كبيرًا في الرقي بالحضارة البشرية.

ثم إن مآثر تشنغ خه لم تكن ملكًا للصين وحدها بل هي ملك للعالم بأسره، فها هو تشنغ خه في رحلته السابعة وقد بلغ أكثر من 60 عامًا قبل انطلاق هذه الرحلة، وقد نصحه أصدقاؤه وأقاربه ألا يغامر بنفسه خوفًا من وفاته خارج البلاد، فوقف متأملًا وتنفس بعمق قائلًا: «إنهم رجال طيبون، أتمنى أن أقابلهم قبل وفاتي ولو لمرة واحدة»[1].

إنهم رجال طيبون ويتمنى مقابلتهم، هكذا كانت نظرته للإنسان خارج الصين، نظرة محبة وخير واحترام، إنها كلمات تُنطَق لتعبر عن حال الشعب الصيني بأسره، الراغب في نثر بذور الصداقة، ونشر السلام، والرغبة في العيش المشترك.

هكذا كان حماس تشنغ خه لبناء الصداقة مع الشعوب الأخرى وتعطشه لذلك، ومن ثم كان مندفعًا بقوة نحو هذا الهدف لدرجة أنه لا يريد أن يضيع أي وقت في غير ذلك، ومما يؤكد ذلك ما حدث في إحدى الرحلات حيث تم تأخير رحلة الأسطول عن موعدها، وذلك أن الإمبراطور أراد تأخير الأسطول إلى ما بعد أحد الأعياد الصينية، لكن النزعة لنشر السلم لدى تشنغ خه والتواصل مع الأمم كانت أقوى من أن يصبر، فقال للإمبراطور: «... سنضيع بعض الوقت الثمين، إنّ الزيارة الهادفة إلى إقامة العلاقات الودّية هي شغلنا الشاغل، فأرجو منكم الموافقة على طلبي»[2].

---

(1) ليو ين، رحلة تشنغ خه إلى دول المحيط الهندي، ص109.

(2) ليو ين، رحلة تشنغ خه إلى دول المحيط الهندي، ص63.

لقد قام سفير السلام ورسول التعايش السلمي تشنغ خه بنقل الصداقة الودية من قبل الشعب الصيني إلى أكثر الدول(1)، وهو الأمر الذي ما يزال له ذكر وصدى في حياة كثير من الشعوب إلى يومنا هذا.

2.3.3. التعايش الديني:

إنّ الاختلاف في المعتقد لا يمكن أن يكون عائقًا أمام خلق تواصل إنساني متجانس، كما لا ينبغي أن يشكل مصدرًا لإثارة مشاكل أخلاقية وإنسانية، تؤجج الصراع والنزاع بين البشر وتعوق تعايشهم مع بعضهم البعض؛ لكن النرجسية والتعالي على المخالف في الدين والمعتقد وعدم احترامه سيمنع قبوله كشريك إنساني، مما يؤدي إلى تحطيم الحوار ونهاية التعايش الإنساني.

ومن هذا المنطلق يجب الاعتراف بوجود المخالف في علاقة الناس بعضهم ببعض ما دام هناك اختلاف بين البشر في الملكات الأخلاقية والتكوينية والمعرفية والدينية، وذلك على الرغم من رجوعهم جميعًا إلى طبيعة إنسانية واحدة، فكان لزامًا قبول المخالف لإقرار التعايش.

ومن هذا المنطلق كانت سلوكيات تشنغ خه في أثناء رحلاته تطبيقًا لمبدأ قبول المخالف في المعتقد واحترامه وكسب وده، كما أن سلوكياته الدينية كانت تضع الضوابط، وتقيم الحدود لتوطيد السلام، والقضاء على كل المؤثرات التي تنال من السلام والتعايش، فكانت رحلاته نموذجًا في التعايش الديني بدون تمييز.

وإذا قرأنا سيرته الشخصية، فسنجد أنه خلال عام 1431م قام وبحارته بتشييد نصب تذكاري لإلهة طاوية صينية تسمى «تيان في» أو «الأميرة السماوية»

---

(1) ليو ين، رحلة تشنغ خه إلى دول المحيط الهندي، ص117.

وذلك بأحد معابد محافظة فوجيان، حيث صلوا إليها من أجل سلامتهم في البحر، وقد سجَّل هذا النصب تبجيله لهذه الإلهة، واعتقاده في قوتها الإلهية مع بعض التفاصيل القليلة عن رحلاته البحرية السبع(1).

وفي جالي (في سيلان) أنشأ الأدميرال تشنغ خه نقشًا بتاريخ 15 فبراير 1409م، وذلك من أجل حماية الأسطول خلال الرحلات، وقد كُتب هذا النقش بثلاث لغات هي: الصينية، التاميلو، والفارسية. وقد أثنى القسم الصيني منها على بوذا، وأثنى قسم التاميل على إله محلي كان يتجسد في فيشنو، وأثنى القسم الفارسي منها على الله. وتحتوي الأقسام الثلاثة على نفس قوائم العروض: 1000 قطعة من الذهب، و5000 قطعة من الفضة، و100 لفة من الحرير، و2500 قطعة من الزيت المعطر، ومجموعة متنوعة من الحلي البرونزية. لقد أظهر النقش الاحترام للديانات الثلاث التي كانت سائدة في سيلان(2).

ووفقًا لسجلات حجر جالي، تبرع تشنغ خه ووانغ جويتونج وآخرون بمبلغ كبير من الممتلكات لمعبد سيلان البوذي في 1 فبراير من السنة السابعة من حكم يونغلي الموافق عام 1409م، وقد شمل التبرع نسجًا ذهبية وفضية وحريرًا وموقد بخور ومزهريات ومصابيح وشموعًا وغير ذلك(3).

وعلاوة على ذلك فقد ظل تشنغ خه يتبرع للمعابد البوذية على مدار العقدين التاليين من السنة الخامسة ليونغلي الموافقة عام 1407م إلى السنة الخامسة من حكم زواندي الموافقة عام 1430م(4).

(1) داير، تشنغ خه، ص148.

(2) داير، تشنغ خه، ص66، 70، 148.

(3) الحجر موجود في متحف كولومبو الوطني، ويصل النقش إلى 233 كلمة صينية، واحدة فقط غير واضحة، وتم التبرع بذلك عندما زار تشنغ خه سيلان خلال رحلته الثانية.

(4) Feng Chengjun, Annotations to the Overall Survey of the Ocean's Shores: Preface (Yingya Shenglan Jiaozhu Xu 瀛涯胜览校注 · 序), Beijing: Zhonghua Book Company, 1955.

هذا وقد اتخذت «سيام» البوذيةَ دينًا لدولتها، فكان ملكها وشعبها جميعًا يدينون بهذا الدين، ولذلك كان هناك عدد هائل من المعابد البوذية في هذه الدولة، كما كان هناك الكثير من الرهبان والراهبات في أنحاء البلاد. ولما كان هذا الدين على هذه الدرجة الكبيرة من الانتشار في هذه الدولة فقد بعث تشنغ خه البوذيين المسافرين في الأسطول لملاقاة الجماهير العامة المحلية والذين استقبلوهم بالترحيب الحار[1]، وهذا يدل على احترم تشنغ خه ومرافقيه للبوذيين في سيام.

هذا وقد قدَّم تشنغ خه ومعاونوه البخورَ للمعابد في شيلانشان، كما أقاموا الطقوس البوذية، وتبرعوا لبناء معبد يسمى معبد فوهقوانغ. وإن كل هذا فإنما يدل على احترام حرية الأديان والتعايش السلمي مع الآخر.

ووفقًا للسجلات التاريخية بنى تشنغ خه معبد مازو في عام 1412م في ميناء تشانغله بمقاطعة فوجيان، ومن هنا قيل إن تشنغ خه هو أحد دوافع انتشار ثقافة مازو[2] في العالم.

وفي الوقت الحاضر، يعتقد الباحثون أن مازو ليست معبودًا مصنوعًا، ولكن الناس تعاملوا معها بصفة إلهية، وفقًا للرواية التاريخية، ويتعبدها الناس من أجل حفاظها على سلامتهم، ووفقًا للإحصاءات غير الكاملة فإن عدد المؤمنين بمازو يقدر بحوالي 200 مليون نسمة، ويتركزون في منطقة آسيان وتايوان ومنطقة الصينيين الكبيرة.

---

(1) ليو ين، رحلة تشنغ خه إلى دول المحيط الهندي، ص63.
(2) ذُكِر في الكتب التاريخية الصينية أنها إلهة بحرية، وهي تمثال لإلهة صينية ذات زينة شعر باذخة وملابس ملونة، وهناك روايات متعددة عنها في الصين، خاصة في المنطقة الساحلية في جنوب الصين الشرقي التي تشير على أنها كانت فتاة ذكية تعيش في القرية الساحلية، وتعرف العلوم البحرية جيدًا، وتشير القصص إلى أنه عندما تصطدم السفن بالمرجانيات تظهر هي لتنقذهم.

إن المتدبر فيما سبق ليتبادر إلى ذهنه أن تشنغ خه كان بوذيًّا وطاويًّا، ويعطي حجية لمن رأى أنه يدين بالبوذية أو الطاوية، ولكن من غير المعقول أن نطلق على تشنغ خه أنه المسلم والبوذي والطاوي؛ لأن هذا يخالف مضمون الاعتقاد الحقيقي الذي يؤكد أن الإيمان بفكرة يعني الكفر بما يناقضها.

كما أن حقيقة صدق عقيدة تشنغ خه الإسلامية ليست محل شك رغم الكتابات التي ذهبت إلى أنه آمن بالبوذية والطاوية، لأنه ذلك المسلم الذي بنى المساجد، وأدى هو ووالده وجده فريضة الحج إلى بيت الله في مكة، كما أنه ذلك المسلم الذي يصلي، ويقرأ القرآن[1]، وأما ما ثبت عنه من إقامة معبد بوذي أو طاوي فكان تنفيذًا لسياسة الإمبراطور باعتباره المبعوث الرسمي له، ومن ثم لا يمكن أن نقول إنه كان طاويًّا أو بوذيًّا.

علاوة على ذلك فقد كان شخصًا معتدلًا، يتعامل مع كل الأديان باحترام نابع من إيمان بحرية المعتقد لكل إنسان، فقد كان يحترم عقائد الآخرين، ويقيم علاقات طيبة مع الجميع، ولذا سادت مشاعر الود والاحترام والتقدير بينه وبين الذين تعاونوا معه في رحلته بغض النظر عن انتماءاتهم الدينية.

وعلى الرغم من أن تشنغ خه ولد في عائلة حجي وكان يؤمن بالإسلام، فإن مهمته الرئيسة التي سخر لها حياته هي أن يكون رسولًا للإمبراطور في البعثات التي توجهت نحو كافة الدول المحيطة، منفذًا لسياسته، ومعبرًا عن أجندة الإمبراطورية الصينية، وليس معبرًا عن ذاته أو معتقده الشخصي.

ومن ثم يجب النظر إلى تصرفاته تلك من خلال هذا الوعي الموضوعي الذي يفرق ما بين أفعال نابعة من هويته العقائدية الشخصية وبين أفعاله

---

(1) لمعلومات أوفى، ينظر ما سبق من الفصل الأول تحت عنوان: ديانة تشنغ خه.

الناجمة عن وفائه للمهمة الرسمية الموكلة إليه، والتي ربما كانت مُناقِضة لمعتقده الشخصي، على غرار تبرعه للمعابد البوذية الذي جاء ضمن سلوكيات تنفيذ السياسة العامة لأسرة مينغ، فكل ذلك كان لغرض واضح هو تنفيذ سياسة الإمبراطور، والذي كان هو وزوجته الرئيسة بوذيين.

3.3.3. التعايش الاجتماعي:

إن أسطول تشنغ خه كان أسطولًا ضخمًا للقوات البحرية، لكنه لم يستخدمه في العدوان والتوسع، بل استخدمه لنشر الصداقة وتحقيق السلم، ولعب دور الوساطة لتحقيق هذه الغاية، ففي رحلاته البحرية كان يقوم بدور الوساطة بين الفرقاء، لتخفيف حدة الخلافات بين شعوب المنطقة، وتهدئة النزاعات، والسعي نحو نشر ثقافة الاجتماع الإنساني. فرحلات تشنغ خه البحرية السبع كانت تمثل إحدى الاستراتيجيات السلمية الداعية إلى حسن الجوار، والدافعة للتبادل الثقافي والاقتصادي بين الصين ومختلف دول آسيا وإفريقيا وأوروبا.

كما عملت الرحلات على نشر حضارة الصين الباهرة، وعززت النشاطات التجارية الهادفة إلى تبادل المنفعة مع كل الدول. لقد حققت الصين عبر التبادلات السلمية ترحيب شعوب كل الدول، وعززت العلاقات الودية بين أسرة مينغ ومختلف دول آسيا وإفريقيا وأوروبا، وكذلك عززت رحلات تشنغ خه رحلة الحج إلى بيت الله في مكة المكرمة، ودعمت العلاقات والتبادلات بين الصين ومختلف الدول الساحلية في آسيا وإفريقيا، وحتى اليوم ما زالت الشعوب في كثير من دول آسيا وإفريقيا تحمل الذكريات الجميلة عن رسول السلام الصيني الودود تشنغ خه.

ولقد حازت جهوده في تنمية الملاحة على تقدير الشعوب، كما حازت خصاله الحميدة المتمثلة في معاملة عامة الناس على قدم المساواة على

إعجاب واعتزاز كل الشعوب، لدرجة أن اسمه صار يطلق على الكثير من المدن والمعابد والأشجار المثمرة وغير ذلك، ففي إندونيسيا هناك مدن تحمل إحداها اسم (سان باو دونغ) والأخرى اسم (سان باو دون) إضافة إلى مدينة أخرى تحمل اسم (سان باو لونغ)، وفي تايلاند ميناء (سان باو) ومعبد (سان باو)[1]، وهي بقاع تحمل كلها اسم تشنغ خه في طفولته تقديرًا لجهوده، وتعبيرًا عن محبتهم له.

هذا وقد زار تشنغ خه بروة (على الساحل الشرقي الإفريقي) ثلاث مرات، وفيها استقبله السكان بالترحيب، وقد عاملهم معاملة حسنه خلال الزيارة، ومن خلال تلك المعاملة الحسنة ترك فيهم أثرًا عميقًا، حتى أنهم أطلقوا اسمه على إحدى قراهم في وقت متأخر تعبيرًا عما كانوا يكنونه له من الشوق والحنين، وهذه القرية المسماة «تشنغ خه» لا تزال قائمة في إحدى ضواحي مدينة بروة حتى اليوم.

كما تركت زيارات تشنغ خه للعديد من الشعوب آثارًا على مستويات مختلفة لتلك الشعوب، ففي كوشين وكلاكوت والبنغال -على سبيل المثال- يلاحظ التأثير البالغ الذي تركه تشنغ خه على هذه الشعوب، فحتى اليوم عندما يتحدث المحليون عن شباك الصيد الصينية والأساليب المعمارية الصينية في حياتهم، يفيض كلامهم بالصداقة القديمة والحديثة التي جمعتهم بأبناء الشعب الصيني، فقد أحدث تشنغ خه تمازجًا اجتماعيًا بين الشعوب يصعب نسيانه.

---

(1) محمود يوسف / لي خواين، البحار الصيني المسلم تشنغ خه في الذكرى الـ600 لرحلته الأولى، موقع أندلسيات الإلكتروني، نشر 2018م، على الرابط:
https://andalusiat.com/2018/05/16/%D8%A3%D9%85%D9%8A%D8%B1

هذا وقد تركت الزيارتان اللتان قام بهما تشنغ خه وأسطوله إلى مقديشو في الصومال الأثر العميق بين الصين والصومال، فخلال هاتين الزيارتين حصل تقارب اجتماعي بين المقديشيين وأهل شانغهاي ممن كانوا على متن الأسطول فجرت بينهم اتصالات وعلاقات اجتماعية.

هذا التقارب جعل الصوماليين يطلقون كلمة أهل شانغهاي على المنطقة الشرقية من مدينة مقديشو في وقت متأخر رغبة في تخليد ذكراهم[1].

هكذا اجتمعت التسمية -شانغهاي- بين الصين والصومال، ولكنها اختلفت في مكانها سواء في شانغهاي في أقصى الشرق في الصين أو شانغهاي في أدغال إفريقيا، ولكنْ رَبَطَ بينهما رابط واحد، هو تشنغ خه وأسطوله.

وفي جزيرة بارت النائية في كينيا تتداول ألسنة سكانها حكاية حول تشنغ خه، فتذكر هذه الحكاية أن إحدى السفن من أسطول تشنغ خه ارتطمت بصخرة مخفية وغرقت بالقرب من مجموعة جزر لام، وهرب أفراد طاقمها إلى الشاطئ، وعاشوا في قرية سانقا في جنوب مجموعة الجزر، ثم تزاوجوا مع السكان المحليين وأنجبوا أبناءهم جيلًا بعد جيل حتى الآن، ويسمّون بأبناء سانقا حاليا، وهم يصرّون على أن أسلافهم صينيون رغم عدم وجود السجلات المكتوبة والأدلة الدامغة على ذلك، ويعتبرون ذلك وصية عائلية متوارثة جيلًا بعد جيل[2].

---

(1) قه تشنغ مينغ، قرية تشنغ خه في القرن الإفريقي، مقالة منشورة في جريدة الشعب اليومية الصادرة 21 يوليو 1985.

(2) موقع arabic.cri.cn - البحّار الصيني المسلم تشنغ خه الذي قام برحلات عدة لسواحل دول العالم، مقالة نشرت في موقع arabic.cri.cn، 2010م، على الرابط:
http://arabic.cri.cn/801/2010/12/29/382s135898.htm

ومن المعروف أن سان باو هو اسم الطفولة لتشنغ خه، وقد كان لهذا الاسم نصيب من ذاكرة الشعوب، ففي شمال شرقي ملقا يوجد جبل سمي بجبل سان باو، وفي جنوب غربي جبل سان باو يقع كشك سان باو، كما تقع بئر سان باو في يسار الكشك، وقد قيل إن البئر تمّ حفرها على يد تشنغ خه لتوفير مصدر للماء لأتباعه وللمنطقة، وقيل إن الماء فيها صاف جدًّا وطعمه عذب.

لقد ترك تشنغ خه برحلاته البحرية السبع انطباعًا عميقًا في نفوس الصينيين والشعوب التي زارها، فقد كانوا معجبين به وبتعاملاته إلى حد إطلاق اسمه على المعابد والمدن والقرى وغير ذلك.

هكذا كان تشنغ خه ينظر إلى الحضارة الإنسانية بوصفها حضارة اجتماعية واحدة تتميز بإنسانيتها، ومن ثم نرى تشنغ خه الصيني يتجول في شوارع بعض المدن التي زارها، ويسلم على المارة بلهجة رقيقة[1]، ويحتك بالناس الذين يستقبلونه بالأغاني والرقص، وهم فرحون بقدومه، فيشاركهم فرحتهم[2].

لقد كانت رحلات تشنغ خه سببًا في كثير من العلاقات الإنسانية قرونًا كاملة من الزمان، بما شهدته من عمليات الإبحار في مشارق العالم ومغاربه، فبمحاذاة الطرق الملاحية التي شقها تشنغ خه تحاورت الشعوب، وتلاقحت الأفكار، وحدث الامتزاج الاجتماعي، حيث سافر عدد كبير من أبناء المناطق الشرقية إلى المناطق الغربية للقارة الآسيوية واستوطنوا فيها، وبفضل رحلاته اختلطت الأجناس وتجمعت البشرية متذكرة أنهم يعيشون في عالم واحد.

---

(1) ليو ين، رحلة تشنغ خه إلى دول المحيط الهندي، ص111.

(2) ليو ين، رحلة تشنغ خه إلى دول المحيط الهندي، ص70.

وهكذا فإن أسطول تشنغ خه لم يشق طريقًا تجاريًّا فحسب، بل مدَّ جسرًا ثقافيًّا واجتماعيًّا ذا أثر عميق في المناطق التي كان يمرّ بها، وبذلك تجاوز هذا الطريق كونه سبيل تجارة بين الأمم والشعوب القديمة إلى آفاق إنسانية أخرى.

4.3. رحلات تشنغ خه ودورها في التلاقح الثقافي:

إنّ النتاج الأكبر الذي خلّفته رحلات تشنغ خه ليتمثل في تلاقي الثقافات والشعوب؛ حيث كان من على متن الأسطول يُعلِّمون ويُتَّعلمون لغات وعادات وتقاليد وقيم الشعوب وكذلك علومها وفنونها، فكان التفاعل الثقافي مكسبًا للحضارة الإنسانية برمتها.

لقد شكلت رحلات تشنغ خه بداية اندماج الفنون والأفكار والعلوم والتكنولوجيا الشرقية والغربية بعضها ببعض، وأخذ الصينيون يعرفون العالم وثقافاته وفنونه أكثر وأكثر، فساعد هذا على أن تحرز الصين منجزات عظيمة في الفن والثقافة والأفكار والأدب وعلم الفلك والرياضيات والزراعة والطب وعلم الجغرافيا وغيرها من العلوم والتقنيات، وأصبحت الخزفيات الزرقاء والبيضاء ومباخر شيوان ده -وهو لقب الإمبراطور تشانغ جي- (1426-1435م) وغيرها من منتجات الحرف اليدوية المختلفة أشغالًا فنية ذات قيمة في العالم يتهافتون ويتنافسون على اقتنائها.

وبفضل تلك الرحلات شهد الأدب في أسرة مينغ تطورًا لا مثيل له، وأصبحت الروايات والمرويات الكلاسيكية التي تعكس حياة عامة الشعب تيارًا رئيسًا لأدب وفن أسرة مينغ، فارتفع مستوى الأدب والفن والعلوم والتقنيات إلى مرحلة متقدمة من خلال الاستفادة من المنجزات السابقة وتعاطيها مع المنجزات والأعمال الإنسانية من مختلف الثقافات،

وتطورت الروايات النثرية وفنون الخط والرسم، ونشرت روائع الأعمال الأدبية الكلاسيكية مثل روايات «قصص الممالك الثلاث» و«أبطال على شاطئ البحيرة» و«الحج إلى الغرب».

وفي عصر أسرة مينغ أُلِّفت موسوعة يونغلي، وهي ترمز إلى أعلى منجزات تأليف الكتب في عصور الصين، كما أنها تُعَدُّ أكبر مجموعات الكتب حجمًا في تاريخ الصين، وأول موسوعة كبيرة الحجم معترف بها في العالم حتى اليوم، لقد كان للرحلات دور كبير في إنجاز هذا العمل الأدبي الكبير.

وفي هذه الفترة كانت حكومة مينغ تولي اتصالاتها مع البلدان الأجنبية اهتمامًا بالغًا، وقد أنشأت لهذا الغرض دار اللغات التي تُعْنَى بإعداد المترجمين، ودار هوي تونغ المسؤولة عن استقبال الأجانب، فقد كانت الترجمة من أهم الجوانب الثقافية التي ازدهرت أثناء رحلات تشنغ خه، فنتج عن ذلك تحاور حضاري يهدف إلى ترجمة المعارف المختلفة بين الشعوب.

وقد ساعد النسخ وصناعات الـورق الصيني على تعميم التعليم والدراسات الأكاديمية ودفع تطور الثقافة والتجارة في أوروبا، وانتقل البارود والبوصلة اللذان اخترعتهما الصين في أسرة يوان إلى أوروبا في الفترة نفسها، مما أدى إلى تحسين الملاحة في أوروبا واكتشاف عوالم جديدة وخطوط ملاحية جديدة.

وفي إطار هذا الانفتاح نحو العالم، حمل الصينيون للعالم الخارجي أيضًا فنون ونظريات الرسم والأدوات الموسيقية والأواني والأثاث والحرير وغير ذلك، واستفادت منها بلدان غربي آسيا وأوروبا.

كما نُقِل فن المعمار الإسلامي إلى الصين مما أنتج الكثير من الأعمال الفنية الصينية الإسلامية، وفي ناحية العلوم تم تبادل الخبرات بين الصين والبلدان العربية في مجالات الفلك والرياضيات وعلم التقويم وعلم الطب وما إلى ذلك من العلوم، وقد دفع هذا التعاونُ تَقدُّمَ تلك العلوم في الصين والبلاد العربية معًا.

وتتمتع رحلات تشنغ خه السبع بالمكانة المهمة والتأثيرات العميقة في تاريخ الفن الصيني وتاريخ الفن العالمي، حيث ساهمت في تطور الفن وعمَّقت التبادلات الفنية والثقافية بين الصين في عصر أسرة مينغ والدول المختلفة في جنوب شرق آسيا وإفريقيا وأوروبا، وبهذا ازدهرت الثقافة والفنون في عصر أسرة مينغ، كما ازدهرت فيها الثقافة الصينية القديمة، بل وتطورت عندما حدث امتزاج بين ثقافة الصين وثقافات العالم المختلفة، حيث تم إدخال الكثير من الفنون الأجنبية إلى الصين في ذلك الوقت.

وعلاوة على ذلك، فإن الطبّ وفكرة العلاج بالأعشاب جاءت من الصين عبر رحلات تشنغ خه، كما احتل الطب العربي الإسلامي مكانة متقدمة في العالم، فالتبادلات الودية بين العرب والصين لم تدفع الحضارة الصينية بما فيها الطب الصيني فحسب، بل أدخلت الكتب العربية من العرب والفرس إلى الصين، فكان الطب العربي يحتل مكانًا متقدمًا في الصين، حيث تم ترجمة العديد من الكتب الطبية العربية إلى الصينية وهو ما أدى إلى تطور الطب الصيني، ونتج عن ذلك ازدهار حركة التأليف الطبي، ومن الأمثلة على ذلك: تأليف الطبيب الصيني لي شي تشن في عصر مينغ كتابًا سماه «الخلاصة الوافية في العقاقير الشافية»[1].

---

[1] لي وينهوا، قومية هوي في الصين، ص66-67.

ومن جهة أخرى ساهمت الصين في دفع عجلة الطب والصناعات لدى عدد من الشعوب، ولعل ما يؤكد ذلك أن علوم الطبّ والتكهن وفنون الصناعة في بلاد البنغال تشبه مثيلاتها في الصين، إذ إنّ هذه العلوم والتكنولوجيا نُقلت جميعها من الصين إلى البنغال، ذلك البلد الذي كان يرتبط بالصين بعلاقات طيبة.

هذا وقد استوعب أسطول تشنغ خه علم الفلك، حيث كان يمكن تحديد مواقع النجوم ومِن ثَم تحديد موقع الأسطول في البحر، وبذلك شكل النظر إلى مواقع النجوم لعبور البحار حاجة بحثية علمية وملاحية في الوقت ذاته، كما أن تشنغ خه استطاع أن يجمع كل المعلومات المتعلقة بمحيطه من الجزر والجبال والمضايق ومواقع النجوم، وصحَّح خريطة الملاحة التي قد وصلت إليهم بما فيها نقاط البوصلة.

ومن المعروف أنه قبل انطلاق الرحلة الأولى بسنتين قام تشنغ خه ويانغ مين ولي كاي بعمليات بحث عن الملاحين والأدلَّاء من ذوي الخبرات الملاحية وأصحاب المعرفة برحلات المحيط الهندي، وكذلك أصحاب المعرفة باللغات، فقاموا باستدعائهم وتوظيفهم للعمل ضمن طاقم الأسطول.

هذا وقد طلب الإمبراطور من قادة الأسطول أن يختاروا أفضل الكتب الفلكية من بين مئات الكتب بالمنطقة الغربية لترجمتها، ومما طبعَه ديوان الترجمة الصينية في هذا الصدد كتاب بعنوان «كتاب الفلك»، حيث بيّن هذا الكتاب خط الطول وخط العرض في المفهوم الإسلامي، ولذلك فمن الواضح أن مفهوم خط الطول وخط العرض ونظرية الأرض المستديرة في الفكر الصيني القديم يرجع مصدرهما إلى هذا الكتاب المتعلق بجغرافيا قومية هوي، والذي تمت ترجمته في عصر أسرة مينغ. كما استفادت

الرحلات من آراء عالم الفلك العربي الإدريسي حول الكرة الأرضية، حيث يعد هذا الفلكي من أشهر الفلكيين، فهو الذي رسم نسبة البر بـ 30% ونسبة البحار بـ 70% بصورة صحيحة.

كما تركت رحلات تشنغ خه آثاراً عديدة في كوشين وكلاكوت والبنغال ما زالت موجودة حتى الآن، فعندما يتحدث المحليون عن الأساليب المعمارية والأبنية في حياتهم، يفيض كلامهم بالأناقة القديمة والحديثة التي يتصف بها أبناء الشعب الصيني، كما يعكس شكل بنايات القصور في تشانتشنغ مدى تأثرها ببنايات الصين، ولهذا بالطبع علاقة وثيقة برحلات تشنغ خه البحرية، فقد قاد الملاح الصيني المسلم تشنغ خه أتباعه في بناء الغرف والمنشآت وتشييدها، وشارك الجماهير المحلية في عملهم، حيث أتقنوا التكنيك المعماري الصيني وفنون حفر الآبار الصينية.

5.3. رحلات تشنغ خه ودورها الاقتصادي:

أدى الزحف المغولي ضد الشرق والاستيلاء على الصين إلى ركود العلاقات الاقتصادية والتجارية بين الصين والعديد من الأقطار، وبقيت الأمور على ما هي عليه حتى قيام أسرة مينغ في عام 1368م[1] والتي استطاعت أن تعيد للصين مجدها التجاري والسياسي، فتمتعت الصين في ظل حكمها بثلاثة قرون من الرخاء والازدهار.

---

(1) Shoujiang Mi, Jia You, Islam in China, trans by Min Chang, China Intercontinental Press, 2004, p35; Tan Ta Sen, Dasheng Chen, Cheng Ho and Islam in Southeast Asia. Institute of Southeast Asian Studies, 2000, p 170; Maria Jaschok, Jingjun Shui, The history of women's mosques in Chinese Islam: a mosque of their own, Psychology Press, 2000, p 77.

بعد أن أسس الإمبراطور تشو يوان تشانغ أسرة مينغ الحاكمة، اتخذ سلسلة من التدابير لإنعاش الإنتاج، فتمكن بذلك من استعادة اقتصادها الإقطاعي إلى سابق قوته بسرعة. أما ما يتعلق بالعلاقات الخارجية، فقد مارس سياسة التقريب والترفق، معتمدًا على قوة البلاد العظيمة، فلاقت تلك السياسة رضًا وقبولًا من مختلف البلدان، وأصبحت لأسرة مينغ هيبة كبيرة باعتبارها الأسرة السماوية والدولة السيدة.

وعندما اعتلى تشو يوان تشانغ عرشه، أوفد رسلًا إلى بلدان ما وراء البحار، يدعو حكامها إلى توطيد علاقاتهم بالصين من خلال إرسال الوفود إليها، وأبدت الصين كثيرًا من الاحترام لهذه الوفود، وعملت على توفير كل ما يحتاجون من بيئة مثالية للعمل، حيث قامت ببناء ستة عشر فندقًا فاخرًا تضم دار الضيافة وقصر تشونغي في نانجينغ، الأمر الذي يسّر للضيوف والزائرين ظروف الراحة والاستجمام.

كما كانت حكومة أسرة مينغ تنتهج سياسة التجارة المصاحبة مع الدول الخارجية، وذلك من خلال تقديم الهدايا تحت شعار دفع الجزية أو دفع مقابل الحماية، وهذه السياسة المصاحبة رافقتها سياسة الترفق المتمثلة في التقارب والتودد مع الأمراء والملوك.

وكذلك كان التبادل التجاري مع الدول قائمًا على العلاقة المباشرة مع الدولة الصينية، ومنع السكان الصينيين من الخروج إلى البحر للتعامل التجاري مع الأجانب، وقد أعلنت هذه السياسة في مطلع عصر أسرة مينغ.

3.5.1. دور رحلات تشنغ خه في إنعاش الاقتصاد:

قدَّمت الواردات من الرحلات كميات كبيرة من السلع الاقتصادية التي غذت الصناعات الصينية[1]، فمن الأمثلة على ذلك تلك الكميات الكبيرة

---

(1) Haraptasad Ray, The Eighth Voyage of the Dragon that Never was, p 185.

التي تم استيرادها من أكسيد الكوبالت الذي يدخل في صناعة الخزف، والذي تم استيراده من غرب آسيا، ولذا فإن مركز الخزف في جينغدتشن كانت لديه إمدادات وفيرة تكفيه لعقود بعد الرحلات، كما أن الأسطول كان يعود أيضًا بكميات هائلة من الفلفل الأسود الذي كان يعد بضاعة مكلفة في السابق ينحصر استهلاكها على بعض فئات المجتمع، ولكن بفضل رحلات الأسطول أصبحت سلعة شائعة في المجتمع الصيني[1].

وكان للصادرات الصينية دور كبير في الانتعاش الاقتصادي من خلال ازدهار الصناعات وتعدد الحرف، وهو ما ساهم في إنتاج كميات هائلة من البضائع، والتي كان يتم تصديرها إلى الخارج، فتحقق بذلك للصين مكسبان اقتصاديان: الأول يتمثل في أن كثرة البضائع المصدرة سمح بتوسيع دائرة استيعاب الأيدي العاملة في الصين في سوق العمل، والثاني يتمثل في الثروة التي كانت تجنيها الصين من كثرة صادراتها إلى الخارج، ولدينا من الشواهد التي تدل على كثرة الصادرات الصينية للخارج الكثير، منها ما تم تفريغه من كميات هائلة من البضائع الصينية في أحد الموانئ الهندية، لدرجة أن عملية التفريغ استغرقت عدة أشهر[2]. لقد أسفرت رحلات تشنغ خه عن جعل اقتصاد مينغ اقتصادًا مزدهرًا[3]، وقد رافق ذلك تعزيز التجارة البحرية المربحة إلى أعلى مستوياتها على الإطلاق.

هذا وبفضل الجهود الكبيرة لرحلات تشنغ خه، انتعش الاقتصاد وازدهر لمدة استمرت لأكثر من 28 عامًا، حيث شهدت الحرف اليدوية تقدمًا كبيرًا، وارتفع مستوى العديد من الصناعات على غرار التعدين والصهر والغزل

---

(1) Robert Finlay, Portuguese and Chinese Maritime Imperialism, p 337.
(2) - Haraptasad Ray, The Eighth Voyage of the Dragon that Never was, p 185.
(3) Robert Finlay, Portuguese and Chinese Maritime Imperialism, p 337.

والنسيج وصنع الفخاريات، ولقيت المنسوجات الحريرية والخزفيات الصينية ترحيبًا ورواجًا من قبل الشعوب المختلفة، وكسبت سمعة جيدة، فازدادت الحاجة إليها ازديادًا مطَّردًا.

وهكذا نستطيع القول إنه وبفضل رحلات تشنغ خه قد حدثت نهضة وتطور وازدهار في المجال الاقتصادي الصيني، ذلك أن رحلات تشنغ خه السبع قدمت أساسًا اقتصاديًّا، وهيأت شروطًا مادية جيدة. وتجدر الإشارة إلى ما يوضح دور هذه الرحلات في الاقتصاد، فقد كان تشنغ خه يرغب في القيام بالرحلة الرابعة رغبة شديدة، ولكن بعض الوزراء قال إن الرحلات الثلاث إلى دول المحيط الهندي قد تضيّع كمية هائلة من الطاقة البشرية والمادية، ورأوا وقف هذه الرحلات، وهنا سألهم تشنغ خه قائلًا: «هل ترون البضائع التي قايضنا بها من قبل أبناء الشعب المحليين؟ هل ترون ارتفاع معدل الإنتاج بفضل الاتصالات مع الدول المختلفة؟ هل ترون السلامة والأمن للدول والشعوب الذين شملتهم هذه التعاملات والتبادلات؟»[1].

وبإمعان النظر فيما قاله تشنغ خه يتضح لنا:

- أن حركة الصادرات والواردات ارتفعت بصورة لم يسبق لها مثيل في تاريخ التجارة الصينية.

- أن الرحلات قد ساهمت مساهمة فعّالة في تقدم الصناعة، ففي حديث تشنغ خه إشارة صريحة إلى أن تقنيات الصناعة قد تقدمت، مما كان له كبير الأثر على زيادة كمية الإنتاج من البضائع المختلفة.

---

(1) ليو يين، رحلة تشنغ خه إلى دول المحيط الهندي، ص76.

- أن تشنغ خه يشير في النص السابق صراحة إلى ما حققته الرحلات من نقل علوم وتجارب وخبرات الشعوب في مجال الصناعة إلى الصين، وهو ما عبر عن مدى الاستفادة التي حققتها الصين من ذلك والمتمثلة في تطور الصناعة وارتفاع الإنتاج.

- أن في قول تشنغ خه: «هل ترون السلامة والأمن للدول والشعوب الذين شملتهم هذه التعاملات والتبادلات؟...» إشارة إلى ما حققه الأسطول في تأمين خطوط الملاحة بين الصين والبلدان التي زارها الأسطول.

هذا وقد أثرت رحلات تشنغ خه على التجارة في عدد من المجالات، وذلك من خلال تأمين الشبكات التجارية الدولية والمحلية، هذا بالإضافة إلى توسيع العلاقات بالروافد الاقتصادية المختلفة، كما أن التجارة كانت تحت إشراف الدولة، وتمت المعاملات تحت إشراف المحكمة في موانئ أجنبية، وترتب على ذلك زيادة الإنتاج وتداول السلع في جميع أنحاء المنطقة، ومن ثم توفرت إيرادات كبيرة لكافة الأطراف[1].

وهكذا فإن تحقيق النهضة الاقتصادية عبر التجارة الخارجية كان من السياسات الأساسية لأسرة مينغ، ومن ثم كان لا بُدَّ لها أن تتميز بمصنوعاتها لتتمكن من زيادة الطلب الخارجي، وهذا ما حدث. فقد تميَّزَ الحرير والخزفيات والشاي والأدوات الحديدية والأشغال الفنية والحاجيات اليومية من المنتجات الصينية بسمعة جيدة آنذاك، وأرسى ذلك الأساس المادي لتطوير التجارة الخارجية مع الدول الأجنبية.

---

(1) سين، تانسن، تأثير حملات تشنغ خه على تفاعلات المحيط الهندي، المجلد 79، العدد 3، 2016م، ص626.

2.5.3. دور رحلات تشنغ خه في ظهور الموانئ العملاقة:

لقد نتج عن رحلات تشنغ خه اكتشاف البحار وتخطيطها وتحديد خطوط ملاحية جديدة، فأدى ذلك إلى توسع النشاط التجاري في العالم وازدهاره، وقد رافق هذا التوسع ظهور موانئ جديدة على خطوط التجارة.

فإذا تتبعنا رحلات تشنغ خه وتركيزه على بعض المناطق التجارية، يظهر لنا بوضوح ما يمتلكه من رؤية اقتصادية، وهو ما يتضح لنا أيضًا من خلال اهتمامه بملقا ومضيقها، فقد اهتم تشنغ خه اهتمامًا خاصًا بملقا، فنجده يخبر الإمبراطور يونغلي بأن أحوال ملقا جيدة، وأنها تتمتع بالطاقة الكامنة العظيمة في التجارة، وتمتلك الموانئ المتفوقة رغم أنها أصغر الدول وأضعفها، كما أكد أن لها ميناءً مهمًا للتجارة الوسيطة في جنوب آسيا؛ وهذا كله يؤكد أن تشنغ خه كان يتمتع برؤية اقتصادية ثاقبة، فقد أصاب عين الحقيقة حين رأى في ملقا قناة رئيسة تربط البحر الجنوبي الصيني بالمحيط الهندي، ولذا وضع تشنغ خه مشروعه هذا موضع التنفيذ. ومن أجل تسهيل سير الأسطول والاتصالات بين أسرة مينغ ومختلف دول المحيط طلب من سلطان ملقا بناء الميناء ومحطات التموين في أرجاء الميناء، فوافق السلطان على طلبه[1].

لقد كان لرؤية تشنغ خه أثرها الكبير على التجارة العالمية، وكذلك على تجارة ملقا، حيث جعل تشنغ خه من ملقا محطة تجارية لتفريغ البضائع، وبذلك كانت ملقا أول ميناء ترانزيت في العالم[2]، بحسب مواصفات وتصميمات تشنغ خه.

---

(1) ليو ين، رحلة تشنغ خه إلى دول المحيط الهندي، ص41.
(2) مصطفى عبادة، ثلاثون يومًا في المستقبل، ص146.

كما أن مضيق ملقا كان ذا أهمية كبيرة بالنسبة للتجارة العالمية، وهو الأمر الذي لفت انتباه تشنغ خه فجعله في دائرة اهتمامه، وهذا إن دلّ على شيء فإنما يدلّ على أن مضيق ملقا كان شريان الحياة على طول خطّ ملاحة التجارة الذي يربط الشرق بالغرب، ولذا فإن إنشاء تشنغ خه في منطقة هذا المضيق المخازنَ الحكومية لأسرة مينغ كان من الأعمال الاقتصادية الحكيمة التي تتمتع بجدوى اقتصادية كبيرة.

3.5.3. دور رحلات تشنغ خه في ظهور المراكز التجارية:

لقد ساهمت رحلات تشنغ خه في ظهور مراكز تجارية في العديد من المناطق التي وصل إليها الأسطول، فقد كانت سومطرة مركزًا تجاريًّا مهمًّا ولكنها كانت تعاني من اضطرابات داخلية، لذا فقد استخدم تشنغ خه العلاقات الشخصية في الشؤون الخارجية لتحقيق الاستقرار الاقتصادي.

ولكي تنجح عملية الاستقرار الاقتصادي هذه كان لا بُدّ من توفر استقرار سياسي أولا، ومن هذا المنطلق نرى تشنغ خه يعمل على توفير هذا الاستقرار السياسي في سومطرة، وذلك من خلال توطيد السلطة الحقيقية فيها، حيث قدَّم يد العون لأمير سومطرة لطرد من يريد اغتصاب العرش منه، وساعده على الحفاظ على عرشه، إضافة إلى ذلك فقد بذل أقصى جهوده في مؤازرة مؤسس ملقا السلطان باريميسوار، مما جعل ملقا مركزًا على الطريق التجاري الرابط بين الشرق والغرب[1].

لقد اهتم تشنغ خه بملقا، ورأى أن موقعها المميز يُمكّنها من أن تكون مركزًا تجاريًّا مهمًّا، إلا أنه كان يرى أن هذا الأمر لا يحدث إلا إذا استتب فيها الأمن،

---

[1] عن مساعدة تشنغ خه لسلطان سومطرة ضد خصمه، ينظر ما سيأتي من الفصل الخامس تحت عنوان: تثبيت الأوضاع في سومطرة.

ومن أجل هذا الغرض ساعد ملقا في القضاء على التهديد من قبل سيام وجاوا الشرقية، وبهذا يكون تشنغ خه قد وضع أساسًا متينًا للعلاقات الودية فيما بين الصين وملقا[1]، كما ساعد ذلك على نهوض ملقا لتصبح مركزًا تجاريًا مهمًا.

وكذلك استطاع أسطول تشنغ خه أن ينعش التجارة في شيلانشان (جزيرة سيريلانكا اليوم)، حيث جعل منها مركزًا مشهورًا للتجميع والتوزيع التجاري، ومحطة ترحيل ملاحية في القرن الخامس عشر.

أما كاليكوت فلم تكن تحظى بالمكانة المهمة في عصر أسرة يوان، كما أنها لم تتمتع بالمكانة التجارية الكبيرة على الرغم من موقعها التجاري المهم على خطوط التجارة، ولكن بفضل زيارات تشنغ خه إليها ومكوثه فيها حدود السنة، أصبحت كاليكوت دولة تجارية كبرى. ففي أثناء فترة رحلات تشنغ خه عمل على تنشيط حركة التجارة فيها حتى أصبحت مركزًا تجاريًا هامًا بالمنطقة.

إنّ كل ما ذُكر ليس إلا أمثلة فحسب، إذ لو أردنا سرد مساهمات تشنغ خه في تأسيس المحطات التجارية والموانئ وغير ذلك لاحتجنا إلى مساحة أكبر ووقت أطول، لكننا اكتفينا بذكر بعض الشواهد بما يعزز الهدف ويخدم الفكرة.

4.5.3. دور رحلات تشنغ خه في النهوض الاقتصادي لبعض البلدان:

ممّا لا شكّ فيه أن الدول التي زارها تشنغ خه خلال رحلاته لم تكن على وتيرة واحدة من حيث التقدم الاقتصادي، كما أنها لم تكن على مستوى

---

(1) عن مساعدة تشنغ خه لسلطان ملقا ضد خصومه، ينظر ما سيأتي من الفصل الخامس تحت عنوان: تثبيت الأوضاع في ملقا.

واحد من الأهمية الاستراتيجية، لذا فقد كان يتعامل مع كل بلد وفق ظروفه وقدراته وإمكانياته.

وعلى هذا الأساس تميزت السياسة الاقتصادية لرحلات تشنغ خه بتحقيق المنفعة للجميع، وليس الاحتكار، ولذا كان يقدم المعونات والاستشارات لبعض الدول من أجل النهوض الاقتصادي، وكل ذلك انطلاقًا من الاستراتيجية العامة التي وضعها تشنغ خه، وهي مساعدة كل بلد وفق ظروفه وقدراته وإمكانياته، ومن ثم فإن إسهامه في تطور ونهوض ملقا تجاريًّا كان من منطلق أن ظروفها مواتية لتصبح ميناءً مهمًّا على خطوط التجارة العالمية، وهذه الميزة لملقا لا يتميز بها بلد آخر.

وإذا كان موقع ملقا يؤهلها كي تصبح مركزًا تجاريًّا، وهو الأمر الذي عمل تشنغ خه على تدعيمه، فإننا نرى في مملكة تشامبا ذات الأرض الخصبة، والأمطار الوفيرة، ما يساعدها على حصد الأرز ثلاث مرات في العام بدلًا من مرة واحدة، ومن أجل هذا الغرض عمل على تعليمهم طرق الزراعة، كما وفَّر كل الإمكانيات للمزارعين بما يضمن لهم تحقيق ذلك.

لقد كانت تشامبا بلدًا يعاني من تخلف وركود اقتصادي، ولكن زيارة تشنغ خه له شكَّلت فاتحة جديدة في اقتصادها، ففي أثناء زيارته لها وقَّع معها عقودًا للتجارة بالنيابة عن أسرة مينغ، وكانت تلك العقود قائمة على أساس المساواة والمنافع المتبادلة[1]، ومنذ ذلك الحين دخلت تشامبا عالم التجارة من أوسع أبوابه.

---

(1) ينظر ذلك فيما سيأتي من هذا الفصل تحت عنوان: دور رحلات تشنغ خه في المجال الزراعي والحيواني.

وفضلاً عن ذلك، فيبدو أنه في أثناء زيارة تشنغ خه لبلدان غرب المحيط الهندي لاحظَ أهميةَ تلك البلدان والتجارة فيها إلا أن بعضها كان يعاني من عدم تنظيم ومعرفة التجارة، ولذا رفع تشنغ خه إلى الإمبراطور يونغلي أن الدول الكثيرة التي تقع غرب المحيط الهندي تحتاج إلى العلوم والتكنولوجيا والثقافة والمنتجات المحلية من الصين، كما أنها تمتلك كميات هائلة من العاج والبخور التي تحتاج إليها بلادنا[1].

وهكذا كانت السياسة الاقتصادية لتشنغ خه تهدف إلى النهوض الاقتصادي بالبلدان التي زارها، كُلًّا حسب مقوماته، فالذي يمتلك منها مقومات التجارة، نراه يساعدها كي تصبح مركزًا تجاريًّا، والتي لديها المقومات الزراعية نراه يمدُّ لها يد العون في المجال الزراعي بما يمكنها أن تنهض في هذا المجال.

3.5.5. دور رحلات تشنغ خه في المجال الزراعي والحيواني:

ممّا لا شك فيه أن المجال الزراعي قد نال حظه من رحلات تشنغ خه، فقد ساهمت الرحلات في انتقال بعض المزروعات من بلد إلى آخر، كما انتقلت الخبرة الزراعية بين البلدان التي زارها الأسطول فصارت مشاعًا بينهم.

وإذا أردنا الاستدلال على دور رحلات تشنغ خه في الزراعة، فلنضرب مثلًا بمملكة تشامبا الواقعة في منطقة شبه استوائية حيث الأراضي فيها خصبة والأمطار وفيرة، وقد كانت مناسِبةً لزراعة الأرز، ولكن المزارعين هناك قاموا بزراعة الأرز الذي يُحصد مرة واحدة في العام، ولذا فقد أرسل

---

[1] ليو ين، رحلة تشنغ خه إلى دول المحيط الهندي، ص77.

تشنغ خه موظفين لتعليم المزارعين ولتحسين أساليب الزراعة لديهم، وكذلك نجح في محاولة زراعة الأرز أكثر من مرة، حيث رفع حصد الأرز إلى ثلاث مرات في العام، كما تم تعليمهم حفر الآبار وأخذ المياه للري، وبناء حقول مدرجة على طول سفح الجبل، وتبرع لهم بالمحاريث الصينية وعلَّمهم أساليب استخدامها، ومنذ ذلك الحين، تشتهر تشامبا بإنتاج الأرز.

وإذا كان الأسطول قد ساهم في نقل حضارة الصين الزراعية إلى الخارج، فإنه ساهم أيضًا في نقل حضارة العالم الزراعية إلى الصين، ومن الشواهد التاريخية على ذلك أن مواطني قومية قاو شان كانوا لا يعرفون كيفية زراعة الزنجبيل آنذاك، فجلب لهم تشنغ خه أنواعًا من الزنجبيل على أسطوله وعلَّمهم طريقة زراعته بنفسه، وحتى اليوم في محافظة «سان فنغ» بمقاطعة تايوان هناك نوع من الزنجبيل المعروف بزنجبيل سان باو، وقد قيل إن هذا النوع من الزنجبيل يعود إلى الزنجبيل الذي أعطاه تشنغ خه إياهم[1].

أما بخصوص الثروة الحيوانية، فقد ساعدت رحلات تشنغ خه على ازدياد الثروة الحيوانية، وذلك من خلال نقل الأسطول لعدد من الحيوانات من مناطقها إلى مناطق أخرى لم تعرفها كي تقوم بتربيتها، ومن الأمثلة على ذلك أنه في أثناء زيارة تشنغ خه للساحل الإفريقي الشرقي جلب العديد من الحيوانات النادرة إلى الصين[2].

---

(1) ليو ين، رحلة تشنغ خه إلى دول المحيط الهندي، ص108.
(2) دراير، تشنغ خه، ص89-90.

الفصل الرابع
جهود تشنغ خه البحرية والاستكشافية

1.4. تمهيد:

كان أسطول تشنغ خه أسطولًا ضخمًا للقوات البحرية، لكنه لم يستخدمه في العدوان والتوسع، بل لنشر الصداقة، وتحقيق السلم، ففي رحلاته البحرية كان تشنغ خه يلجأ إلى وسائل مختلفة للتوسط من أجل التخفيف من حدة التناقضات بين مختلف دول المنطقة، وتهدئة النزاعات، والتصدي لخطر القرصنة البحرية لضمان سلامة السفن.

وكان البحار الصيني يستهدف نثر بذور الصداقة بين الشعب الصيني والشعوب الأخرى أينما ذهب، ووصل بجهوده تلك إلى تطوير التبادلات الاقتصادية والثقافية وتحقيق السلام والاستقرار في المنطقة الممتدة من الصين إلى شرق إفريقيا.

لقد أبحر تشنغ خه نحو أبعد الأراضي التي عرفتها الصين حينها، فقد وصل خلال رحلاته إلى مكة المكرمة، والمدينة المنورة، ومدن الساحل الإفريقي الشرقي، بل قيل إنه وصل إلى الأمريكتين، ليسجِّل نموذجًا مختلفًا عن البحارة الآخرين، فهو الذي وصل إلى أراضٍ بعيدة لنشر السلام، وحقَّق للعالم بكشوفاته، وكذلك لبلاده، مكاسب تفتخر بها حتى اليوم.

ونظرًا لأهمية الجهود التي بذلها أمير البحار، ورسول السلام، وسفير الدبلوماسية تشنغ خه في هذا الصدد، فقد خصصنا له هذا الفصل للوقوف

على جهوده البحرية، من اكتشاف البحار، وسبر أغوارها، وكذا اكتشاف مسالكها ورسم مساراتها.

ولكي نقدم رؤية أكثر وضوحًا عن تشنغ خه كان لا بُدَّ من تناول النظرية القائلة بوصوله إلى أمريكا، والتي ينبغي أن نوليها ما تستحق من البحث والتفنيد ضمن المآثر العديدة المسجلة باسم ربان الدبلوماسية الصينية تشنغ خه.

2.4. جهود تشنغ خه في اكتشاف البحار وتخطيطها:

منذ ظهور أثر قدم الإنسان في البر الصيني، ظل الإنسان الصيني يحافظ على علاقته بالبحر، تلك العلاقة التي لم تنفصل عراها أبدًا على مر الحقب والأزمان، والتي كانت تؤكد قدرته على قهر كافة العقبات الطبيعة البحرية، التي لم تكن تزده إلا رغبة في مزيد من الاكتشاف، واستمرارًا في الإبحار. هذا وقد مرت معرفة الإنسان الصيني بالبحار والملاحة بمراحل متعددة؛ من المعرفة السطحية إلى الغوص نحو الأعماق في ثبات لم تستطع الأمواج العاتية النيل منه.

وعلى هذا فتاريخ الصين الملاحي التقليدي قديم قدم التاريخ نفسه، فقد قيل إنه يرجع إلى ما قبل 7000 عام، ففي هذا التاريخ صنع الصينيون ما عبروا به البحار، ومن ثم فقبل 3000 عام صنعوا المراكب الخشبية كأداة مواصلات، كما صنع الشعب الصيني ثقافة لونغشان وثقافة باييويه البحرية وغيرها من الحقب الحضارية التي تعد مفخرة للشعب الصيني.

وفي بداية القرن الخامس عشر دفعت رحلات تشنغ خه البحرية الواسعة النطاق الحضارة البحرية الصينية القديمة نحو القمة، فقدَّمت للحضارة

البحرية البشرية مساهمات عظيمة، ومهَّدت لظهور الخطوط الملاحية بين آسيا وإفريقيا وأوروبا؛ تلك الخطوط التي شقَّها تشنغ خه طريقًا ملاحيًّا للنشاطات الملاحية التي سلكها الغربيون فيما بعد.

وتُعَدُّ رحلات تشنغ خه عملًا مدهشًا للعالم في أوائل القرن الخامس عشر، فقد تجاوز حجم رحلاته حجم رحلات البحارة الأوروبيين التي جرت بعد أكثر من نصف قرن تقريبًا بغية الاكتشاف الجغرافي الواسع النطاق، حيث اهتدت بجهود تشنغ خه الرائدة في هذا الصدد، والتي كانت تستند إلى تراث بحري عريق لهذا البلد الضارب بجذور أصالته في أعماق التاريخ.

إن دور تشنغ خه الرائد في تاريخ الملاحة العالمية، وما قدمه من إنجازات، لا يستطيع أي باحث في هذا الصدد أن يغض عنها الطرف. ولم تكن آثاره بادية على مستوى تاريخ الملاحة الصيني فحسب، بل امتدت إلى مجمل التاريخ الصيني، ولا نبالغ إذا قلنا إلى مجمل التاريخ الإنساني كله. لقد لعب تشنغ خه دورًا كبيرًا في توصيل الطرق البحرية بين الشرق والغرب، وتوثيق العلاقات والتبادلات الودية بين الصين وبقية دول العالم القديم، والتي قامت بدورها بإثراء التبادلات الثقافية والاقتصادية بين الشعوب.

وكم هي عديدة جهود القائد تشنغ خه واكتشافاته البحرية وأعماله المرتبطة بالبحار، إلا أننا هنا سوف نقتصر على أهم تلك الأعمال، والتي سوف نوجزها فيما يأتي:

4.2.1. الخبرات والتكنولوجيات الملاحية المتقدمة:

خلال عمليات الممارسات الطويلة، اخترع قدماء الصينيين تدريجيًّا تكنولوجيات ملاحية حديثة، تمثلت في عدد من الأساليب الملاحية، من تحديد موقع السفن، وتعديل اتجاهاتها، وضمان سلامة الملاحة طبقًا

لمقاييس متعددة، مثل طبيعة البيئة التضاريسية من أشكال الجبال وعمق البحار وطبيعة الجزر ونوعية الصخور الموجودة تحت البحر وطبيعة النباتات البحرية، وإجراء التحليل الشامل لهذه المقاييس وصولًا إلى معرفة بحرية جيدة.

لقد تم استيعاب كل هذه الأمور من قبل أسطول تشنغ خه في رحلاته السبع، ثم إن تشنغ خه عمل على تطوير كل التكنولوجيات الملاحية سالفة الذكر، إضافة إلى امتلاكه الخبرة الكاملة في إدارة الأجهزة الملاحية، وهو ما قاد إلى نجاح رحلاته في مختلف البحار.

2.2.4. تطور تكنولوجيا بناء السفن:

تميزت الصين في صناعة السفن منذ القدم، ففي عصر أسرة تشين وأسرة هان (221ق.م-220م) أصبحت صناعة السفن ذات أحجام كبيرة، كما بلغ فن بناء السفن في هذا العصر مستوى عاليًا نسبيًا، وقد أكسب هذا التوارث للتقنيات البحرية بناةَ السفن الخبرة الجيدة، فاستوعبوا كل العمليات المتطورة لبناء سفن كبيرة الحجم، وجمعوا التجارب الكثيرة، ولذا فقد امتازت الصين في ذلك الوقت بقدرة كبيرة على بناء سفن متعددة الأغراض وكبيرة الأحجام.

وفضلًا عن ذلك، فإنه في عصر أسرة سونغ دفعت العديد من الاختراعات ذات الصلة بالملاحة نحو مزيد من تطوير تقنية بناء السفن والملاحة إلى الحد الذي بلغ بالصين مستوى تجاوزت به كافة أساطيل العالم آنذاك، سواء من حيث الحجم أو الابتكار التقني.

وفي عصر أسرة يوان (1271-1368م) بلغ المستوى التقني الصيني لبناء السفن المركز الأول في العالم، فقد وصف الرحالة العربي البارز ابن بطوطة

أحوال السفن الصينية العملاقة بالتي لم يرَ مثلها[1]، وذلك كله يدل على أن بناء السفن الصينية في عصري أسرتي سونغ ويوان كان له شهرة طبقت الآفاق، وحظي بسمعة طيبة سواء من حيث الحجم الكبير، ودقة التركيب، والجودة والمتانة، وكذلك سبل السلامة.

ففيما يتعلق بضخامة حجم السفن الملاحية الصينية في عهد أسرة مينغ (1368-1644م) ورد في كتاب تاريخ أسرة مينغ - سيرة حياة تشنغ خه: «أن سفينة تشنغ خه (باوتشوان) رقم 63 بلغ طولها 150 مترًا وعرضها 60 مترًا تقريبًا، وكان عمقها يصل إلى 12 مترًا، وغاطسها إلى 8 أمتار، أما أكبر حمولة لباوتشوان في الأسطول فكانت تتجاوز 1000 طن، كما أن لهذه السفينة 9 أسوار و4 سطوح، ومثل هذه السفينة الكبيرة لم تكن موجودة إلا في الصين آنذاك، وهذا تأكيد على أن الصين سبقت العالم في بناء السفن.

3.2.4. استكشاف البحار وتخطيطها:

يعد تشنغ خه رائد الاكتشافات البحرية، وواضع أسس الملاحة البحرية في العالم، ويتضح هذا من خلال قيامه برحلات استكشافية عبر المحيط الهادئ والمحيط الهندي، حيث تمكن من جمع واستيعاب الكثير من المعطيات البحرية في المحيطات، والكشف عن الكثير من الأمور البحرية التي كانت مجهولة قبل رحلاته في هذين المحيطين.

كما أحرز تشنغ خه منجزات جديدة في استكشاف البحار وتخطيطها، حيث احتل خط تشنغ خه الملاحي -الذي يبدأ من المحيط الهادئ الغربي

---

(1) ابن بطوطة، محمد بن عبد الله بن محمد بن إبراهيم اللواتي الطنجي، أبو عبد الله، ابن بطوطة (المتوفى 779هـ)، رحلة ابن بطوطة (تحفة النظار في غرائب الأمصار وعجائب الأسفار، أكاديمية المملكة المغربية- الرباط، 1417هـ، ج4، ص137.

ويخترق المحيط الهندي ليصل إلى شرق إفريقيا- مركزَ الصدارة في تاريخ الملاحة العالمي.

وتُعدُّ هذه النشاطات الاستكشافية للبحَّار الصيني المسلم تشنغ خه باكورة الاستكشافات الملاحية المسجلة في العالم، متقدمةً على مثيلاتها في بقية دول العالم من أمثال ما قام به الأسطول البريطاني خلال الفترة ما بين عام 1872 وعام 1876م حيث سبقتها بأكثر من 400 عام.

وفي الوقت ذاته، ساعدت كشوفات تشنغ خه البحرية على تعميق معرفته بالبحار وتخطيطها وتحديد طرق التجارة عبرها، وكذلك على إنشاء المراكز التجارية، والموانئ الحرة والترانزيت وغير ذلك من النشاطات التجارية، وما كل هذه الأنشطة التجارية التي قامت على السواحل البحرية إلا نتيجة دراسة تشنغ خه للبحار وتخطيطها[1].

هذا ويُعدُّ تشنغ خه أول من قام بالأعمال الاستكشافية البحرية الواسعة النطاق عن طريق رحلاته البحرية، وبهذه الأعمال الاستكشافية دفع تشنغ خه البشرية نحو مزيد من المعرفة بالمحيطات والبحار والمساهمة في تقدم العلوم والتقنيات البحرية، وقد عالج تشنغ خه كثيرًا من المسائل التي تواجهها الملاحة، كما دفع بعلم الفلك والرياضيات وعلم الجغرافيا وعلم البحار إلى التطور والتقدم للأمام فيما بعد.

ومن هذا المنطلق فإن تشنغ خه هو ممثل النشاطات الاستكشافية في الشرق؛ تلك النشاطات التي قادت نحو تحويل نشاطات البشرية من البر إلى المحيط الواسع، حيث استطاع أن يدفع تجارب الملاحة للبشرية خلال مئات السنين الماضية إلى الأمام، وإحداث تغييرات واضحة في مسار الملاحة في

---

(1) يُنظر في ذلك الفصل الثالث تحت: عنوان المراكز التجارية.

بداية القرن الخامس عشر للميلاد، فكان من نتائج ما قام به تشنغ خه زيادته للمعارف الإنسانية البحرية، وتعظيم حجم الاستفادة منها.

ولكنْ يجب الانتباه إلى أن الأساس الاجتماعي والعلمي لبدء الرحلات البحرية في الشرق والتي قام بها تشنغ خه مختلف عن الأساس العلمي في الغرب، وهذا الاختلاف يرتبط بالخلفية العلمية لرحلات تشنغ خه البحرية، فمن الممكن أن نصفَ عهدَ رحلات تشنغ خه البحرية في بداية القرن الخامس عشر بأنه عهد المنجزات للنشاطات البشرية البحرية، والذي يُعَدُّ في حد ذاته عملًا عظيمًا، ففي ذلك العهد لم يكن هناك قوة محركة لمثل هذه الأعمال الكبيرة، كما أن عالم البحار والمحيطات -حينما قام برحلاته- كان عالمًا مجهولًا[1]، هذا إذا ما استثنينا المعرفة العربية الإسلامية.

أي أن المعرفة حول البحار وتخطيطها كانت مجهولة قبل قيام تشنغ خه برحلاته البحرية السبع، ومع هذا استطاع استكشاف البحار وتخطيطها وخصوصًا المحيط الهندي والهادئ، أما الأوروبيون فعندما قاموا برحلاتهم البحرية في أواخر القرن الخامس عشر الميلادي، كانت المعرفة البحرية ببعض البحار والمحيطات قد استقرت[2].

---

(1) لمعلومات أوفى حول هذا الموضوع يمكن الرجوع إلى: مارغيتي، روكساني إيليني، تجارة عدن والمحيط الهندي: 150 عامًا في حياة ميناء عربي من العصور الوسطى، مطبعة جامعة نورث كارولينا، 2007م؛ الشبكات التجارية ومدن الموانئ ودول القراصنة: الصراع والمنافسة في عالم التجارة في المحيط الهندي قبل القرن السادس عشر، مجلة التاريخ الاقتصادي والاجتماعي للشرق، العدد (51)، مجلد(4)، 2008م، ص543.

(2) سيتم توضيح ذلك فيما سيأتي من هذا الفصل تحت عنوان: مقارنة بين حجم أسطول تشنغ خه وبعض أساطيل البحارة الغربيين.

4.2.4. تراكم التجارب الملاحية:

إن الرحلات البحرية التي كان يقوم بها الصينيون باستخدام المراكب الخشبية وبالاعتماد على قوة الرياح كانت تتطلب التغلب على كافة أنواع الصعوبات في الملاحة، ووضع الحلول لتلك التحديات، هذا بالإضافة إلى ضرورة المعرفة الكافية بفنون الملاحة وخبرة بناء السفن، فضلًا عن التحلي بالجرأة وروح الاستكشاف، وهذا كله أرسى أساسًا للملاحة التي قام بها الصينيون فيما بعد.

كانت كل هذه التجارب هي الأساس التي أرست الملاحة الصينية عليها رحلاتها البحرية، وكان ذلك كله بمثابة المعين الذي نهل منه تشنغ خه تجاربه وخبراته البحرية التي استفاد منها فيما بعد، وكانت الأساس في تجاربه الملاحية القادمة.

وبدورها فإن كل الخبرات الملاحية البحرية التي اكتسبها تشنغ خه خلال رحلاته السبع صارت إرثًا تراكميًّا للملاحة البحرية الصينية بوجه خاص، والعالمية بوجه عام. فالإلمام بالتجارب الملاحية السابقة، وتطويرها كان الأساس الذي مكَّنه من التوغل في أعماق البحار، وكسر وتيرة النمط الملاحي المتعارف عليه حتى عصر أسرة يوان، ففي هذا العصر كانت الخطوط الملاحية للصين تقتصر على الإبحار بمحاذاة السواحل البحرية، كما كسر تشنغ خه العرف السائد آنذاك فيما يتعلق بحجم السفن وعددها وعدد المرافقين ومرات الملاحة ومدة الإبحار، فقد شهد كل ذلك طفرة كبيرة بعد تشييد أسطول تشنغ خه.

5.2.4. تحديد خطوط المواصلات البحرية:

لقد حددت رحلات تشنغ خه السبع خطوط المواصلات البحرية الرئيسة، وكذلك الفرعية منها، مما شكَّل شبكة مواصلات بحرية متكاملة، وقد تم كل ذلك بفضل وصول أسطوله في رحلاته الأولى إلى شرق الهند،

والمناطق الغربية للقارة الآسيوية، فرسمت رحلاته الأولى الخطوط الملاحية بين العديد من المناطق مثل تشامبا (فيتنام حاليًا) - جافا (جاوا حاليًا) - باليمبانج (في إندونيسيا) - ملقا (في ماليزيا) - آرو (في إندونيسيا) - سومطرة (في إندونيسيا) - لامبري - سيلون (سيريلانكا حاليًا) - كولام (في الهند) - كوتشين (في الهند) - كلاكوت (في الهند) - جزر المالديف وغيرها من المناطق، كما شكّلت رحلاته الأخيرة حدثًا مهمًّا ساهم في التعرف على خطوط الملاحة، حيث وصلت هذه الرحلات إلى غرب آسيا ومناطق شرق إفريقيا، لتمر بعدد من الموانئ والمدن مثل هرمز (تقع جنوب إيران وتواجه سلطنة عمان) - جزر المالديف - مقديشو (في الصومال) - مايليندي (في الشاطئ الشرقي لساحل إفريقيا) - عدن (في اليمن) - مسقط (في عمان) - ظفار (في عمان) - الأحساء (على ساحل الخليج العربي) - سولو (في الشاطئ الشرقي لساحل إفريقيا) - بروة (في الشاطئ الشرقي لساحل إفريقيا) - مكة المكرمة[1]، هذا بالإضافة إلى ما أشيع حول وصوله إلى الأمريكتين[2].

هذا وقد شملت خطوط تشنغ خه الملاحية الرئيسة 56 خطًّا[3]، وبلغ طول تلك الطرق 15000 ميل[4]، كما استطاع أن يشق خطوطًا جديدة وأن

(1) عن وصوله إلى تلك المناطق، ينظر جدول رحلات لشنغ خه فيما سيأتي من هذا الفصل تحت عنوان: أسطول تشنغ خه.

(2) سيتم مناقشة قضية وصول أسطول تشنغ خه إلى الأمريكتين فيما سيأتي من هذا الفصل تحت عنوان: تشنغ خه بين اكتشاف أمريكا ونظرية غافن مينزيس، وكذلك تحت عنوان: حقيقة وصول تشنغ خه إلى أمريكا.

(3) يتم ملاحظة خطوطه الملاحية وعددها من خلال خرائطه، عن تلك الخرائط ينظر ما سيأتي من هذا الفصل تحت عنوان: خرائط تشنغ خه الملاحية.

(4) إن عدد الخطوط الملاحية (56 خطًّا) التي خططها تشنغ خه وطولها (15000 ميل)، لا تعد الإجمالي الكلي لخطوط الملاحة وطولها، حيث لم يدخل فيهما حسابات وصوله إلى مصر، واجتيازه رأس الرجاء الصالح، هذا بالإضافة إلى وصوله إلى الأمريكتين إذا صح ذلك.

يختصر طرقًا قديمة، وكذلك أنشأ خطوطًا للربط بين المراكز التجارية والموانئ وغير ذلك، على غرار شقه لخط من قولي وليوشان إلى مقديشو في الصومال وبولاوا، وماليندي في كينيا، ثم الإبحار إلى الجنوب والوصول إلى ميناء موزمبيق وميناء سوفالا، وقيل إن فريق السفن في أسطول تشنغ خه قد اجتاز منطقة الإعصار البحري في جنوب إفريقيا.

لقد كانت رحلات تشنغ خه البحرية فتحًا تاريخيًا للكشوفات الجغرافية، حيث امتدت خطوطه الملاحية من غربي المحيط الهادئ إلى المحيط الهندي، لتصل إلى غرب إفريقيا والساحل الإفريقي الشرقي ورأس الرجاء الصالح في أقصى جنوب إفريقيا، حتى وصلت إلى المحيط الأطلسي.

وهكذا فقد شملت رحلات تشنغ خه المحيطات الثلاثة، وهو أمر غير مسبوق في تاريخ الملاحة الصينية، ولذا فإن رحلاته تحتل مكانة بارزة في تاريخ الملاحة العالمية، لأنها سبقت رحلة فاسكو دي جاما التي مرت برأس الرجاء الصالح[1].

خلاصة القول؛ أن كل ما قام به تشنغ خه يؤكد على ريادته في اكتشاف أهم الطرق البحرية والاكتشافات الجغرافية، التي شاعت نسبة بعضها إلى غيره من البحارة والمستكشفين الأوروبيين، إلا أن الاستقصاء التاريخي لرحلات تشنغ خه المتعددة ليؤكد سبقه ورسوخ قدمه فيها قبل كل من شاع ذكرهم بين العامة.

6.2.4. خرائط تشنغ خه الملاحية:

تُعدُّ خريطة تشنغ خه الملاحية برهانًا ماديًا مهمًا على ما ذكرناه من تفوقه وسبقه في مجال الاستكشافات البحرية. ففي إحدى خرائطه تظهر

---

(1) سيتم مناقشة قضية وصول أسطول تشنغ خه إلى رأس الرجاء الصالح تحت عنوان: رأس الرجاء الصالح والأمريكتين اكتشاف شرقي وليس غربيًا.

الخطوط الملاحية التي تبدأ من نانجينغ، لتبحر في نهر اليانغتسي، وتتوجه نحو الجنوب، لتصل إلى بلاد ليوشان (مالديف اليوم) مرورًا بشبه جزيرة تشوننان، وشبه جزيرة ماليزيا، ومضيق ملقا وشيلانشان (سريلانكا اليوم).

فالخطوط البحرية كانت تنقسم إلى خطين ملاحين: أولهما يعبر المحيط الهندي للوصول إلى ساحل إفريقيا الشرقي، والثاني يعبر البحر العربي من بلاد مالديف للوصول إلى هورمس، وتظهر في الخريطة الرسوم المائية التقليدية الصينية الواضحة للجبال والجزر والجسور والمعابد والمدن وما إلى ذلك لتوضيحها وسهولة تمييزها.

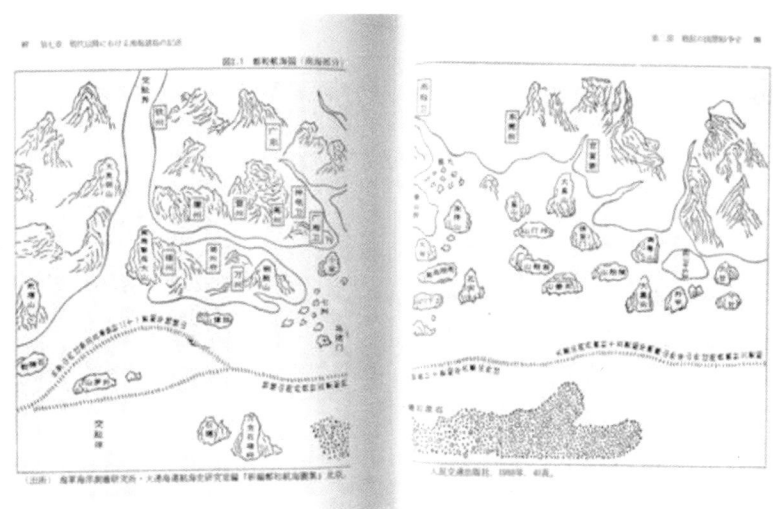

إحدى خرائط تشنغ خه التي استخدمها في رحلاته

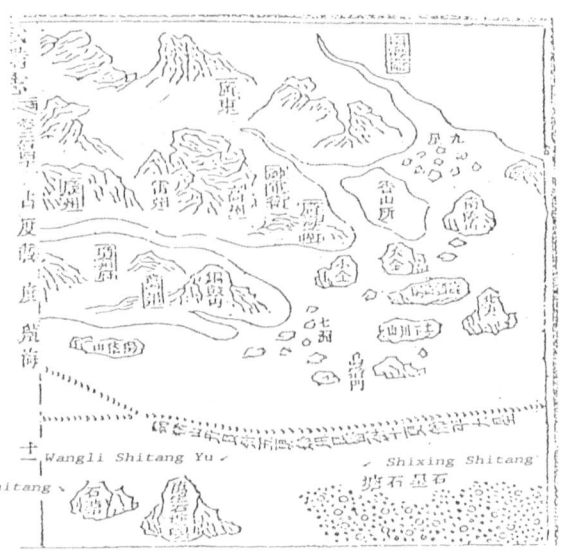

خريطة أخرى استخدمها تشنغ خه في رحلاته.

وفي الخريطة كذلك هناك أكثر من 530 اسمًا لأماكن مختلفة تشمل سواحل آسيا وإفريقيا وأكثر من 30 دولة ومنطقة، كما تظهر مجموعة الخطوط الملاحية أكثر من 56 خطًّا، وبجانبها علامات وأرقام تُعدُّ معلومات ملاحية قيّمة لتحديد موقع الأسطول، وهذا كله يؤكد على الخبرات الملاحية التي توفرت للصين، والدرجة الرفيعة التي وصلت إليها التقنيات الملاحية الصينية آنذاك.

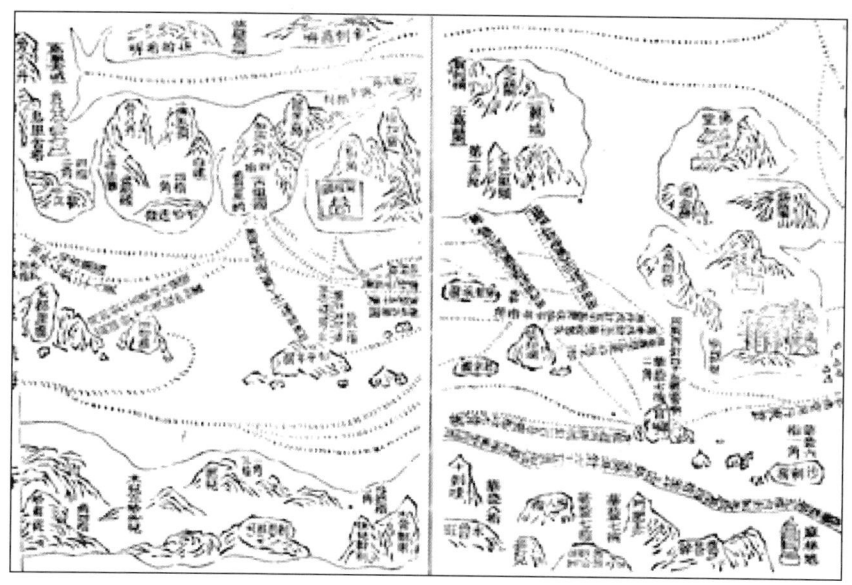

خريطة اعتمد عليها تشنغ خه ضمن مجموعة وثائق أسرة مينغ.

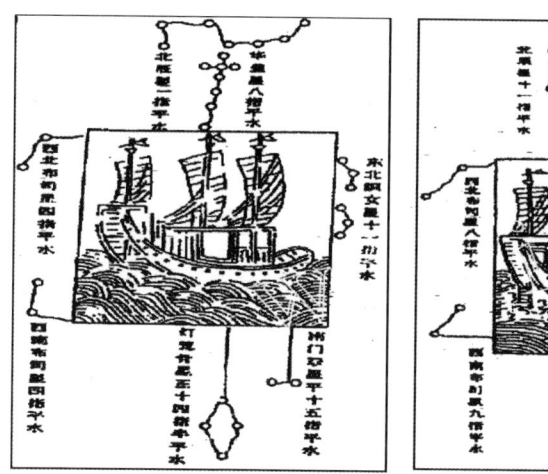
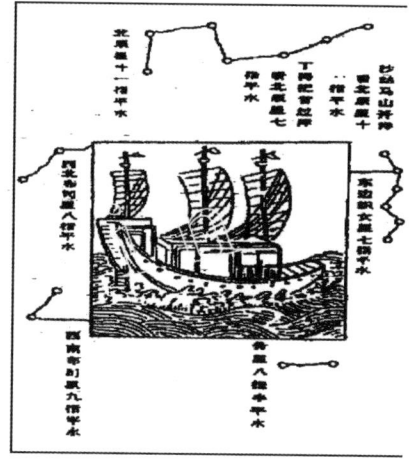

خرائط تشنغ خه الفلكية وتظهر بها المجموعات النجمية.

إحدى الخرائط التي اعتمد عليها تشنغ خه في رحلاته.

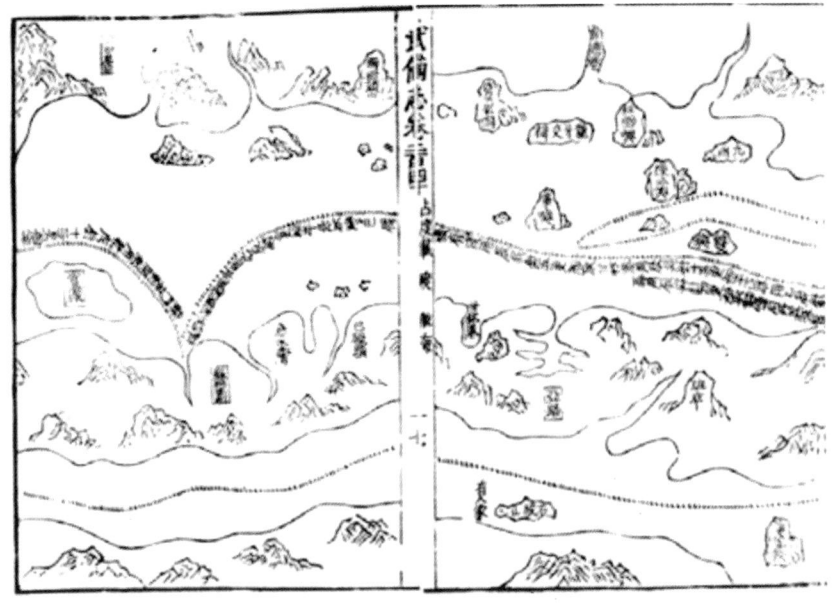

إحدى الخرائط التي اعتمد عليها تشنغ خه في رحلاته للخليج وشبة الجزيرة العربية.

4.3. اكتشاف القارة الأمريكية:

4.3.1. دور العرب والمسلمين في اكتشاف أمريكا:

إن في تاريخ اكتشاف القارة الأمريكية قصصًا عديدة تشير إلى عدد من الرحالة العرب والمسلمين، الذين كانوا قد وصلوا إلى أمريكا قبل وصول كريستوفر كولومبس إليها، بل قبل أن تعي أوروبا أن هناك أرضًا خلف بحر الظلمات[1] (التسمية القديمة للمحيط الأطلسي)، وسوف نوضح هذه الحقيقة فيما يأتي من أمثلة تأتي كدلائل على سبيل المثال لا الحصر.

فمن الشواهد التاريخية ما ذكره المسعودي من أنه في حقبة حكم الخليفة المسلم لإسبانيا عبد الله بن محمد (888-912م) أبحر ملاح مسلم قرطبي اسمه الخشخاش بن الأسود من دلبا (بالوس) في عام 889م، واجتاز بحر الظلمات والضباب (المحيط الأطلسي) إلى أن بلغ أرضًا مجهولة، وعاد بكنوز[2].

كما أن هناك إشارة إلى أن أبا فروخ الغرناطي أبحر من قادس في فبراير من عام 999م إلى المحيط الأطلسي حتى نزل بـ«غاندو» (من جزر كناري الكبرى)،

---

(1) يقول الإدريسي: إن بحر الظلمات هو البحر المحيط بغربي الأندلس. الإدريسي، محمد بن محمد بن عبد الله بن إدريس الحسني الطالبي (المتوفى 1166م)، نزهة المشتاق في اختراق الآفاق، عالم الكتب، بيروت، الطبعة الأولى، 1409 هـ، ج1، ص93. وقيل: إن بحر الظلمات هو الجزء الأول من الإقليم الثاني الذي مبدؤه من المغرب الأقصى حيث بحر الظلمات ولا يعلم ما خلفه. الإدريسي، نزهة المشتاق، ج1، ص103؛ الحميري، أبو عبد الله محمد بن عبد الله بن عبد المنعم (المتوفى 1494م)، الروض المعطار في خبر الأقطار، تحقيق: إحسان عباس، مؤسسة ناصر للثقافة (طبع على مطابع دار السراج)، بيروت، الطبعة الثانية، 1980م، ص559.

(2) المسعودي، علي بن الحسين (المتوفى 957م)، مروج الذهب ومعادن الجوهر، تحقيق: محمد محيي الدين عبد الحميد، دار الفكر، بيروت، الطبعة الخامسة، 1393هـ/ 1973م، ج1، ص138.

ثم أتم إبحاره غربًا إلى أن رأى جزيرتين هما كابراريا وبلويتانا ثم عاد إلى إسبانيا في مايو من عام 999م[1].

وذكر الجغرافي والخرائطي المسلم المشهور الشريف الإدريسي أن مجموعة من الملاحين من شمال إفريقيا أبحروا نحو بحر الظلمات والضباب من لشبونة (البرتغال) ليستكشفوا ماذا يحتوي، وما حدوده، حيث وصلوا إلى جزيرة في عمق البحر بها أناس وحضارة، وفي اليوم الرابع جاءهم مترجم خاطبهم باللغة العربية، ففي ذلك يقول الإدريسي: «ومن مدينة لشبونة كان خروج المغررين في ركوب بحر الظلمات ليعرفوا ما فيه، وإلى أين انتهاؤه، كما تقدم ذكرهم، ولهم بمدينة لشبونة بموضع بمقربة الحمة درب منسوب إليهم يعرف بدرب المغررين، إلى آخر الأبد، وذلك أنهم ثمانية رجال اجتمعوا كلهم أبناء عم، فأنشأوا مركبًا حمالًا، وأدخلوا فيه من الماء والزاد ما يكفيهم لأشهر، ثم دخلوا البحر في أول طاروس الريح الشرقية، فجروا بها نحوًا من أحد عشر يومًا، فوصلوا إلى بحر غليظ الموج، كدر الروائح، كثير التروش، قليل الضوء، فأيقنوا بالتلف، فردوا قلاعهم في اليد الأخرى، وجروا مع البحر في ناحية الجنوب اثني عشر يوما، فخرجوا إلى جزيرة الغنم وفيها من الغنم ما لا يأخذه عدّ ولا تحصيل، وهي سارحة لا راعي لها ولا ناظر إليها، فقصدوا الجزيرة، فنزلوا بها، فوجدوا بها عين ماء جارية، وشجرة تين بري عليها، فأخذوا من تلك الغنم فذبحوها، فوجدوا لحومها مرة لا يقدر أحد على أكلها، فأخذوا من جلودها وساروا مع الجنوب اثني عشر يوما إلى أن لاحت لهم جزيرة، فنظروا فيها إلى عمارة وحرث، فقصدوا إليها ليروا ما فيها، فما كان غير بعيد حتى أحيط بهم في زوارق هناك، فأخذوا

---

(1) See: ON MANUEL OSUNAY SAVINON, Resumen de la geografia fisica, Santa GUZZ de Tenerife, 1844.

وحملوا في مركبهم إلى مدينة على ضفة البحر، فأنزلوا بها، فرأوا فيها رجالًا شقرًا، زعرًا، شعور رؤوسهم سبطة، وهم طوال القدود، ولنسائهم جمال عجيب، فاعتقلوا منها في بيت ثلاثة أيام، ثم دخل عليهم في اليوم الرابع رجل يتكلم باللسان العربي، فسألهم عن حالهم، وفيما جاؤوا، وأين بلدهم، فأخبروه بكل خبرهم، فوعدهم خيرا، وأعلمهم أنه ترجمان الملك...»[1].

ويحكي لنا ابن فضل الله العمري أن أحد أمراء المماليك حج عام 1324م، فصادف في الحج سلطان مالي موسى، فسأل الأمير المملوكي السلطان موسى، كيف انتقلتْ إليه المملكة؟ فأخبره أنهم أهل بيت، يتوارثون الملك، كما أخبره أنه كان قبله أخوه السلطان -أبو البكاري الأور- وكان لا يصدق أنّ البحر المحيط (المحيط الأطلسي) ليس له نهاية أو ضفة أخرى، وأحبّ السلطان أبو البكاري الأور معرفة هذا الأمر، فجهّز 200 مركب، مملوءة بالرجال، و200 مركب أخرى مملوءة من الذّهب والماء والزّاد ما يكفيهم سنين، وأمرهم بالانطلاق في المحيط (الأطلسي)، وقال للمسافرين: «لا ترجعوا حتى تبلغوا نهايته...»، فساروا وطالت مدة غيبتهم لا يرجع منهم أحد حتى مضت مدة طويلة، ثم عاد مركب واحد منها، فسأل السلطان عما كان من أثرهم وخبرهم، فأجابوه أنّهم ساروا زمانًا طويلًا حتى وصلوا لجّة البحر (عمق المحيط الأطلسي)، فكان جريان المياه فيه قويًّا وهائجًا، ثم ذكروا للسلطان أن المراكب تقدمت، فلما صاروا في ذلك المكان الهائج، ما عادت، ولا بانت، ولا عرفوا ما جرى لها، كما أخبر السلطان أن ذلك كان آخر مكان افترقوا فيه، فلما غابت المراكب الباقية رجعوا بمركبهم، فعاتبهم السلطان على رجوعهم[2].

---

(1) الإدريسي، نزهة المشتاق، ج2، ص548.
(2) ابن فضل الله العمري، شهاب الدين أحمد بن يحيى بن فضل الله القرشي العدوي العمري

يواصل السلطان موسى سرد قصة أخيه السلطان أبي البكاري الأور، فيخبر الأمير المملوكي أن السلطان أبا البكاري الأور، أعدّ المراكب للرجال، والزاد والماء. يقول السلطان موسى: «... ثم استخلفني وركب بمن معه في البحر المحيط، وسافر فيه، وكان آخر العهد به وبجميع من معه، وانتقل إليّ الملك»[1].

إن السلطان مانسوكا نكان موسى (1312-1337م) وكان أشهر ملوك الماندينكا، وهو المعروف عالميًّا والتابع لإمبراطورية مالي الإسلامية، عندما سافر إلى مكة في حجه الشهير عام 1324م، أخبر أمراء سلطان المماليك البحرية أن أخاه السلطان أبا البكاري الأور (1285-1312م) أرسل حملتين إلى المحيط الأطلسي، وعندما لم يرجع السلطان في رحلته الثانية عام (1311م)، أصبح أخوه مانسو موسى سلطان الإمبراطورية بعده[2].

وفضلًا عن ذلك، فقد أشارت المراجع الإسلامية عبر وثائق ومعلومات تفصيلية إلى الرحلة التي قام بها الشيخ زين الدين علي بن فضل المزندراني، عبر بحر الظلمات والضباب، تلك الرحلة التي ابتدأت من طرفاية (جنوب المغرب) أثناء مملكة السلطان أبي يعقوب يوسف (1286-1307م) سادس الأسر المرينية الحاكمة، والتي اتجهت إلى جزيرة خضراء في البحر الكاريبي عام 1291م، وتفاصيل رحلته مذكورة في المراجع الإسلامية، وكثير من العلماء

(المتوفى 1348م)، مسالك الأبصار في ممالك الأمصار، ممالك المسلمين بالحبشة والأندلس، تحقيق: مصطفى أبو ضيف أحمد، مكتبة الأمالي، الرباط، الطبعة الأولى، 1409هـ/ 1988م، ج4، ص120-121.

(1) ابن فضل الله العمري، مسالك الأبصار، ج4، ص121.

(2) لمزيد من المعلومات حول ذلك وحول قوم الماندينكا، ينظر كتاب كولومبوس الماضي: HUYGHE, PATRICK, Columbus was last, New York, 1992.

المسلمين على علم بهذه الأحداث التاريخية المدونة عن هذه الرحلة[1].

وهناك من يذكر أن بعض المسلمين -في أواخر القرن الخامس عشر الميلادي- مِمَّن تعرضوا في الأندلس للمضايقات ومحاولات التنصير، فأبت عليهم عزة الإسلام أن يعيشوا أذلاء أو متنصرين- تركوا البلاد وهاجروا إلى مصر، وبلاد الشام، وبلاد عدوة المغرب، وذهب قسم منهم مع الرحلات الاستكشافية إلى أمريكا الوسطى والجنوبية[2].

وتجدر الإشارة في هذا الصدد إلى ما ذكره المؤرخ واللغوي الأمريكي المشهور ليو وينر أن كولومبس كان على علم بوجود أقوام الماندينكا في العالم الجديد، وأن مسلمي غرب إفريقيا كانوا منتشرين في منطقة الكاريبي، في وسط وجنوب وشمال الأراضي الأمريكية، بما في ذلك كندا، حيث كانوا يتاجرون، ويتزاوجون مع أقوام الإيروكويس والألكونكوين الهنديين[3]، كما أنه عند وصول كولومبس في 12 أكتوبر من عام 1492م نزل في جزيرة صغيرة في الباهماس كان اسمها غوان هاني، وبمساعدة السكان الأصليين لتلك المنطقة غير كولومبس اسمها إلى سان سالفادور، ولفظة (غوانا هاني) أتت من الماندينكا، وهي مكونة من الألفاظ العربية (غوانا) أو إخوانا، أي: إخوان. و(هاني): اسم عربي، فاسم البلدة كان (إخوان هاني)[4].

---

(1) الأمين سعيد محسن، أعيان الشيعة"، حققه وترجمه: حسن الأمين، دار المعارف، بيروت، ج8 ص302، 303.

(2) السامرائي، خليل إبراهيم وآخرون، تاريخ العرب وحضارتهم في الأندلس، دار الكتاب الجديد المتحدة، بيروت، الطبعة الأولى، 2000م، ص310.

(3) WEINER, LEO, Africa and the discovery of America. Philadelphia, 1920, vol.2, p 6- 365.

(4) OBREGON, MAURICIO, The Columbus papers, The Barcelona letter of 1493. The landfall controversy and the Indian guides. Mc Millen co. N.Y 1990.

وعلى هذا الأساس فإن كولومبس والاستكشافيين الإسبانيين والبرتغاليين الأوائل لم يستطيعوا عبور المحيط الأطلسي إلى عمق (2400 كم) إلا باعتمادهم على مساعدة ومعلومات الجغرافيين والملاحين المسلمين وعن طريق الخرائط التي رسموها.

وعلى هذا الأساس، فإن الوصول إلى أمريكا من قبل العرب والمسلمين كان يعود إلى وقت مبكر، وذلك بحدود القرن العاشر الميلادي، حيث كانوا يشيرون إليها باسم الأرض المجهولة أو الأرض البعيدة.

2.3.4. تشنغ خه واكتشاف أمريكا وفق نظرية غافن مينزيس:

إن مسألة اكتشاف تشنغ خه لأمريكا كانت نظرية تم طرحها من قبل الباحث البريطاني غافن مينزيس، حيث ذكر مينزيس أن أسطول أسرة مينغ الصينية الذي يقوده تشنغ خه قد وصل إلى القارة الأمريكية قبل كولومبس، ويرى أنه خلال الفترة ما بين عامي (1405–1433م) من عصر أسرة مينغ قاد تشنغ خه أسطوله الضخم في رحلاته السبع البحرية، مرورًا بجنوب شرق آسيا والمحيط الهندي إلى مناطق آسيا الغربية وسواحل إفريقيا، وزار أكثر من 30 دولة ومنطقة في آسيا وإفريقيا وأوروبا، ووصل إلى الأمريكتين، وقد طرح مينزيس أن تشنغ خه كان أول شخص قد وصل إلى الأمريكتين، وفقًا للاحتمالات الآتية[1]:

1- وفق اجتهاد مينزيسن، فإنه يشير إلى أن أسطول تشنغ خه في رحلة عام 1421م انقسم إلى أربع فرق، كل منها اتجهت إلى جهة مختلفة عن الأخريات، فوصلت بعض تلك الفرق إلى أمريكا الشمالية والجنوبية، وبعدها اتجهت إلى أستراليا.

---

(1) See: Menzies, 1421, p 8, 21-22

2- يدعم مينزيس نظريته بنسخة من الخريطة الصينية الكورية المعروفة بـ«كانكنيدو» المحفوظة في جامعة ريوكوكو باليابان، فيرى أنه من المحتمل أن ضابطًا صينيًا قام برسمها[1].

3- يرى مينزيس أن خريطة كرة الأرض التي رسمت في 1459م في البندقية، وفيها جنوب إفريقيا ورأس الرجاء الصالح ومراكب شراعية صينية بجانبه، وبواسطة هذه الخريطة تمكن دي جاما من اكتشاف رأس الرجاء الصالح في عام 1497م، ولهذا السبب استنتج مينزيس أن خريطة أوروبا ربما كانت تأتي من الصين، لأن طاقم تشنغ خه رسم 24 خريطة ملاحية، كما أن الملاحين الأوروبيين كانوا يحملون خرائط ملاحية تعود لتشنغ خه، ولذا فقد كان مينزيس يتعجب من جودة ودقة خريطة كارتينو التي قيل إنها ترجع -ربما- إلى عام 1502م[2]، والذي يرى أن تلك الخريطة لا يمكن أن تكون أوروبية بل إنها صينية[3].

4- وجد مينزيس بقايا السفين الصينية القديمة مثل المراسي الحجرية، وأدوات الصيد وحطام السفن في قاع البحر الكاريبي في أمريكا، فوفقًا لهذا كله، وإضافة إلى استخدام مينزيس معرفته الخاصة باتجاه الرياح والمد والجزر، استنتج مينزيس أنه في ديسمبر عام 1421م (الرحلة السادسة لتشنغ خه)، غرقت تسعة مراكب كانت متجهة إلى المحيط في أسطول تشنغ خه في قاع البحر الكاريبي، وربما كان هذا ما يؤكد على أن السفينة البحرية التابعة لأسطول تشنغ خه قد زارته وغرقت هناك.

---

(1) - Menzies, 1421, p 127-128.

(2) F. Sezgin, Gechichte des arabischen Schrifttums, G A S, Vol, XI,p364-374.

(3) سيتم الحديث عنها فيما سيأتي من الصفحات الآتية.

5- يرى مينزيس أن بناء السفن والصناعة البحرية في عصر أسرة مينغ كانت الأكثر تطورًا في العالم في ذلك الوقت، فقد كان في جنوب شرق الصين العديد من مصانع بناء السفن التي بنت أكبر السفن في العالم، وهو الأمر الذي مكّن تشنغ خه من القيام برحلاته السبع، وقد كان أسطول تشنغ خه يضم سفينة يبلغ طولها ما يصل إلى 150 مترًا، وكان لديها قدرة فائقة على الإبحار في كافة البيئات البحرية، وهو ما مكنه من الوصول إلى أمريكا.

ومن خلال نظرة فاحصة لما ذكره ميتز سنستخلص عددًا من النتائج أهمها الآتي:

1- أنّ خريطة كانكنيدو التي جاء بها منتزس كدليل ما هي إلا نسخة منقحة معادة من خريطة العالم التي رسمها كبير رسامي الخرائط «جو سي بن» في عصر أسرة يوان، وفي الحقيقة أن أصل هذه الخريطة مفقود، وكل ما وصلنا ما هو إلا طبعة منقحة تعود إلى (1524-1564م)، موجودة جنبًا إلى جنب مع الخريطة الصينية الكورية والتي يرجع تاريخها إلى 1402م، وقد قام عدد من الباحثين بفحص الخريطتين، ومنهم والتر فوكس، والذي توصل إلى أنها تعود إلى 1300م[1].

---

(1) ificent Drei neue versionen der chinesisich-koreanischen wletkarte von 1402, in; studia sino altaica, festschrift fur Erich haenissh zum 80. Geburtstag, hrg. Von H. franke, wiespaden, 1961, p75-77.

خريطة كانكنيدو 1402م.

أما خريطة كانتينو التي ظهرت عقب عودة فاسكو دي جاما من الهند عام 1498م، فقيل إنها تعود إلى عام 1502م، ولكن الاعتقاد الصائب أنها ظهرت قبل هذا التاريخ، حيث ظهرت هذه الخريطة بشكل مفاجئ في أوروبا بعد عودة دي جاما، بما يوحي أن هذه الخريطة قد وصلت إليهم عن طريق العرب[1].

وبما أن اسم رسام الخريطة مجهول فقد سُميت بـ«خارطة العالم كانتينو»، وتوجد اليوم في مكتبة مودينا الإيطالية.

---

(1) يلماز، عرفان، مكتشف الكنز المفقود فؤاد سزكين وجولة وثائقية في اختراعات المسلمين، ترجمة: أحمد كمال، ص242.

خارطة العالم كانتينو التي تعود لعام 1502م.

وعند تعليق مينزيس على هذه الخريطة رأى أنه ما من أحد يستطع أن يرسم خريطة بهذه الدقة، بحيث تظهر فيها سواحل إفريقيا، ثم يجيب هو على تساؤله بنفسه، فيؤكد أنه من غير الممكن أن يكونوا البرتغاليين، كما يرى أنهم ليسوا العرب ولا المسلمين، ومن ثم أخيرًا يؤكد أنهم الصينيون.

ونحن نرى أن مينزيس أصاب كبد الحقيقة في أن الخريطة لم تكن برتغالية، ولكنه لم يصبها حينما استثنى العرب والمسلمين لجهله بعلمهم في هذا المجال، ففي هذا الصدد يقول البروفيسور قه جيان تشيونغ الأستاذ بجامعة فودان، ورئيس لجنة الدراسات التاريخية والجغرافية التابعة لجمعية الجغرافيا الصينية: «إن منطق مينزيس في مجمل الكتاب لم يكن موفقًا»، ويتساءل البروفيسور قه: «كيف يصل مينزيس إلى نتيجة تفيد بأن معارف جغرافية العالم لا بد أنها قد أتت من أسطول تشنغ خه، لأن الأوروبيين لم تكن لديهم المعرفة في ذلك الوقت؟ ولكنه يتجاهل حقيقة مفادها أن العرب

كانت لديهم تقنيات ملاحية أفضل من الصينيين منذ فترة طويلة قبل عصر أسرة مينغ»[1].

ومهما يكن من أمر فقد كشف كانتينو أن رسام الخرائط الذي رسم هذه الخريطة قد نقلها من نسخة برتغالية مُصنفة، وهذا يدل على أن الخريطة التي رُسمت منها كانت سرية، وهذه الخصوصية والسرية تشير إلى أن البرتغاليين قد حصلوا عليها -أي الخريطة الأم- من المشرق، وإلا لما أخفوها، والمثير في هذه الخريطة هو تضمنها لرسم مفصَّل لجزء كبير من ساحل البرازيل.

على كل حال لقد وصلت هذه الخريطة إلى يد كانتينو في 1502م على أبعد تقدير، وكانت قد رُسمت قبل وصولها إليه بسنوات، كما أن هذه الخريطة ظهرت بعد مرور عامين على وصول الرحالة ألفاريس كابرال للبرازيل، لكن المشكلة أن كابرال لم يرسم أية خريطة لساحل البرازيل، فكيف أظهرت هذه الخريطة سواحل البرازيل؟

وعلاوة على ذلك، فإن الرحلة البرتغالية الرسمية الثانية إلى البرازيل قام بها البحار جواو دا نوفا في أبريل من عام 1501م؛ أي قبل سنة تقريبًا من حصول الإيطالي كانتينو على خريطة العالم البرتغالية.

لكن المشكلة أن جواو دا نوفا لم يقم بهذه الرحلة خصيصًا لاستطلاع الساحل البرازيلي، لأنه كان متجهًا إلى الهند فلم يكن لديه الوقت الكافي للاستطلاع، ورسم خريطة للساحل، كما أنه لم يعد إلى لشبونة إلا في أواسط عام 1502م.

---

(1) شبكة الصين، الذكرى السنوية الستمائة لرحلات تشنغ خه البحرية، شبكة الصين / 17 أغسطس 2007م، على الرابط:

http://arabic.china.org.cn/culture/txt/2007-08/17/content_8703546_2.htm

علاوة على ذلك، فإنّ كلًّا من كابرال وجواو دا نوفا لم يبحرا على طول الساحل البرازيلي، وإنما وصلا إلى مناطق معينة فقط على الساحل البرازيلي، وعلى هذا لنا أن نطرح السؤال الآتي: كيف ظهر الساحل البرازيلي كاملًا، وكذلك خريطة إفريقيا بهذه الدقة؟

إن الإجابة المنطقية، والمؤسفة في الوقت نفسه، أن الرحلات الاستكشافية التي قام بها الإسبان والبرتغاليون ربما كانت مستندة إلى جهد الجغرافيين والبحارة المسلمين والصينيين، فقد كانوا يتحركون في رحلاتهم البحرية بأريحية، وذلك وفق خرائط شرقية سواء أكانت عربية إسلامية أو صينية، ومن غير المعقول ظهور رأس الرجاء الصالح، وكذلك الساحل البرازيلي إلا وفق خرائط وكشوفات مسبقة.

إن دقة الخريطة وقدرتها على إظهار السواحل واليابسة، وبراعة التحديد الدقيق، وتمازج الألوان، يجعلنا في ريبة حول فرضية كونها أوروبية المصدر، وذلك للأسباب الآتية:

- لا يمكن لرحلة واحدة أو بضع رحلات أن تمكّن الرسام من إبراز سواحل إفريقيا بهذه الدقة والروعة، فكيف لرحلة دي جاما اليتيمة أن تنتج لنا خريطة بهذه الدقة.

- إن وصول الأوروبيين إلى الساحل الإفريقي حتى ظهور هذه الخريطة في أوروبا عام 1502م كان عبر بضع رحلات، لا تتجاوز أصابع اليد الواحدة، فكيف أن يُرسم الساحل الإفريقي بهذه الدقة ويظهر فيها كامل الساحل الذي لم يصلوه في تلك الفترة أصلًا.

- يبدو أنه من غير المتصور أن تنتج أوروبا خريطة بهذه المواصفات الدقيقة في نهاية القرن الخامس عشر، حيث إنها لم تكن قد امتلكت

الخبرة البحرية التي توفرت للمسلمين والصينيين في تلك الحقبة التاريخية، لذا فإننا نرجح أن تكون هذه الخريطة إسلامية المنشأ إذا لم تكن صينية.

ومن ثم نستطع القول إنها خريطة شرقية سواء أكانت صينية أو عربية إسلامية، وذلك انطلاقًا من أن الصين والعرب المسلمين كانوا على خبرة ودراية عميقة بهذا المجال.

إن ما طرحه مينزيس من أدلة لتأكيد أن تشنغ خه وأسطوله كانوا أول من اكتشف القارة الأمريكية لم يقدم عليه من الأدلة الجازمة ما يقدم رأيًا فصلًا في هذه المسالة.

وإن ما طرحه ليؤكد شرقية الاكتشاف وليس كما أشاع الغربيون أنهم هم أول من اكتشفوها. ولكنه لا يدعم بالأدلة القاطعة أن الصينيين قد سبقوا العرب في هذا الاكتشاف.

كما أبدى مينزيس استغرابه من الخريطة التي رسمها مارتن فالدسيمولر في عام 1507م، وجاء استغرابه ودهشته من أن الخريطة التي رسمها مارتن فالدسيمولر تُبين الساحل الشمالي لسيبيريا، وعددًا من المضايق والأنهار والجزر في الشرق، ثم يتساءل كيف أمكن رسم مثل هذه الخريطة التي تظهر عليها بلدان لم يكتشفها الأوروبيون رسميًّا إلا بعد ثلاثة قرون من بعد ظهور الخريطة؟

كما يرى مينزيس أن ظهور سيبيريا يشكل في نظره مشكلة في حد ذاتها، حيث إن القياسات الروسية لم تتم إلا بعد قرنين من ذلك الوقت، كما أن خريطة روسيا لم تظهر إلا في القرن التاسع عشر.

خريطة فالدسمولير التي تعود للعام 1507م.

وعلى هذا يمكن القول إن مينزيس استطاع أن يكشف زيف خريطة فالدسمولير، فهي بكل تأكيد اعتمدت على خرائط سابقة عليها، وإذا كان قد نجح في كشف زيف خريطة فالدسمولير، فإنه لم يستطع التأكيد على أن الخريطة صينية لكي يثبت صدق نظريته التي تفيد بأن خريطة فالدسمولير قد اعتمدت على خرائط رسمها أسطول تشنغ خه في رحلاته السبع.

3.3.4. رأس الرجاء الصالح اكتشاف شرقيٌّ وليس غربيًّا:

إن ما ذكرناه حول مسألة اكتشاف القارة الأمريكية، وترجيح أن يكون ذلك كشفًا شرقيًا وليس غربيًا، دون الجزم بعودته للعرب أو للصينيين، ينطبق كذلك على مسألة اكتشاف طريق رأس الرجاء الصالح، حيث إن الأمر الذي يهمنا هو أن المشارقة من صينيين وعرب ومسلمين كان لهم دور كبير في علم الخرائط، ولذا امتازت خرائطهم بالدقة، كما يظهر في خرائطهم الدقيقة للأمريكتين، وهذا إن دلّ على شيء فإنما يدل على معرفتهم بهذه الأرض قبل البرتغاليين والإسبانيين.

وإلى جانب ما ذكر من خرائط، فهناك أيضًا خريطة مهمة، وهي خريطة البحار التركي بيري رايس (1470-1554م)، فهذه الخريطة تؤكد الدقة والبراعة للمشارقة في علم الخرائط، ففي عام 1929م اكتشف الأتراك خريطة للمحيط الأطلسي رسمها البحار «بيري رايس»، حيث كان بيري رايس عند رسمه لهذه الخريطة رئيس البحرية العثمانية ما بين عامي (1510-1513م).

والشيء اللافت للانتباه أن هذه الخريطة تُظْهِرُ شواطئ أمريكا بتفصيل دقيق جدًّا، ليس هذا فحسب، بل توضح أنهارًا وأماكن لم يكتشفها الأوروبيون إلا ما بين أعوام (1540-1560م)، وهذا يعني -كما ذكر بيري رايس- أن هذه الخريطة مبنية على حوالي 90 خريطة له وللبحارة الأندلسيين والمغاربة الذين قدموا قبله، ويذكر أنه استخدم جميع الخرائط المعروفة بما في ذلك تلك الموجودة في البحار الصينية والمحيط الهندي، والتي لم تكن معروفة في العالم الغربي في ذلك الوقت[1].

---

(1) بيري رايس، كتاب البحرية، مكتبة القديسة صوفيا، إسطنبول، 1935م.

خريطة بيري رايس أعدت بين عامي (1510–1513م).

إن ما أظهرته هذه الخريطة يُعدُّ شاهدًا تاريخيًّا لا يقبل المساومة على وصول الرحلات الشرقية إلى الأمريكتين قبل وصول الأوروبيين إليها، بقرنين من الزمان على الأقل.

على كل حال؛ فسواء أكان الصينيون أول من وصلوا إلى الأمريكتين، أم العرب والمسلمون، فمن الراجح لدينا أنهم قد عرفوا تلك المناطق قبل الأوروبيين بفترة زمنية، والغريب في الأمر أن خريطة بيري رايس أظهرت بالتفصيل بعض الأماكن في أمريكا اللاتينية، مثل جبال الأنتس التي هي جبال تشيلي في أقصى غرب قارة أمريكا الجنوبية، والتي لم يصلها الأوروبيون إلا عام 1527م.

وهكذا فإن خريطة بيري رايس التي رسمت على ما يبدو بين عامي (1510-1513م) تظهر لنا مستوى واضحًا من الدقة التي تؤكد أنها ظهرت بعد أن وصل علم رسم الخرائط إلى مراحل متقدمة جدًّا.

إن من المؤسف أن يتعمَّد البعض إخفاء حقيقة خرائط العالم، التي اعتمد عليها الرحالة في رحلاتهم، مما جعل التاريخ الملاحي عرضة لأن يكتنفه الغموض في كثير من مراحله، ولكن ذلك الغموض وإن اعترى بعض الأمور التاريخية، فإن فرية اكتشاف كولومبس للقارة الأمريكية تظل من وجهة نظرنا أحد أكبر الافتراءات التاريخية التي نالت من جهود الرحالة والجغرافيين الشرقيين سواء كانوا من المسلمين أو الصينيين.

وكذلك الأمر فيما يتعلق باكتشاف طريق رأس الرجاء الصالح؛ الذي تمت نسبته للمكتشفين الغربيين، رغم قناعتنا أن الصينيين والعرب قد مروا بهذا الطريق قبل الأوروبيين بمئات السنين، ولعل ما يؤكد ذلك ما ذكره أحد الجغرافيين المسلمين، والذي عاش في القرن الثالث الهجري/ التاسع الميلادي من أنه في زمنه كانت هناك حركة تجارية ما بين الصين ومدينة ماسة التي تقع في جنوب أغادير على الساحل الشمالي الغربي لإفريقيا، وعلاقات تجارية بحرية[1].

---

(1) اليعقوبي، أحمد بن إسحاق بن جعفر بن وهب بن واضح (المتوفى 904م)، البلدان، دار الكتب العلمية، بيروت، الطبعة الأولى، 1422 هـ، ص 199.

لم تكن تلك المصادر وحدها هي التي أكدت معرفة الشرقيين برأس الرجاء الصالح قبل أوروبا، بل إن خريطة كانكنيدو (الصينية الكورية) التي تعود إلى عام 1402م، تظهر لنا رأس الرجاء الصالح الذي قيل إنه اكتشاف أوروبي.

وهكذا فرأس الرجاء الصالح -الذي يصوره التاريخ على أنه اكتشاف أوروبي عائد إلى القرن الخامس عشر الميلادي- قد عُرف في الحقيقة قبل ذلك بمئات السنين، وتحديدًا قبل القرن التاسع الميلادي من قبل البحارة الشرقيين.

كما أن المناطق الذي أظهرتها الخرائط الأوروبية في بداية القرن السادس عشر قد اعتمدت على خرائط مشرقية؛ لأنها توضح بلدانا لم يصل إليها البحارة الأوروبيون إلا في القرن الثامن عشر ميلاديًا.

ولعل الأمر الذي يثير العديد من علامات الاستفهام والتعجب هو ذلك الغموض وتلك السرية التي أحاطت بتلك الكشوفات الجغرافية، والوثائق الرسمية المتعلقة بها، حيث لم تكن عملية تدوينها تحظى بالشفافية العلمية التي تمكننا من معرفة كافة خباياها. بل إن تسجيلها كان أحيانًا يتم بصورة تلفيقية تفتقد إلى المصداقية والموضوعية الضرورية لأي عمل علمي منهجي جاد. ولعل هذا هو التحدي الأكبر الذي يواجه الباحثين في هذا الصدد.

كما أن هذا لا يعني غض الطرف عن هذه الوثائق أو التجاهل الكامل لها، لأننا بذلك سنخرج عن سياق البحث التاريخي، وإنما يجب التعامل معها بحذر تام، ووضعها على محك النقد والتفنيد والتمحيص والتحليل للحكم على مصداقيتها.

ومن هذا المنطلق، فإن هناك الكثير من الحقائق التاريخية للكشوفات الجغرافية التي يشوبها الكثير من الغموض، وعلى أي باحث في التاريخ

أن يقرأ ما بين السطور، وكذلك ما خلف السطور للوصول إلى الحقيقة التاريخية الذي ننشدها.

4.3.4. حقيقة وصول تشنغ خه إلى الأمريكتين:

هل تجاوز الأسطول الصيني بقيادة تشنغ خه ما يعرف بـ«رأس الرجاء الصالح» الواقع في جنوب القارة الإفريقية؟ وهل وصل تشنغ خه إلى الأمريكتين؟

لقد ناقشنا فيما سبق بعض الدلائل التي أوردها مينزيس حول وصول بعض أسراب أسطول تشنغ خه إلى الأمريكتين، وقد بيَّنا أن ما أورده من دلائل كانت كافية لـتأكيد أن المشرقيين كان لهم السبق في هذا المضمار، ولكنها لم تكن كافية، من وجهة نظرنا، لتأكيد وصول تشنغ خه إلى الأمريكتين قبل العرب.

وعلى الرغم مِمَّا اتفقنا معه حول ما كان يحظى به الأسطول الصيني من قدرات بشرية وتقنية هائلة فإن ما قدَّمه من أدلة لم يكن كافيًا من وجهة نظرنا للقول إنه تمكن من الوصول إلى القارة الأمريكية قبل البحارة العرب الذين كانت لهم من الخبرات الملاحية ما لا يماري فيها أحد.

فكافة البراهين التي طرحها للتأكيد على سبق الأسطول الصيني، هناك ما يقابلها لدى العرب آنذاك:

- فالقوة الاقتصادية في أوائل أسرة مينغ، والتي تعطي دافعًا للكشوف الجغرافية إلى ما وراء البحار، كان لدى العرب ما يكافئها من المكانة الاقتصادية والرغبة الاستكشافية.

- أما ما يتعلق بالخبرة الملاحية التي كان يحظى بها تشنغ خه، والتي تُعدَّ أساسًا متينًا لقدرته على الوصول إلى الأمريكتين، إضافةً إلى

مستوى بناء السفن الذي يمكنه من اجتياز المحيط، فإن التوقف أمام ما ذكره الإدريسي حول البحارة المسلمين آنذاك ليؤكد أنهم لم يكونوا أقل دراية من نظرائهم الصينيين، بل كان الأمر على العكس تمامًا حينما تتم المقارنة مع الأساطيل الغربية، التي كانت أقل عددًا وتجهيزًا وتطورًا مقارنةً بالأساطيل المشرقية[1].

- إن وصف المصادر العربية للمحيط الأطلسي بأنه بحر مظلم غليظ الموج، ومياهه هائجة، يتوافق مع وصف تشنغ خه الذي دونه في نقشه الحجري إذ يقول: «... لقد وضعنا عيوننا على المناطق البربرية البعيدة المختبئة في المياه الزرقاء والضباب، ذلك بينما كانت أشرعة السفن غير مطوية بارتفاع تشبه السحاب صباحًا ومساءً، يستكملون مهمتهم في سرعة مثل النجوم حتى عبرت تلك الأمواج المتوحشة كأنّها تمشي في طريق واضح...»[2].

- إنّ وصف تشنغ خه لعباب البحر لا يشير إلى أنّ هذا الأمر كان ما بين الصين والساحل الإفريقي، فهذا طريق معروف وتسلكه المراكب منذ زمن قبل تشنغ خه، وكانت المراكب التجارية تمر بهذا الطريق بأريحية، فما بالنا بأسطول تشنغ خه وسفنه الضخمة، لذا نميل إلى أن ما يشير إليه تشنغ خه هو ممرات المحيط الأطلسي.

- إنّ العلاقة التجارية بين منطقة ماسة والصين والتي تعود إلى القرن التاسع الميلادي، لتدل على معرفة الصينيين بالساحل الغربي لإفريقيا،

---

(1) لقد قمنا بعمل مقارنة بين أسطول تشنغ خه وأسطول ماجلان، وتبين أن ماجلان كان يتحرك وفق خرائط مسبقة. ينظر ما سيأتي تحت العنوان: أسطول ماجلان.

(2) تشنغ خه، فو – تشيان رين – هوا، (ينظر: ملحق رقم 2 بتحقيق محمد محمود خليل).

ولما كان تشنغ خه قد استفاد من الإرث البحري السابق فكيف له أن يفوت معلومات كهذه فلا يستفيد منها، لذا نعتقد أن سربًا من أسراب الأسطول وصل إلى ماسة، ومن ثَمّ رحل غربًا إلى الأمريكتين.

- عند دراسة مسارات الرحلات، وكذلك ما كان يذكر من التحديد الكلي للدول، نجد أن لفظ البرابرة كان مصطلحًا عامًّا يطلق على الدول الواقعة إلى الغرب، كما أن لفظ البربرية البعيدة كان يطلق على أراضٍ مجهولة، ويبدو أنها أمريكا، كما أن هذا الوصف يطابق وصف المَصادر العربية التي تذكر أن أراضي ما وراء بحر الظلمات هي الأراضي المجهولة أو الكبيرة.

- إنّ لفظ البرابرة، والبلاد البعيدة، والبلاد المخبأة، خلف المياه الزرقاء يعدّ وصفًا لأمريكا، فكرستوفر كولومبس نفسه لم يكن يعرف البلاد التي وصل إليها، فقد قرر أن يذهب إلى آسيا، وظل معتقدًا أنه وصل إلى جزر الهند الشرقية حتى وفاته، وهذا يدل على عدم تسمية هذه البلاد من قِبَل البحارة الذين وصلوا إليها قبل كولومبس.

وعلاوة على ذلك فهناك إشكالية أخرى حول التدوين التاريخي لخط سير الرحلات، وهو الأمر الذي نجم عنه عدم تدوين بعض تلك الرحلات، ومنها اجتياز المحيط الأطلسي إلى الأمريكتين، وتكمن مشكلة التدوين في انفصال الأسراب عن الأسطول، وهو الأمر الذي حمل بعض الأسراب على ألا تدون خطوط سيرها.

ومهما يكن من أمر؛ فإن خريطة العالم التي رسمها الرحالة الصيني المسلم تشنغ خه عام 1418م ستضيف حقائق جديدة للكشوفات الجغرافية، ففيها تظهر الأمريكتان قبل اكتشاف كولومبس لها، وتعود قصة العثور على

هذه الخريطة إلى أنه في أوائل عام 2006م كشف المحامي الصيني ليو قانغ، الذي أمضي وقتًا طويلًا في جمع الخرائط القديمة الصينية، عن خريطة للعالم على شكل نصفي الكرة الأرضية، وهو يعتقد أنها نسخة تعود إلى 1763م لخريطة أصلية من عام 1418م خلال أسرة مينغ (1368–1644م)، وعلى الرغم من أن تقنية تحديد العمر الزمني الكربوني أثبتت أن الورقة حقيقية فإن كثيرًا من الناس يشكون في قدرة التقنية الحديثة على تحديد تاريخ الحبر على الخريطة، ويعتقدون أنها مزورة، حيث تم تزويرها في القرن الحادي والعشرين؛ لأن الكثير من أسماء الأماكن التي سُجلت عليها بدأ استخدامها فقط في عهد أسرة تشنغ (1644–1911م)[1].

خريطة العالم كما رسمها الرحالة الصيني المسلم تشنغ خه سنة 1418م، وتظهر فيها الأمريكتان قبل اكتشاف كولومبس لهما[2].

---

(1) شبكة الصين، الذكرى السنوية الستمائة لرحلات تشنغ خه البحرية، شبكة الصين / 17 أغسطس 2007م، على الرابط:
http://arabic.china.org.cn/culture/txt/2007-08/17/content_8703546_2.htm

(2) المصدر: مدونة المستقبل:
https://aanor.blogspot.com/2016/11/blog-post_3.html

وتعطي الخريطة مصداقية لنظرية مينزيس القائلة إنّ البحارة الصينيين جابوا العالم قبل وقت طويل من نظرائهم الأوروبيين، ومع هذا فإنها تسقط نظريته القائلة بأن اكتشاف أمريكا كان في 1421م، ولكن إذا صدقت الخريطة فإن تشنغ خه يكون قد اكتشف أمريكا في عام 1418م.

وعلى هذا -كما أظن- فإن وصول أسطول تشنغ خه إلى الأمريكتين كان في رحلته الرابعة والتي انطلقت في نوفمبر 1412م، ففي هذه الرحلة واصل أسطوله رحلته إلى الغرب، حتى وصل إلى ساحل إفريقيا الشرقي وعاد تشنغ خه إلى بلاده عام 1415م، ويبدو أن هناك سفنًا لم تعد مع الأسطول، وقد عادت هذه السفن الفرعية بعد سنة من عودة الأسطول؛ أي في عام 1416م، وهذا ما يجعلنا نظن أن هذه السفن التي عادت متأخرة إلى الصين هي السفن التي وصلت إلى الأمريكتين.

وبناءً على ما ذُكر، فإنه يجب إعادة صياغة بعض الأحداث التاريخية بما يتلاءم مع الدور الكبير الذي قام به الرحالة تشنغ خه، ويتلاءم كذلك مع دور البحارة العرب المسلمون الذين غضت المصادر التاريخية الطرف عن دورهم في مثل هذه الاكتشافات، والتي يحيط بنسبتها للغربيين كم كبير من الشكوك، تجعل فتح هذا الملف وإخضاعه للبحث المنهجي الدقيق حاجة ملحة.

ملاحظة أخيرة يجب أخذها بعين الاعتبار، وهي أن مصادر رحلات تشنغ خه لا تسجل كل الأحداث والرحلات الفرعية، ولعل مما تجدر الإشارة إليه في هذا الصدد أن الرحلة السابعة التي توجه فيها تشنغ خه لتأدية فريضة الحج لم تتوافر حولها أية معلومات تفيد بأنه زار أي منطقة من مناطق سواحل البحر الأحمر، فهل من المعقول أنه لم يزر في تلك الرحلة أي منطقة على السواحل الشرقية والغربية للبحر الأحمر؟! فالمصادر لم تذكر أنه زار أيًّا منها! لكننا

نميل إلى أن أسطول تشنغ خه وصل إلى مصر، ولعل ما يؤكد ذلك وجود الخزف الصيني في ميناء عيذاب[1]، وما دام قد عُثِرَ على هذا الخزف الصيني الذي يعود لأباطرة الصين الذين عاصرتهم رحلات تشنغ خه، فهذا يدل على أن قطع الأسطول وصلت إلى ميناء عيذاب ومن ثم إلى السواحل المصرية.

4.4. مقارنة بين حجم أسطول تشنغ خه وبعض أساطيل البحارة الغربيين:

ممّا لا شك فيه أنّ الرحلات البحرية الاستكشافية عمل إنسانيّ جبار، ففيه يرتاد الإنسان عالمًا مجهولًا، ولذا فهو يحتاج إلى جرأة ونزعة نحو المغامرة، كما أن من الضروري أن تُعَدَّ العدة لهذه الرحلات من حيث التخطيط للرحلة وتوافر السفن الكافية ذات القوة لتحمل الأمواج، وكذلك تجهيز المؤن التي تكفي للرحلة كلها، إضافة إلى توافر الجنود بما يكفي للحماية من أي عدوان.

ومن أجل توضيح استعداد الأساطيل للرحلات البحرية سوف نقوم باستعراض حجم أسطول تشنغ خه، ومقارنتها بحجم بعض أساطيل البحارة الغربيين، من حيث الرحلات وعدد سفن الرحلة الواحدة وعدد المرافقين وكذا طول أكبر سفينة وعرضها وحمولتها، وسيكون ذلك بشكل مختصر؛ فهذه المقارنة هدفها التوضيح ومعرفة الفروق، وليس إجراء دراسة متعمقة متخصصة.

---

(1) مصطفى عبادة، ثلاثون يومًا في المستقبل، ص146.

1.4.4. أسطول تشنغ خه:

كان أسطول تشنغ خه عندما جهزه للانطلاق في رحلته الأولى يتكون من 317 سفينة من مختلف الأحجام[1]، وقد كان طول إحدى سفنه 150 مترًا وعرضها 60 مترًا، أمّا حمولتها فقد كانت تقدر بـ1000 طن[2]، بل قيل إنّ حمولتها كانت تصل إلى 1500 طن[3]، وإضافة إلى ذلك كانت كل سفينة من سفن الأسطول مكلَّفة بحوالي 500 رجل[4]، وقيل إنّها كانت تحمل ما لا يقل عن 600 رجل[5]، بل كانت هناك سفن تحمل 1000 جندي وأكثر.

كما كان أسطول تشنغ خه يضم عدة أنواع من السفن منها:

1- النوع الأول: يسمى «باوتشوان» ويتسع لأكثر من 1000 بحار، وهو أكبر السفن في العالم آنذاك، ومن ثم تتوافر سفن أصغر فأصغر من هذا النوع.

2- النوع الثاني: يسمى «ماتشوان»، وهي سفن الإمداد والتموين السريع.

3- النوع الثالث: يسمى «ليانغتشوان»، وهي سفن نقل الحبوب واللوازم.

4- النوع الرابع: يسمى «تسوهتشوان»، وهي سفن الركاب (سفن السكن).

---

(1) دراير، تشنغ خه، ص51.
(2) مصطفى عبادة، ثلاثون يومًا في المستقبل، ص146.
(3) ينظر ما سبق في هذا الفصل تحت عنوان: تكنولوجيا بناء السفن.
(4) المطاحن، المسح الشامل لسواحل المحيط، ص2.
(5) Robert Finlay, Portuguese and Chinese Maritime Imperialism, p277.

5- النوع الخامس: يسمى «تشانتشوان»، وهي السفن الحربية.

6- النوع السادس: يسمى «شيويتشوان»، وهي السفن الإضافية المخصصة لتخزين اللوازم والماء العذب.

وبناءً على ما ذكر، فقد كان أسطول تشنغ خه أسطولًا ضخمًا متعدد الأنواع يتكون من سفن شحن البضائع، وسفن نقل اللوازم والحبوب، وسفن القتال، وسفن السكن، وغيرها، هذا بالإضافة إلى مراكب صغيرة متعددة الأنواع والأغراض.

كان أسطول تشنغ خه أسطولًا كبيرًا لا مثيل له في العالم في رحلاته البحرية، وكان عدد طاقم الأسطول وحراسته لا يقل عن 27000[1]، لذا يعدُّ هذا الأسطول أكبر أسطول وأكمله تجهيزًا في العالم في القرن الخامس عشر الميلادي.

كانت المدة التي قضاها تشنغ خه في رحلاته السبع 28 عامًا من (1405-1433م)، زار خلالها 35[2] قُطْرًا من الأقطار الأفرو آسيوية، فكان أول من وصل إلى جنوب خط الاستواء على سواحل إفريقية الشرقية، وقد سبق تشنغ خه البحار كولومبس بنصف قرن ونيف برحلاته البحرية، علمًا بأنّ أسطوله كان يفوق الأسطول الغربي بحوالي 20 مرة من حيث عدد سفنه، ومن ثم عُدَّ أسطولُ تشنغ خه ورحلاته حدثًا فريدًا في تاريخ الإبحار[3].

---

(1) حول عدد طاقم بعض الرحلات، ينظر جدول الرحلات فيما سيأتي.
(2) هناك اختلاف بين الباحثين حول عدد الأقطار التي زارها تشنغ خه في رحلاته، فمنهم من يرى أنها 30 وآخرون يرون أنها 36 وما إلى ذلك.
(3) كمال الدين باي شيوبي، مساهمة المسلمين الصينيين في التاريخ «محاضرة بملتقى الفكر الإسلامي الثالث عشر بالجزائر».

سبع رحلات هي حصيلة جهود تشنغ خه البحرية، زار فيها العديد من البلدان، وللوقوف على هذا الأمر سنوضح في الجدول التالي مواعيد رحلاته وعدد المشاركين في كل رحلة وبعض البلدان التي زارها خلال رحلاته:

رقم الرحلة	مواعيد الرحلة	عدد المشاركين	الأماكن التي تمت زيارتها
1	11 يوليو 1405 - أكتوبر 1407م	أكثر من 27800	تشامبا (فيتنام حاليًا) - جافا (جاوا حاليًا) - باليمبانج (في إندونيسيا) - ملقا (في ماليزيا) - آرو (في إندونيسيا) - سومطرة (في إندونيسيا) - لامبري - سيلون (سريلانكا حاليًا) - كولام (في الهند) - كوتشين (في الهند) - كلاكوت (في الهند).
2	شتاء 1407 - نهاية صيف 1409م		تشامبا - بروناي - ملقا - جافا - تايلند - سومطرة - كوتشين - كاليكوت - سريلانكا.
3	يناير 1410 - يوليو 1411م	أكثر من 27000	تشامبا - ملقا - جافا - تايلند - سومطرة - كوتشين - كاليكوت - سيلان - جزر المالديف.
4	شتاء 1413 - أغسطس 1415م	28560	تشامبا - جافا - باليمبانج - ملقا - سومطرة - سيلون - كوتشين - كلاكوت - كيال - فهغ (في ماليزيا) - كلنتن (في ماليزيا) - آرو - لامبري - هرمز (جنوب إيران وتواجه سلطنة عمان) - جزر المالديف - مقديشو (في الصومال) - ماليندي (في الشاطئ الشرقي لساحل إفريقيا) - عدن (في اليمن) - مسقط (عمان) - ظفار (عمان).

5	شتاء 1417 - أغسطس 1419م		تشامبا - ملقا - جاوا - سومطرة - كاليكوت - سيلان - هرمز - الأحساء - عدن - مقديشو - ماليندي - سولو - بروة.
6	ربيع 1421 - سبتمبر 1422م		تشامبا - تايلند - سومطرة - ملقا - البنغال - كوتشين - سيلان - هرمز - عدن - ظفار - مقديشو - بروة.
7	يناير 1432 - أغسطس 1433م	27550	تشامبا - سومطرة - ملقا - البنغال - كوتشين - سيلان - هرمز - عدن - ظفار - مقديشو - بروة - مكة.

4.4.2. الأساطيل الغربية:

هناك العديد من الرحلات الاستكشافية التي قامت بها أساطيل البحارة الأوروبيين ابتداءً من النصف الثاني من القرن الخامس عشر الميلادي، وفيما يلي سوف نذكر أهم تلك الأساطيل:

4.4.2.1. أسطول هنري الملاح:

لقد استطاع هنري الملاح (1394-1460م) الوصول إلى مصب نهر السنغال والرأس الأخضر وبلاد غانا في سنة 1446م، وقد كان أسطوله يضم بضعة مراكب، وتتراوح حمولة أكبر سفنه بين 80-100 طن[1].

4.4.2.2. أسطول كولومبس:

كان أسطول كولومبس (1451-1506م) الذي قاده في رحلة الاستكشاف من إسبانيا إلى أمريكا عام 1492م يضم 3 سفن شراعية فقط، وبلغ طول أكبر سفنه

---

(1) عمر عبد العزيز عمر، التاريخ الأوروبي والأمريكي الحديث، دار المعرفة الجامعية، القاهرة، ص72-73.

التي تسمى «سفينة سان ماريا» 34 مترًا، وبلغت حمولتها 120 طنًّا، أما المركبان الصغيران فقد كانت حمولتهما 60 طنًّا و50 طنًّا، هذا وقد كان أكبر أسطول قاده كولومبوس في رحلاته كان لا يتجاوز 17 مركبًا، وحمولة أكبرها 200 طن تقريبًا.

وقد وصل البحار كريستوفر كولومبس إلى أمريكا بعد عبور المحيط الأطلنطي، إلا أنه لا يعد أول من وصل إلى أمريكا فقد وصل إليها المسلمون قبل مئات السنين من وصوله[1].

3.2.4.4. أسطول فاسكو دي جاما:

تكون أسطول فاسكو دي جاما (1468-1538م) في رحلاته البحرية عام 1497م من 4 سفن، وقد كان طول سفينة القائد 80 قدمًا وحمولتها 120 طنًّا تقريبًا، وكان أكبر أسطول قاده دي جاما متكونًا من 20 سفينة فقط.

وقد انطلق فاسكو دي جاما من ميناء لشبونة عام 1497م، ووجد طريقًا ملاحيًّا بعد عبور دياش، فوصل إلى رأس الرجاء الصالح في نوفمبر من العام نفسه، ثم أبحر شمالًا وشق طريقًا ملاحيًّا جديدًا من أوروبا الغربية إلى الهند ووصل كاليكوت في أيار 1498م، وقد عانت الرحلة الكثير من المصاعب، حيث توقفت في موزمبيق بسبب المرض وكذلك تأخر في كاليكوت عدة أشهر، كما قاد فاسكو دي جاما في عام 1502م رحلة أخرى إلى الهند تضمنت 20 سفينة وكانت هذه الرحلة تهدف إلى السيطرة البرتغالية على المنطقة والخطوط التجارية[2].

---

(1) لقد تم توضيح ذلك فيما سبق من هذا الفصل تحت عنوان: دور العرب والمسلمين في اكتشاف أمريكا.

(2) خالد السعدون، مختصر التاريخ السياسي للخليج العربي منذ أقدم حضاراته حتى عام 1971م، جداول للنشر والتوزيع، بيروت، 2012م.

Diffie, Bailey W. and George D. Winius, Foundations of the Portuguese Empire, 1415-1580, p 176.

4.2.4.4. أسطول ماجلان:

عندما قام ماجلان بالرحلات البحرية حول الكرة الأرضية في عام 1519م ضم أسطوله 5 مراكب شراعية، وكانت حمولة أكبرها «سفينة سان أنطوني» 120 طنًّا وأصغرها «سفينة سان دياكو» 75 طنًّا فقط.

ففي 20 أيلول 1519م انطلق ماجلان من إسبانيا بأسطولٍ مؤلفٍ من 5 سفن، وبلغ عدد أفراد الطاقم 270 فردًا من مختلف الجنسيات، حيث أبحر الأسطول أولًا إلى البرازيل ثم اتجه إلى جنوب إفريقيا، وفي أثناء توجهه إلى إفريقيا واجه تمردًا من بعض أفراد طاقمه الذين تخلَّوا عن العمل في طاقمه وعادو إلى بلادهم، ومع هذا فإنه بحلول شهر تشرين الأول من عام 1520م دخل ماجلان مضيقًا في أمريكا الجنوبية وهو الذي يعرف اليوم بـ«مضيق ماجلان»، وبعد مروره المضيق قرر أحد قادة السفن العودة أيضًا إلى الوطن، وتابع ماجلان مسيره بما تبقى لديه من السفن عبر المحيط.

وفي 1521م وصلت سفن ماجلان الفلبين وأقام علاقة مع حاكم جزيرة «سيبو»، وعقد اتفاقًا معه يقضي بأن يوليه ماجلان ملك الجزر المجاورة تحت التاج الإسباني مقابل أن يساعده على تنصير الشعب الفلبيني ووافق على ذلك، وانتقل ماجلان إلى جزيرة صغيرة بالقرب منها على بعد كيلومترات تدعى جزيرة «ماكتان»، وكان عليها سلطان مسلم يدعى «لابو لابو»، وقد استخدم ماجلان مع أهالي هذه الجزيرة العنف فقاومه أهالي الجزيرة، ودارت بين الطرفين معارك انتهت بمصرع ماجلان على يدي لابو لابو[1].

---

(1) محمود شاكر، تاريخ الإسلام، المكتب الإسلامي، بيروت، الطبعة الثانية، 1416هـ/ 1995م، ج 22، ص110.

وبعد هذا العرض المختصر لأسطول تشنغ خه وبعض الرحالة الغربيين، سنلخص ذلك في جدول يوضح المقارنة بين أسطول تشنغ خه وبعض الرحالة الأوروبيين، وذلك من حيث عدد الرحلات وسفن الرحلة والمرافقين في الرحلة، ومعلومات أكبر سفينة من حيث الطول والعرض والحمولة.

م	اسم الرحالة	عدد رحلاته	عدد سفن الرحلة	عدد المرافقين	طول أكبر سفينة	حمولة أكبر سفينة
1	تشنغ خه	7	317	30000	150 مترًا	1000-1500 طن
2	كولومبس	4	17	1500	34 مترًا	120 طنًّا
3	دي جاما	3	20	170	80 قدمًا	120 طنًّا
4	ماجلان	5		270		120 طنًّا

ومن خلال الجدول السابق يتضح:

- أنّ عدد وحجم سفن أسطول تشنغ خه وطولها وعرضها وحمولتها فاقت أسطول كولومبس وأسطول دي جاما وكذا أسطول ماجلان بعشرات الأضعاف.

- أنّ عدد مرافقي تشنغ خه كانوا أكثر من عدد مرافقي كولومبس ودي جاما وماجلان بما يقارب المائة ضعف.

- ما يكشفه لنا الجدول من حجم التفوق الصيني في بناء السفن، وهذا ما نلحظه في أن أكبر سفينة صينية تتجاوز حمولتها 1000 طن، أما السفن الغربية للرحلات جميعا فلا تتجاوز حمولتها أكثر من 120 طنًّا.

إن رؤية منصفة، ومقارنة سريعة بين الأسطول الصيني بقيادة تشنغ خه وبين الأسطول الإسباني بقيادة كولومبوس -على سبيل المثال- لتؤكد على أن الحقيقة التي لا مراء فيها أن أسطول تشنغ خه الذي حمل على متنه الفلكيين وأهل المساحة والقياس وما إلى ذلك كان من ضمن أهدافه تحقيق الاكتشافات البحرية خدمةً للإنسانية، فهذا الأسطول الضخم من السفن العملاقة والعابرة للقارات وكل هذه التجهيزات لا يستبعد وصوله إلى كل قارة من قارات العالم الحديث، وإن صمتت المصادر عن ذلك.

وعلى نقيض ذلك نجد أن أسطول ماجلان في أكبر رحلاته يضم 5 سفن شراعية لا غير، ولنا أن نتساءل كيف تمّ تجهيز 5 سفن للدوران حول العالم؟ وكيف واصل الأسطول رحلته من أمريكا إلى الفلبين بعد أن حدث شجار بينه وبين أحد قادة السفن فغادر الأسطولَ بسفينته قبل أن يغادر ماجلان السواحل الأمريكية، ثم انفصال سفينة أخرى عنه وعودتها إلى إسبانيا، قبل أن يمر ما يسمى بخليجه «خليج ماجلان»؟ وكيف واصل رحلته إلى أن وصل الفلبين بسفنه الثلاث لا غير؟

إنّ الاحتمال الأرجح هو أنّ رحلة ماجلان لم تكن استكشافية، فمن غير المعقول أن يستمر برحلته الاستكشافية بعد انفصال سفينتين من طاقمه؛ أي بنسبة 40٪ من الطاقم، ثم يواصل رحلته إلى الشرق دون تردد، ولكن كل هذا يوحي أنّ ماجلان كان يسير في رحلته وفق خرائط مسبقة، وهذه الخرائط هي خرائط صينية وعربية إسلامية.

وعلى هذا فإننا نعتقد بعد كل ما تقدم أن ماجلان والكثير من أمثاله كان لديهم خرائط مسبقة، حتى وإن صمتت المصادر عن ذلك.

4.5. النظرات الإنسانية لرحلات تشنغ خه:

يُعدَّ تشنغ خه أول بحار قام برحلات استكشافية وذلك قبل قدوم كريستوفر كولومبس بنحو 70 عامًا لاكتشاف المجهول[1]، وقد كان يقود أسطولًا ضخمًا للقوات البحرية الصينية، حيث ينطوي تحت قيادته في بعض الأحيان أكثر من 300 سفينة وأكثر من 27000 فرد على متن أسطوله.

وقد كانت هذه العدة والعتاد كفيلة بأن تثير الرعب في جميع الدول الذي زارها الأسطول، بل كان بإمكان هذا الأسطول السيطرة على أي بلد ينزل فيه، أو كما يذكر أحد الباحثين أن ظهور الأسطول كان يجب أن يكون مرعبًا عندما يرسو الأسطول الصيني الكبير أمام ساحل أي بلد أجنبي، كما أن ظهوره الكثيف -الأسطول الصيني- يحمل أي دولة على أن تعلن له الخضوع والاستسلام مباشرة دون أن يشهر أي سلاح[2]، وذلك بمجرد رؤيتها للأسطول الرابض على سواحلها، حيث سيتوجس جندها خيفة منه، وتمتلئ قلوبهم رعبًا منه، ولكن تشنغ خه لم يستخدمه في العدوان والتوسع، بل لنشر الصداقة، وتحقيق السلم بين الشعوب.

كما كان تشنغ خه يعمل على التقارب بين الشعوب من خلال حل الخلافات، وتخفيف التناقضات بين شعوب مختلف الدول، وتهدئة النزاعات، وإزالة سوء الفهم، وكان ومرافقوه يعملون بهدوء وانضباط، لا يضمرون الأحقاد، ولا يهددون حياة الآخرين، ورغم ما كانوا عليه من قوة فإنهم لم يفكروا في القيام بحرب على الشعوب أو إقامة قلاع وحصون عسكرية لهم في أي أرض من أراضي تلك الشعوب.

---

(1) مصطفى عبادة، ثلاثون يومًا في المستقبل، ص146.

(2) دراير، تشنغ خه ص29.

ورغم أن الصين كانت قد أصبحت في أوائل القرن الخامس عشر القوة البحرية البارزة في العالم[1]، وأسفرت الرحلات عن وجود عسكري صيني كبير حول بحر الصين الجنوبي والمدن التجارية في جنوب الهند، فمع هذا ليس هناك دليل مكتوب في المصادر التاريخية على أن هناك أية محاولة للسيطرة على التجارة البحرية في مناطق بحر الصين الجنوبي والمحيط الهندي[2].

لقد قضى تشنغ خه 28 عامًا في أعماق البحار متنقلًا بين الموانئ والمدن، فأمّن الطرق البحرية في المحيط الهندي، والشرق الآسيوي، ورسم الطرقات، وخطّط البحار، وأنعش الموانئ ونشّط المدن، وجلب التحف والحرير، وباع واشترى وقايض وأفاد واستفاد. أتى بأسطوله الذي كانت تضيق به البحار بما رحبت، وبجنده الذين اكتظت بهم سفنه، فنزل إلى السواحل وافترش الأرض ببضاعته وتعامل بالتجارة مع الجميع على حد سواء. إنّ ما ذكر ما هو إلا غيض من فيض من إنسانية تشنغ خه نحو الشعوب جميعًا، إنها تلك الإنسانية التي تميز بها تشنغ خه وتفرد بها[3].

إنه أسطول الدبلوماسية التجارية التي تحقق النمو الاقتصادي للجميع عبر التواصل الدبلوماسي، وتزيد من الوشائج الدبلوماسية الودودة عبر الشراكة التجارية النافعة للجميع. ولهذا فقد عاد الأسطول إلى بكين يحمل

---

(1) Ray, Haraptasad, The Eighth Voyage of the Dragon that Never was: An Enquiry into the Causes of Cessation of Voyages during Early Ming Dynasty, Journal Indexing & Metrics, Institute of Chinese Studies, Delhi, Vol 23, Issue 2, 1987, 165-167.

(2) دراير، تشنغ خه، ص64.

(3) عن بعض الاضطهادات لبعض الرحالة ينظر: على إسماعيل نصار: قراءة مستخلصة من كتاب قلادة النحر للفقيه اليمني بامخرمة، شبكة المعلومات الدولية. على الرابط:
http://www.aljazeera.net/in-depth/europen_rights/2002/12/12

على متنه ملوكًا وسفراء من آسيا والجزيرة العربية وإفريقيا، والمحيط الهندي يقدمون نوايا الصداقة إلى الإمبراطور الصيني ويشاركون في افتتاح عاصمته المسورة المهيبة، واستعدادًا لعودتهم إلى بلادهم كانت السفن تُملأ بالهدايا النفيسة لتعود بالضيوف إلى هرمز وعدن ومومباسا وسريلانكا والهند واليابان وفيتنام وسومطرة يحملهم الأسطول الصيني الذي يقوده رجل السلام تشنغ خه.

إن من حق الصين أن تفتخر ببحارها العظيم، ومن حق المسلمين يفتخروا بأمير البحار المسلم، وربان الدبلوماسية الصينية، تشنغ خه.

الفصل الخامس
دور تشنغ خه في السياسة الخارجية

5.1. التمهيد:

لقد مارست الصين -في معظم تاريخها- سياسة العزلة وإغلاق الأبواب الخارجية على نفسها، فكانت مصالح الدولة الصينية عادة لا تتجاوز أراضي أقرب الجيران في كثير من الأحيان، كما تم تقييد الاتصالات مع الخارج وذلك من خلال ممارستها سياسة العزلة السياسية في العلاقات الدولية، فالصينيون لا يحبون التدخل في شؤون الآخرين إلا إذا دعت الظروف لذلك أو تم تهديد مصالحهم.

كما فرضت الصين القيود التجارية على التجارة الخارجية بجميع جوانبها، فكان دورها التجاري يتمثل في امتلاك الشحن البحري القصير الذي تمسكت به بشدة على طول الساحل الشرقي للبلاد.

لكن في بداية عصر أسرة مينغ كانت هناك رغبة صينية لتعزيز الاتصالات مع مختلف الدول المجاورة وتوثيق الصلات السياسية وكذلك المشاركة في توسيع النشاط التجاري للصين مع الدول الخارجية، وممارسة سياسة الانفتاح، لذا فقد جاءت رحلات تشنغ خه البحرية لتُجسِّد هذه السياسة الجديدة.

ومن هذا المنطلق تُعدُّ رحلات تشنغ خه البحرية التي بدأت في أوائل عصر أسرة مينغ -أي في عهد يونغلي وعهد شيوان ده على وجه التحديد- من

الأعمال الإنسانية العظيمة التي تركت أثرًا كبيرًا في العلاقات الإنسانية بين الشعوب، ليؤكد ذلك على أن لهذا الحدث خلفية تاريخية، ودوافع عصرية خاصة تنتهجها الصين ممثلة في أسرة مينغ. فقد كان الصينيون المتميزون بالنزعة السلمية والإنسانية يريدون سبر أغوار البحار والمحيطات، تحدوهم رغبة جامحة لتحقيق ذلك منذ زمن بعيد، لفتح آفاق جديدة في مجال الملاحة البحرية، هذا من جهة، كما كانت هناك سياسة طموحة نحو توسيع النشاط التجاري مع كافة الدول المحيطة من جهة أخرى.

وبفضل وضع أسرة مينغ الجيد، ونشاطها الاقتصادي المزدهر، وتجارتها النامية، أصبح تطور التجارة البحرية استمرارًا للتطور السياسي، والاقتصادي، والثقافي، ولذا اتخذت الصين سياسة الانفتاح على العالم الخارجي، والتجارة المتبادلة مع الدول الأخرى تماشيًا مع تطور الوضع وحاجاته، كما أصبح تحديد نمط دبلوماسي على أساس إقامة العلاقات السلمية حاجة ماسة لهذا العصر.

وعلى هذا الأساس كانت رحلات تشنغ خه البحرية السبع مع أسطوله الضخم من الوسائل المهمة للتبادلات التجارية، والعلاقات الدبلوماسية السلمية للصين مع دول ما وراء البحار، والتي كان لها الأثر الكبير في توثيق الصلات التجارية المختلفة، وإنعاش الحركة الاقتصادية لجميع الدول في جنوب شرق آسيا، وكذلك الهند وما جاورها، ومن ثم الخليج العربي والجزيرة العربية، هذا بالإضافة إلى الساحل الشرقي لإفريقيا، ومن ثم ارتبطت جميع هذه الأقطار مع الصين بعلاقات اقتصادية ودبلوماسية وثيقة.

إذن لم يكن هدف الإمبراطور الصيني من الرحلة هو إبراز قوة جيشه، وعظمة بلاده، بل إقامة علاقات مع الدول الواقعة على الخط البحري بجنوب غرب الصين، وكسب قلوب الشعوب من أجل تهيئة بيئة سلمية

دولية تمكن الصين من أن تحقق القوة والاستقرار لأبناء الشعب الصيني، وأن تحقق كذلك الانفتاح البحري على الخارج من خلال التبادل التجاري والاقتصادي والثقافي مع الدول الآسيوية والإفريقية.

ومن هذا المنطلق فإن هذا الفصل سيتناول دراسة محددات السياسة الخارجية الصينية في أوائل عصر أُسرة مينغ، ومعرفة التوجهات الدبلوماسية والتنموية لأباطرة الصين، وكذلك الأسس المحركة للسياسة الدبلوماسية السلمية لرحلات تشنغ خه، وأخيرًا دراسة معالجات تشنغ خه للشؤون الدبلوماسية للسياسة الخارجية.

2.5. محددات السياسة الخارجية الصينية في أوائل عصر أُسرة مينغ:

في بداية الأمر يمكن القول إن محددات السياسة الخارجية الصينية في أوائل عصر أسرة مينغ هي محصلة تركيبية من العناصر التاريخية والثقافية والاجتماعية والسياسية والمصالح المتبادلة، بل ورصيد من العواطف السلمية التي تتميز بها الصين، ومن أهم تلك المحددات ما يأتي:

1.2.5. المحدد العسكري:

يمثل المحدد العسكري أحد العوامل المؤثرة في السياسة الخارجية الصينية في أوائل عصر أُسرة مينغ، ويتمثل فيما تمتلكه الدولة الصينية من قدرات وإمكانيات عسكرية تشمل تجهيز الجيوش وإعدادها وتدريبها[1]

(1) لمعلومات أوفى عن التكتيكات والتدريبات العسكرية الصينية في عصر أسرة مينغ ينظر: كين يو قوان، تاريخ التكتيك الصيني، دار جيش التحرير الصيني للنشر، 2008م. ففي هذا الكتاب معلومات ممتازة عن هذه الجوانب وخصوصًا الباب الرابع الذي يصف التكتيكات الاستراتيجية لأسرة مينغ تحت معدات الأسلحة النارية.

ونوعية الأسلحة بكافة أشكالها[1] والتي تستخدمها الدولة لحفظ أمنها واستقلالها، وردع أي أخطار أو تهديدات خارجية.

لذا فحريّ بإمبراطورية بحجم الصين أن تقوم ببناء جيش قوي متماسك، وتطوير الصناعات العسكرية في الصين، وقد مرّ هذا التطوير بمراحل حتى بلغ القمة بوصول أسرة مينغ للحكم؛ فبوصول أسرة مينغ للحكم اهتمت هذه الأسرة الحاكمة بتكوين جيش وطني قوي، والعمل على تطوير الأسلحة، ورفع الجاهزية القتالية للجيش، حيث قامت المنظومة العسكرية التابعة للأسرة الحاكمة باستعجال تطوير الأسلحة النارية، كما تم تطوير الأسلحة الباردة أيضًا، بالإضافة إلى تشكيل جيش وطني في أوائل عصر أسرة مينغ، وذلك بما يتناسب مع أهداف السياسة الخارجية الصينية الرامية إلى اضطلاع أسرة مينغ بلعب دور فعال لحفظ الأمن ونشر السلام في العالم.

ومن هذا المنطلق كونت إمبراطورية مينغ جيشًا كبيرًا، ويرى بعض الباحثين أن عدد أفراد جيشها وصل إلى أكثر من 1000000 جندي، إضافة إلى مئات من السفن البحرية التي شكلت أكبر أسطول بحري حربي في العالم في ذلك الوقت[2].

---

(1) لمعلومات أوفى عن الأسلحة الصينية في بداية عصر أسرة مينغ وما تلاها ينظر: تانغ روا وانغ (المبشر اليسوعي الألماني J.A. Shar von Bell)، جميع الأساسيات في الأسلحة النارية (Huo gong qie yao)، وقد ألفه في فترة الإمبراطور تسونغ تشن 1643م. الكتاب موجود على المكتبة الرقمية العالمية على الرابط:
https://www.wdl.org/ar/item/11403

(2) نان بينغ ون وتان قانغ، تاريخ أسرة مينغ، الدار الشعبي لشنغهاي، الطبعة الأولى، 1980م، ص63-66.

ويوضح الرسم البياني الذي قدمه الباحث مارتن فراجيتش تفوق جيش أسرة مينغ العددي، وقد اعتمد مارتن فراجيتش في توضيح الجيوش العالمية على معلومات استقاها من بعض المراكز العلمية[1].

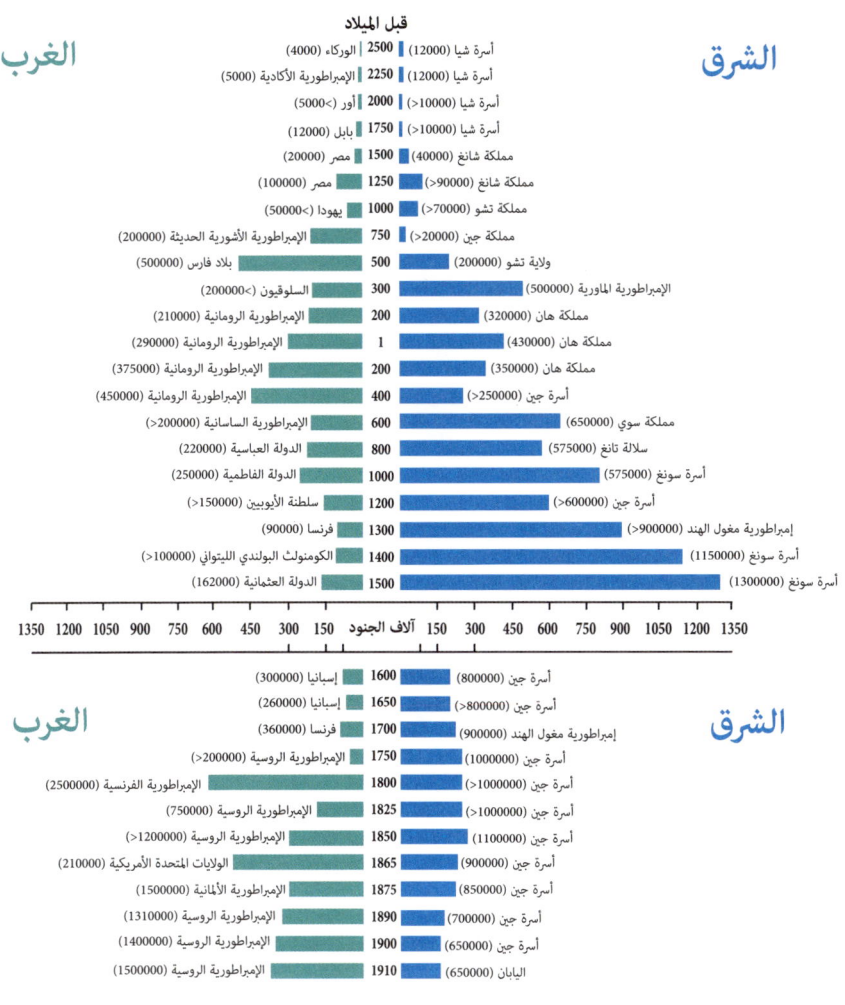

---

(1) موقع ihodl.com أكبر الجيوش في التاريخ، على الرابط:
https://ar.ihodl.com/analytics/2014-12-03/kbr-ljywsh-fy-ltrykh/

171

وعلى هذا الأساس فإنّ المحدد العسكري كان من أهم المحددات للسياسة الخارجية، وذلك أن هناك عددًا من النقاط التي تدل على التقاء السياسة الخارجية الصينية في أوائل عصر أسرة مينغ مع المحددات العسكرية، ومن أهمها تلك النقاط:

- إنّ الجيش يمثل أحد المعوقات والقيود التي تؤثر على خيارات السياسة الخارجية وبدائلها، لذا فإن أي دولة تريد أن يكون لها خيارات سياسية على الساحة العالمية تجد لزامًا عليها بناء جيش قوي.
- إنّ الصين في أوائل عصر أسرة مينغ انتهجت سياسة خارجية نشطة وهادفة نحو تغيير البيئة الإقليمية المضطربة إلى بيئة يعمها السلام، فكان لزامًا عليها أن تتبع سياسة تقوم على امتلاك مؤسسة عسكرية معدة ومنظمة لتنفيذ هذه السياسة.
- نجاح أسرة مينغ في تكوين جيش قوي وبناء ترسانة عسكرية خاصة في عهد الإمبراطور يونغلي، ساعد على حصول الإمبراطور على تأييد داخلي لاستخدام الأداة العسكرية في تنفيذ السياسة الخارجية.

2.2.5. المحدد الاقتصادي:

بالنسبة للمحدد الاقتصادي، فإنه لا يمكن لأية سياسة خارجية أن تنهض لتحقيق الأهداف المرجوة منها إذا لم تعتمد على أساس اقتصادي سليم. وإن قوة أو ضعف اقتصاد الدولة يؤثر بشكل مباشر أو غير مباشر على سياستها الخارجية.

ولكي تنجح الدولة في تحقيق أهدافها الخارجية لا بُدَّ من اعتمادها على منظومة اقتصادية سليمة تتضمن استقلالية الدولة اقتصاديًّا، وتنويع مواردها الإنتاجية، وكذلك تحرر الدولة من كونها منتجة للمواد الخام أو كونها سوقًا لتصريف المنتجات الأجنبية.

ومن المعروف أنه عند قيام أسرة مينغ كانت الصين تعاني من فوضى اقتصادية، حيث تسببت حرب الفلاحين في السنوات الأخيرة من حكم أسرة إيوان، في إحداث أضرار كبيرة للمجتمع والاقتصاد، وبعد أن آل الحكمُ إلى أسرة مينغ، تبنوا سلسلة من السياسات العلاجية للوضع المتردي للاقتصاد، وقد آتت هذه السياسة ثمارها بعد عشرين عامًا، فقد استطاع الإمبراطور الأول أن يدخل بلاده في نهضة زراعية وإنتاجية عظيمة، وأن يؤسس حكومة مركزية قوية.

وعلى هذا الأساس فإن السياسة الخارجية الصينية في أوائل عصر مينغ لم تنطلق من فراغ، وإنما من خلال واقع يشهد صعودًا لقوة اقتصادية وسياسية وعسكرية جديدة يؤهلها لأن تكون قوة عالمية فاعلة.

3.2.5. المحدد الدبلوماسي الإيجابي:

إن تفاعل أية دولة مع العالم الخارجي، لإقامة علاقات وصداقات سياسية واقتصادية وثقافية يقوم بالدرجة الأولى على الإيجابية؛ وهي مصداقية التعامل، ونبل الهدف الذي لا يحمل المطامع الأحادية، وتحقيق المصلحة الخاصة، بل يعمل على تبادل المنفعة، وتحقيق المصالح المشتركة.

وعلى هذا الأساس تبنت الصين في أوائل عصر أسرة مينغ سياسة «المبادرة»، إذ أرست علاقات متميزة مع كافة دول العالم خارج حدود نطاقها الإقليمي من خلال تلك السياسة المتوجهة نحو الآخر،

وذلك بواسطة أساليب حضارية من خلال خطط واستراتيجيات سلمية ومنهجية وقواسم مستقبلية مشتركة بينها وبين كافة دول العالم شرقه وغربه وشماله وجنوبه.

وخلاصة القول؛ أن الصين قد حرصت في أوائل عصر أسرة مينغ على تعظيم القوة الصينية في كافة المجالات بما يؤهلها للوصول إلى مكانة القوة العظمى، وسبيلها إلى ذلك بناءُ اقتصادي عصري ديناميكي التطور يساهم في تحقيق نقلة نوعية في قدرتها الاقتصادية.

واستراتيجية التحول إلى دولة فاعلة لا يمكن أن يتحقق من خلال القوة العسكرية وحدها، بل من خلال بناء قوة اقتصادية، وسياسة إيجابية، وتحقيق الاستقرار الاجتماعي، واكتساب الهيبة السياسية إقليميًا ودوليًا، ويلي ذلك محددات أخرى مثل تأمين سياسات عالمية تقود إلى عالم متعدد الأقطاب، ينعم بالسلام، وتسوده المصالح المتبادلة عبر تعاون جماعي، والعمل على احتواء بؤر التوتر الإقليمية المختلفة عبر الحوار.

3.5. التوجهات الدبلوماسية والتنموية لأباطرة أسرة مينغ:

عند وصول أسرة مينغ للسلطة في الصين كان من أولويات سياساتها التي وضعتها نصب عينيها الاهتمام بالسياسة الخارجية، فقد أولت السياسة الخارجية اهتمامًا خاصًّا، حيث كرست جهودها الدبلوماسية في الساحة الدولية لتؤكد حضورها العالمي، والحرص على المشاركة الفاعلة والإيجابية في خلق بيئة عالمية تنشد السلام والتعاون.

وبناء على هذا، فبمجرد أن تولى الإمبراطور الأول «هونغ وو» (1368-1398م) مقاليد الحكم طبَّق سياسة الانفتاح مع العالم الخارجي،

وبادر بإرسال الوفود إلى عدد من البلدان، حيث أرسل في 26 فبراير 1369م مبعوثين لعدد من الدول بهدف الانضمام للإمبراطورية، والعمل على توطيد السلام[1]، وحمَّل المبعوثين بيانًا رسميًا ودودًا إلى حُكَّام هذه البلاد الأجنبية، أورد فيه عروض الصداقة والتجارة، وأشار في نهايته إلى أنه إذا ما وافقت حكومات البلدان الأجنبية، فعلى الحاكم في تلك البلاد إرسال الجزية إلى بلاط مينغ كي يحظى باتفاق تجاري مربح مع الشريك التجاري الصيني القوي.

ومما جاء في نص البيان الرسمي للإمبراطور هونغ وو: «منذ أن فقدت أسرة السونج العرش وقطعت السماء قربانها، خرجت أسرة يوان من الصحراء لتدخل الصين وتحكمها لأكثر من مائه عام، وعندما سئمت السماء من سوء حكمهم وفسادهم، جعلت مصيرهم الخراب والدمار، وظلت شؤون الصين في حالة من الفوضى على مدى ثمانية عشر عامًا، ولكن عندما بدأت الأمة في النهوض من كبوتها رأينا نحن الفلاح البسيط (يقصد الإمبراطور نفسة بتلك الكلمات) من هواي- يو أن من واجبنا الوطني إنقاذ الشعب، وشاء الخالق أن يسلك موظفونا المدنيون والعسكريون طريقهم شرقًا إلى الجانب الأيسر من النهر... ولقد أرسينا دعائم السلام في الإمبراطورية واستعدنا الحدود القديمة لأراضينا الوسطى، كما اختارنا الشعب أيضًا لاعتلاء عرش الصين، وقد أرسلنا موظفينا إلى سائر الممالك الأجنبية بالبيان الرسمي، ورغم أننا لسنا بمثل حكمة حكامنا الأقدمين الذين اعترف العالم بأسره بفضائلهم ومناقبهم، فلا يسعنا إلا أن نُطلِعَ العالم على عزمنا على حفظ السلام في أرض البحار الأربعة، وعلى هذا الأساس فحسب أصدرنا هذا البيان الرسمي»[2].

---

(1) Zhong-yang Yan-jiu yuan, Ming shi-lu, Volume 2, p 775.

(2) Ming shi-lu, Volume 2, p 775.

ويأتي بعد ذلك أن سفراء الإمبراطور الصيني كانوا قد حملوا الهدايا من الحرير وغيره من المنتجات إلى البلدان الأجنبية التي أرسلت فيما بعد سفراءها من أجل إقامة علاقات اقتصادية طيبة مع الصين، وتنفيذًا لذلك أصدر الإمبراطور في عام 1372م بيانًا بربط أواصر الصداقة بين المملكة الوسطى (مينغ الصينية) حاكمة العالم، ودول العالم الأخرى، حيث تقوم هذه الصداقة على أساس دفع الجزية مقابل دعم التجارة بين الصين وتلك البلاد[1].

وعلى الرغم من الجهود التي بذلها مؤسس أسرة مينغ في الاتصالات بالعالم الخارجي بعد قيام دولته، إلا أن سياسة الانعزال الحذر كان لها وجود في سياسته، ولعل ما يؤكد ذلك أنه في العام السابع والعشرين أصدر -لأسباب داخلية وخارجية- أمرًا صارمًا بتحريم التعاملات التجارية[2] مع الأجانب، وأُخِذَ مَن يُخالف ذلك بالعقاب الشديد[3].

والمقصود هنا بتحريم التجارة مع البلاد الأجنبية هو تحريم تعامل العامة مع التجار الذين يأتون من البلاد الأجنبية، ومن ثم اقتصرت التعاملات على الحكومة الصينية التي احتكرت التجارة.

وعلى الرغم من ذلك التحريم فقد كان هناك انفتاح غير مسبوق على البلاد الأجنبية في مجال التجارة التي اعتمدت على الدبلوماسية التنموية،

---

(1) - Ming shi-lu, volume 3, p 65-67, 936-936.

(2) لقد ظلت سياسة يونغ وو في تحريم التجارة البحرية مطبقة على امتداد عهود أباطرة أسرة مينغ جميعًا. أما ما يسمى بـ«رفع التحريم عنها» فهي كناية عن تخفيف الحدة في التنفيذ إلى حد معين.

(3) أن فاونغ، رسالة ماجستير: «دراسة سياسة تحريم التجارة البحرية» رسالة تابعة لجامعة شاندونغ، سنة النشر: 2008م، ص11-12.

حيث أرسل الإمبراطور عددًا من السفراء إلى البلاد الأجنبية طلبًا للاعتراف الرسمي بالإمبراطورية الجديدة، وتحسين أواصر التجارة مع البلدان الأجنبية، وتعريفهم بالإجراءات الجديدة في التعامل التجاري، والذي عرف باسم تجارة الجزية، إذ كانت التنمية الاقتصادية عن طريق التجارة من الأهداف الرئيسة للدبلوماسية الصينية، ولذلك أطلق عليها الدبلوماسية التنموية.

ومهما يكن من أمر فعندما تولى الإمبراطور يونغلي -الإمبراطور الثالث في عهد أسرة مينغ- شرع في إقامة علاقات جادة مع العديد من الدول، حيث أرسل الحملات السبع المعروفة برحلات الكنز، كما كانت مراسلاته تحث على نشر السلام، والسير نحو الازدهار، وهذا ما يتضح في إحدى رسائله إلى حكام هرمز وسريلانكا وكاليكوت وملقا وكوشين ومقديشو وساموديرا والأحساء وعدن وظفار وغير ذلك من البلدان، فقد جاء فيها أن الإمبراطور أعلن العفو العام عن جميع من تحت السماء مقابل أن تؤخذ من تلك البلاد السلع القيمة والنادرة، وتعطى إلى وزارة المناسك في القصر الإمبراطوري، كما يشترط أن يقدم تجار تلك البلاد التحية الرسمية للإمبراطور، ثم يعودون إلى بلادهم محملين بالبضائع والهدايا[1].

والجدير بالذكر هنا أن نظام الجزية لم يكن وفق ما نعلم من تعاليم الشريعة الإسلامية، وما تمّ تطبيقه من قبل الحكومات الإسلامية على البلاد المفتوحة، وليس كذلك ما قد فهمه بعض المستشرقين من أنه واجب تفرضه الدولة المنتصرة، أو ذات النفوذ على منطقة معينة، فتدفع تلك الجزية مرغمة خوفًا من عواقب عسكرية أو سياسية، بل لم يكن ذلك النظام عند أسرة مينغ

---

(1) Ming shi-lu, vol 19, p 1576-1577.

أكثر من مجرد تعبير تقليدي عن سيادة المملكة الوسطى على سائر الدول الأخرى في إطار رسمي ممزوج ببعض المراسم الملكية، ولم يتجاوز ما يقتضيه ذلك من إرسال البعثات الدبلوماسية، وإقامة العلاقات التجارية الجديدة، ونقل الهدايا التي يمكن قبولها كجزية مصحوبة بتملق المبعوثين، أو كما وصفها المتخصصون في التاريخ الصيني بـ«الدبلوماسية الماكرة»[1] وتملق البلدان الأجنبية الذي يحبه الإمبراطور.

وعلى هذا فقد كانت حكومة مينغ تولي اتصالاتها مع البلدان الأجنبية اهتمامًا بالغًا، حيث أنشأت لهذا الغرض دار اللغات التي تُعنى بإعداد المترجمين، ودار «هوي تونغ» المسؤولة عن استقبال الأجانب، وفي العام الثالث من فترة حكم يونغلي الموافق عام 1405م أنشأت حكومة مينغ محطات استراحة في الأقاليم السواحلية تشبه محطات البريد، وذلك لاستضافة المبعوثين الذين يأتون إلى الصين لتقديم الهدايا، فمن هذه المحطات محطة لاي يوان (دار القادمين من أقاصي الأرض) ومحطة هواي يوان (دار الرفق بالغرباء) في كانتون. وفي العام الرابع كذلك من فترة حكم يونغلي الموافق عام 1406م أصدر الإمبراطور مرسومًا يأمر المسؤولين عن شؤون المرافئ في تشجيانغ وفوجيان بإقامة وليمة على شرف كل مبعوث يأتي لتقديم الهدايا عند وصوله أو انصرافه[2].

خلاصة القول؛ أن الأباطرة قد أنفقوا الكثير من المال والطاقة على الأنشطة الدبلوماسية والعسكرية لتعزيز نفوذ إمبراطورية مينغ العظيمة خارج «الصين الداخلية»، التي يحدها الجدار الصيني والبحار المطلة على البحر

---

(1) Luo Maodeng, annotated by Lu Shulun, p 50-57.

(2) سجلات أسرة مينغ، سجل أعمال الإمبراطور تشنغ تسو من أسرة مينغ، المجلد 41.

والمرتفعات التبتية، ولم تكن هذه الأنشطة معروفة من قبل أسلافهم أو أحفادهم، كما كانت الرحلات السبع الرئيسة إلى جنوب الهند، وشواطئ الخليج العربي، والجزيرة العربية، وشمال شرق إفريقيا إحدى الخطوات المهمة للسياسة الخارجية التي تمثل إحدى الخطوات غير المسبوقة بالنسبة للصين.

4.5. الأسس المحركة للسياسة الدبلوماسية السلمية لرحلات تشنغ خه:

هناك عدد من الأسس المحركة للسياسة الدبلوماسية السلمية لرحلات تشنغ خه، ويمكن لنا أن نوجز أهمها فيما يأتي:

1.4.5. الطبيعة المسالمة للأمة الصينية تضع أساسًا فكريًّا للدبلوماسية السلمية:

إن سبب تنفيذ السياسات الدبلوماسية السلمية أثناء رحلات تشنغ خه يرتبط ارتباطًا وثيقًا بالنفسية التقليدية للأمة الصينية المحبة للسلام، فقد ورثت المدرسةَ الكونفوشية التي تتكامل تدريجيًّا تحت إرشاد المذهب الكونفو- منشوي لمدة أكثر من ألفي سنة، ومن ثم فهي تعتبر الفكرة الرئيسة للمجتمع الصيني، حيث تؤكد المدرسة الكونفوشية بصورة واضحة على أن الوسيلة السلمية هي الاختيار الأول، والمرجع الأصلي في إدارة الدولة وعلاقاتها الخارجية[1]، وربط السياسة بالأخلاق، وجعل المرء كائنًا

(1) تعتبر الكونفوشية مصدر إلهام عام للثقافة الصينية عبر قرون عديدة، كما أن لها تأثيرًا كبيرًا على الإنسان الصيني، فمن أهم تأثيراتها الاعتقاد بأهمية المحافظة على الحياة الإنسانية العظيمة ورعايتها، كما تعتبر الكونفوشيوسية الفلسفة الأخلاقية ذات النظرة الاجتماعية والكونية

أخلاقيًّا، سامي الروح، لديه النزعة للسلام، والقدرة على التعايش في السياق الاجتماعي المحلي والخارجي. وقد تبلورت هذه العظمة في المثل الصيني الذي يقول: «بالحكمة في الداخل والنبل في الخارج»، وباختصار، فإن من أهم خصائص الدبلوماسية الصينية الطابعَ الواقعي، وهي صفة قديمة اتصف بها الصينيون وتعني سرعة تكيفهم مع الأوضاع السلمية والإنسانية.

ومن مميزات الدبلوماسية الصينية أنها تستند على ثقافة أصيلة، فالثقافة السياسية شق أساسيّ من الثقافة العامة، وتعد الثقافة السياسية الصينية من أقدم الثقافات والحضارات على مرّ التاريخ، فهي تتميز بعنصري الاستمرار والاستقرار، وعلى مستوى الثقافة السياسية فإن لدى الصين ثقافة سياسية متوغلة في القدم، فقد شهدت الصين دولة المؤسسات السياسية منذ 1500 سنة ق.م، ومن ثم فقد شكلت هذه الثقافةُ الشخصيةَ القومية للمجتمع

للحضارة الصينية وتمثل جوهر فكر الثقافة السياسية الصينية؛ وإن أفضل طريقة لفهم الشعب الصيني هي فهم أفكار كونفوشيوس، فالكونفوشية فلسفة اجتماعية إنسانية تدور حول البشر والمجتمع، وتؤكد على سيادة القيم في المجتمع وتهتم بالجانب الإنساني والأخلاقي، وهو الأمر الذى حال دون اكتسابها أي أساس للتطرف أو التعصب، شأنها شأن أي فلسفة أخلاقية مثالية، ويؤمن كونفوشيوس بأن حل المشكلات الاجتماعية يكون عن طريق التحلي بالسلوك الحميد، وتوقير الكبار والعطف على الصغار والأمانة والتحكم في الانفعال بما يضمن استقرار المجتمع، وأما فى المجال السياسي فقد عرَّف كونفوشيوس الحكومة الصالحة بأنها التي تعمل على إسعاد رعاياها، كما أكدت تعاليمه على حق المواطنة المستنيرة واعتبرها ركنًا أساسيًّا وضروريًّا من أركان النظام، وذلك على اعتبار أن الحكم هو تفويض من السماء للحاكم مشروطًا بالالتزام بالقيم والأخلاق في الحكم، والتحلي بالأخلاق والعمل على رفاهية شعبه، فالفقر يولد الجريمة وعدم الاستقرار في المجتمع، كما أن على الحاكم أن يعطف على الرعايا الأجانب المقيمين في بلاده، وفي حالة عدم التزام الحاكم وتحليه بالصفات المذكورة فإنه يفقد التوكيل الممنوح له من السماء. ينظر: أحمد جمال عبد العظيم، استراتيجية الصعود الصيني، تحرير: هدى ميتكيس وخديجة عرفة، مركز الدراسات الآسيوية، القاهرة، 2006م، ص74-76؛ شوقي أبو خليل، الحضارة العربية الإسلامية، ص54.

الصيني وما تتسم به من تقاليد مميزة، كما أن الثقافة الكونفوشية والماوية تعد إحدى أهم جذور وركائز الثقافة السياسية الصينة.

كل هذا التفكير يدلّ على السعي الشديد إلى السلام من قبل أبناء الشعب الصيني، وكراهيتهم الأصيلة للحروب والعنف، وهو ما أثّر تأثيرًا عميقًا على فكرة الإدارة والحكم لدى حكّام جميع السلالات فيما بعد.

وممّا تجدر الإشارة إليه بهذا الصدد ما قاله الإمبراطور هونغ وو: «إنّ النقطة الحاسمة لحكم الدولة ليست الاهتمام بمساحتها بل الاهتمام بالأخلاق والفضيلة»، فقد ورث الإمبراطور يونغلي هذه الفكرة الإرشادية، واهتمّ بالجانب الأخلاقي، ودراسة الفكرة الكونفوشية، ووضع المبادئ الأساسية المتمثلة في نشر الثقافة الصينية، وإقامة العلاقات الودية مع الدول الأخرى، والاهتمام بالعطاء أكثر من الرغبة في الأخذ في عمليات تطبيق السياسات الخارجية.

خلاصة القول؛ أنّ النفسية السلمية الودية التي تشكّلت تدريجيًا في ثقافة الأمة الصينية، وخاصة فكرة السلام المتأصلة في فكر المذهب الكونفوشي، قد وضعت أساسًا فكريًا متينًا في عملية معالجة الصينيين للعلاقات الدولية لآلاف السنين، أما أسرة مينغ فكانت تؤمن بهذه الفكرة الرئيسة، وورثتها بصورة جيدة.

2.4.5. الربط بين التنمية السياسية والسياسات الدبلوماسية السلمية:

دعت الحاجةُ الماسة إلى تحقيق الاستقرار في الأوضاع السياسية داخل البلاد الإمبراطورَ هونغ وو إلى التأكيد عدة مرات على الأهمية الكبيرة للبدء في تنفيذ السياسات الدبلوماسية السلمية، وأمر بتدوين فكرته الدبلوماسية السلمية ميثاقًا لإدارة الدولة في كتاب «دروس ونصائح أجداد أسرة مينغ الإمبراطورية»،

والذي أدرج فيه أسماء 15 دولة منها كوريا واليابان إلى القائمة التي كُتبت عليها أسماء الدول التي تحظى بعلاقات سلمية مع أسرة مينغ.

وبعد أن صعد يونغلي إلى العرش، واجهته تحديات الأوضاع الاجتماعية مثل تلك التي كانت في فترة تأسيس والده الإمبراطور هونغ وو لأسرة مينغ، حيث كانت أحوال الزراعة والاقتصاد متدهورة، ومستوى معيشة الشعب كان متدنيًا بعد معركة جينغنان التي استمرت لمدة ثلاث سنوات، وفي خارج البلاد كانت الأوضاع الدولية معقدة، والتحولات فيها متلاحقة بسرعة كبيرة، وتعرضت مكانة الصين على المستوى العالمي آنذاك لكبوة كبيرة.

وفي مواجهة هذا الوضع المأساوي والمتهالك نفذ الإمبراطور يونغلي السياسات الدبلوماسية المنفتحة بدون تردّد، وربط في هذا الانفتاح بين التنمية السياسية، وتأسيس الدبلوماسية السلمية.

وعلى هذا الأساس فإن رحلات تشنغ خه إلى دول المحيط الهندي كانت تطبيقًا بارزًا لهذه الاستراتيجية، كما أن السياسات الدبلوماسية التي تمسكت بها أسرة مينغ كانت تتفق مع مصالح الدولة وكذلك مع مصالح الشعوب الأخرى.

3.4.5. المصالح الاقتصادية والسياسية المتبادلة:

تُعدُّ المصالح الاقتصادية والسياسية المتبادلة بين الصين والدول الأجنبية القوة المحركة للدبلوماسية السلمية، وهذا ما يمثله مجيء الدول المختلفة إلى الصين، وتقديم ولائها لها تلقائيًّا، ويرجع سبب هذا الأمر – كما أحسب- إلى طموح تلك الدول في الحصول على المصالح السياسية والاقتصادية الهائلة باعتبارها دولًا تابعة للصين.

ولولا أن المصالح الاقتصادية والسياسية دومًا ما كانت القوة المحركة الداخلية، لكان من المستبعد أن يحقق تشنغ خه كل هذا النجاح في مباحثاته مع الدول النائية الواقعة على البحار، وخاصة الدول القوية منها.

5.5. الركائز الرئيسة لدبلوماسية تشنغ خه الخارجية:

5.5.1. النهج السياسي السلمي:

يعود السبب المباشر في تنفيذ سياسة الانفتاح والاستراتيجية الدبلوماسية السلمية للصين إلى الدور الشخصي الذي لعبه تشنغ خه والمتطلع دومًا إلى تحقيق السلم. ففي الحقيقة أن تشنغ خه كان يمتلك الصلاحيات الكبيرة للغاية بصفته المبعوث المفوض الرئيس، وعلى الرغم من هذه المكانة الكبيرة التي حظي بها، فإنه لم يلجأ إلى استخدام القوة لأي سبب من الأسباب إلا الدفاعية منها.

هذا وقد التزم تشنغ خه بمنهج سياسي سلمي وإنساني، وهذا ما أكدته إحدى النقوش التي ذكرت أنه قبل قيام تشنغ خه برحلته السابعة إلى المحيط الهندي نقش على نصب صخري مقالًا أكّد فيه أن رحلاته تهدف إلى نشر الثقافة الصينية، وتطبيق السياسة الخارجية السلمية[1]، لهذا فلا عجب أن تشنغ خه لم يستولِ على أي قطعة من أراضي الدول التي زارها خلال رحلاته البحرية إلى المحيط الهندي.

إن تشنغ خه كان حريصًا على انتهاج السياسات السلمية، والتشدد ضد من يحاول إفساد العلاقات الودية فيما بين الدول المختلفة، كما كان يقف

---

(1) تشنغ خه، فو- تشيان رين - هوا، (ينظر: ملحق رقم 2 بتحقيق محمد محمود خليل).

موقفًا صلبًا ضد أية تصرفات ضارة بالمجتمعات[1]، وكان يسعى جاهدًا في سبيل إقامة العلاقات الودية الحميمة بين الصين وجميع الدول، فهو لا يكلّ ولا يملّ من إرساء قواعد السياسة السلمية[2]، التي ظل ينادي بها حتى وفاته.

إن تشنغ خه في دبلوماسيته أثناء رحلاته البحرية كان يلجأ إلى وسائل مختلفة للتوسط في الصراعات، وتخفيف التناقضات بين شعوب مختلف الدول، وتهدئة النزاعات، وإزالة سوء الفهم، فكان لا يضمر الأحقاد، ولا يهدد حياة الآخرين، بل كان رسول سلام، ففي كل مكان أبحر فيه حظي باحترام وتقدير من قبل السكان المحليين، الذين كانوا يقدمون التحية إليه وإلى الإمبراطور الصيني.

وفي الحقيقة كان لجوؤه إلى السلاح محدودًا جدًّا، ويمكننا تلخيص ذلك في ثلاث مناسبات: ففي المرة الأولى حينما ترأس تشنغ خه جنود الأسطول للقبض على القرصان تشن تسو يي في عام 1407م، وفي المرة الثانية استخدمه للقبض على ملك سيلان وذلك في يونيو عام 1408م، أما المرة الثالثة فكانت عندما ألقى القبض على الأمير الزائف في سومطرة وكان ذلك في عام 1412م[3].

ومهما يكن من أمر فقد كان تشنغ خه يحاول تقريب المسافة العاطفية بين الصين والدول الأخرى من خلال التسامح، والاحترام الديني، ولذلك حظي بحسن الظنّ عند أبناء شعوب جميع البلاد، وأقام العلاقات الودية معها بشكل ناجح.

---

(1) ليو ين، رحلة تشنغ خه إلى دول المحيط الهندي، ص46-47.
(2) ليو ين، رحلة تشنغ خه إلى دول المحيط الهندي، ص79.
(3) ينظر ما سيأتي عن ذلك تحت عنوان: تسوية الوضع السياسي المضطرب في سومطرة وتعزيز العلاقات الودية.

2.5.5. حسن الجوار:

انطلق تشنغ خه في تنفيذ استراتيجية حسن الجوار كونها تمثل إحدى الاستراتيجيات السياسية المهمة، وبسبب ما كان يتميز به من حس سياسي ودبلوماسية سياسية استطاع خلال زياراته للبلدان المجاورة أن يعزز السلم، وأن يزرع بذور الصداقة، وأن ينشط التجارة، كما استطاع أن يعزز حضور الصين في المنطقة الآسيوية من خلال اتباعه سياسة حسن الجوار، فقد استثمر تشنغ خه سياسة حسن الجوار الإقليمي في تطوير علاقات الصداقة النشطة مع دول الجوار، والحفاظ على السلام والاستقرار الإقليمي، والترويج للتعاون الاقتصادي الإقليمي.

3.5.5. تهدئة الأوضاع المتوترة في جنوب شرق آسيا:

قبل انطلاق تشنغ خه بأسطوله كان الوضع في جنوب شرق آسيا يسوده التوتر والاضطراب، حيث كان النشاط التجاري في هذه المنطقة رهين سطوة المتمردين من قوانغتش، الذين حولوها إلى مركز للتجارة غير المشروعة، وكان الساحل الجنوبي الفيتنامي كذلك تحت سيطرة تجار الرقيق، وقطاع الطرق، أما الوضع السياسي في هذه المنطقة فقد كان مشتعلًا، حيث اندلعت في إندونيسيا وشبه جزيرة الملايو الفوضى، الأمر الذي أدى إلى توقف مصدر الدخل الرئيس الذي كان يأتيهم عبر التجارة الصينية خلال حكم هونغ وو، وكان الساحل الصيني -في كثير من الأحيان- يتعرض للغارات التي يشنها القراصنة اليابانيون، الذين كانوا يتمركزون في عدد من الأماكن القريبة من الصين، وقد جعل كل هذا من هذه المنطقة بؤرة توتر.

ومن هذا المنطلق كانت جهود تشنغ خه الدؤوبة في الدبلوماسية السلمية على مدار ثمانية وعشرين عامًا تهدف إلى تغيير وتحسين الأوضاع المتوترة في

جنوب شرق آسيا، وبفضل مثابرته، وجهوده الدؤوبة استطاع أن يحقق الاستقرار في هذه المنطقة، كما استطاع أن يقطع شوطًا كبيرًا في التقارب الاجتماعي في هذه المنطقة أثناء رحلاته، وهذا هو السبب الرئيس الذي جعله يحظى بهذه السمعة العظيمة والمكانة الراقية في تاريخ مختلف دول جنوب شرق آسيا.

هذا وقد بدأ تشنغ خه بدبلوماسية الحوار مع دول الجوار، منطلقًا من قاعدة المساواة في التعامل مع الدول الكبيرة والصغيرة وكذلك مع النزاعات التاريخية، والسعي من أجل التوصل إلى حلول عادلة للخلافات، كما استطاع أن يقضي على القراصنة، وأبعد بعض القوى التي كانت تثير التوتر، ووفَّر الحماية للدول الصغيرة حتى لا تتعرض لأي شكل من أشكال هضم الحقوق.

وهكذا فإن ما كان خلال عهد الإمبراطور هونغ وو من توترات في هذه المنطقة بسبب الأوضاع المضطربة، تم القضاء عليها في عهد الإمبراطور يونغلي، وذلك بفضل جهود تشنغ خه الذي استطاع تهدئة الأوضاع في منطقة جنوب شرق آسيا، مما جعل الطرق البحرية آمنة للتجارة والدبلوماسية[1].

6.5. أهم الملفات الدبلوماسية التي عالجها تشنغ خه:

هناك العديد من الملفات الدبلوماسية التي عالجها تشنغ خه خلال رحلاته السبع، ومن أهم تلك الملفات:

5.6.1. معالجة الملفات الدبلوماسية بين الصين واليابان:

يُعدُّ تشنغ خه أهم من قاموا بدور الوساطات الدبلوماسية في عصر أسرة مينغ، كما كان أكثر المبعوثين قربًا من الإمبراطور يونغلي، حيث كان

---
(1) دراير، تشنغ خه، ص27.

يحظى بثقته الكبيرة، وذلك نتيجة ما تميز به من قدرات دبلوماسية، ولذا كان يوكل إليه مهام البعثات، والمفاوضات المهمة، ولعل ما يؤكد ذلك أنه كان المبعوث الإمبراطوري إلى اليابان مرات عديدة.

فقد كانت الملفات السياسية بين أسرة مينغ واليابان من الملفات السياسية المستعصية، إلا أن تشنغ خه استطاع بدبلوماسيته إيجاد الحلول لها، بفضل ما عرف عنه من القيام بالمهمات الدبلوماسية المختلفة بشكل جيد.

وممّا تجدر الإشارة إليه في هذا الصدد أنه في عام 1404م هاجم القراصنة اليابانيون السواحل الصينية مما تسبب في خسائر فادحة للصينيين، وفي مواجهة هذا التحرش المستمر بعث الإمبراطور يونغلي تشنغ خه إلى اليابان، للتعاطي مع هذا الأمر، بالإضافة إلى بعض المسائل والقضايا الأخرى، فاستطاع تشنغ خه أن يحقق نجاحات دبلوماسية وسياسية في هذه المفاوضات، حيث تم عقد معاهدة مع اليابان سميت بـ«معاهدة يونغلي»، وقد سعد الإمبراطور يونغلي بنتائجها.

2.6.5. تسوية الوضع السياسي المضطرب في سومطرة وتعزيز العلاقات الودية:

لقد استطاع تشنغ خه من خلال رحلاته البحرية أن يعزز العلاقات الودية والتقارب بين الصين وسومطرة، وقد مثَّل هذا التقارب حدثًا ذا أهمية للبلدين، حيث إن البلاط الإمبراطوري لأسرة مينغ كان يهتم اهتمامًا بالغًا بتطوير العلاقات الودية مع سومطرة.

هذا وقد اقتضت الدبلوماسية أن يقوم تشنغ خه بمساعدة سومطرة في قمع التمرُّد الداخلي الذي وقع خلال رحلته، حيث كان هناك ملك

طاغية اسمه سو -كان -لا (إسكندر)، وكان يقوم بالنهب والتعدي على أراضي (سومطرة) وعلى ملكها الأصلي تساي-نو-لي-آ-بي-تينج (زين العابدين)، وعندما كثرت اعتداءاته، أرسل زين العابدين مبعوثًا إلى البوابات الإمبراطورية مقدمًا مظلمته للإمبراطور يونغلي، وبعد سماع الإمبراطور لمبعوث ملك سومطرة تأكد من صدق مظلمته، أرسل سفير الدبلوماسية الصينية الأول تشنغ خه إلى هناك ومعه القوات الرسمية التي تحت قيادته، وعند وصوله حاول تشنغ خه أن يحاور إسكندر ويثنيه عمّا يقوم به من أعمال عدوانية ضد جيرانه، لكن دون جدوى، ممّا اضطرّه إلى استخدام القوة ضده، والقبض عليه، وبعد أن وطّد السلم فيها عاد إلى الصين في العام الثالث عشر من حكم يونغلي الموافق 1415م، ومعه إسكندر سجينًا، وسلمه للإمبراطور[1].

لقد كان لجهود تشنغ خه في سومطرة، وحسمه للتمرد الداخلي أثر كبير في تحسّن الأوضاع السياسية المضطربة في جنوب شرق آسيا وجنوبها، وقدّم البيئة الحسنة والمساعدة لازدهار مختلف الدول في تلك المنطقة، وهو ما يُعَدُّ من أفضل المصالح السياسية بالنسبة إلى جميع الدول الإقليمية.

3.6.5. إنشاء نظام الحكم في ملقا:

لقد شكل وصول تشنغ خه إلى سواحل ملقا عام 1405م مرحلة جديدة للعلاقات مع الصين، إذ يُعَدُّ هذا التعامل الدبلوماسي الأول بين أسرة مينغ ومملكة ملقا، ولم تكن ملقا حينها مملكة، لكن زيارة تشنغ خه لها فتحت صفحة جديدة لتاريخها، ومهّدت الطريق لصعود باريميسوار للعرش.

(1) - Ming - shih, ch 6, 5b, p 292.

وقد كانت بداية التحركات الدبلوماسية الجدية لتشنغ خه تجاه ملقا منذ الرحلة الأولى، وبعدها جاءت الرحلة الثانية والتي وصل خلالها باريميسوار إلى الصين على متن الأسطول، فاستقبله الإمبراطور يونغلي خير استقبال.

هذا وقد كان تشنغ خه يتمتع بحدس سياسي يؤهله إلى إصدار أحكام استباقية وفق ما ستؤول إليه الأوضاع في منطقة محددة، فمن خلال نظرته الثاقبة وقراءته للأوضاع رأى ضرورة أن تكون ملقا دولة مستقلة ذات سيادة، ويبدو أنه قدم هذا المقترح للإمبراطور، بل إنه اقترح على الإمبراطور تنصيب سلطان عليها، فوافق الإمبراطور على مقترحاته، وهذا إن دل على شيء فإنما يدل على الحنكة السياسية التي يتمتع بها تشنغ خه.

بعد أن نجح تشنغ خه في إقناع الإمبراطور بمشروعه السياسي في ملقا، وبعد عام من مجيء الملك باريميسوار إلى الصين، وصل تشنغ خه إلى ملقا ليعلن رسميًا تنصيب الملك باريميسوار سلطانًا على ملقا، لذا فقد كان اعتراف أسرة مينغ بملقا، وتحالفها معها عاملًا مهمًا يضمن الاستقرار في ملقا، كما أن ملقا سعت جاهدة للحفاظ على العلاقة الودية مع الصين، وكذلك التعاون مع الأسطول في رحلاته[1].

وهكذا أصبحت ملقا دولة مستقلة ذات سيادة في 3 أكتوبر 1405م، وتمتعت بالمكانة المتساوية مع جاوا وسيام، كما أصبح باريميسوار سلطانًا لها، وكل ذلك كان نتيجة رؤية تشنغ خه، الذي نقل للإمبراطور أحوال ملقا وأهميتها.

وقد برهنت أحداث المنطقة فيما بعد على رؤية تشنغ خه نحو ملقا، فقد شكّل استقلالها مرحلة جديدة في المنطقة، حيث ساعدت ملقا على حفظ الأمن،

---

(1) دراير، تشنغ خه، ص42، 43، 61.

كما أنها أصبحت مركزًا علميًّا وتجاريًّا في منطقة جنوب شرق آسيا[1]، وبدأت تدريجيًّا تحل محل باليمبانج[2] كمركز تجاري إقليمي، وتنتزع منها أهميتها الإقليمية.

أخذت الروابط التي وضع أساسها تشنغ خه بين البلدين -الصين وملقا- تتوطد وتزدهر، لدرجة أنه عندما توفي باريميسوار وورث ابنُه عرشَه، سرعان ما ترأس الابن وفدًا بعد وفاة أبيه لزيارة إمبراطور الصين، وأخبره بخبر وفاة والده، فأنعم الإمبراطور عليه بلقب السلطان الجديد وثبته بدلًا من أبيه.

وهكذا ظلت العلاقة الدبلوماسية بين ملقا وأسرة مينغ قائمة على أساس المنفعة المتبادلة، والعلاقات الودية إلى أن توفي تشنغ خه، فتغيّرت السياسة الوطنية لأسرة مينغ بعد عام 1434م، ولم تعد تشارك في الشؤون الخارجية بصورة نشيطة، كما لم تعد تبعث الأسطول إلى دول المحيط الهندي.

خلاصة القول؛ أن تشنغ خه استخدم العلاقات الشخصية في الشؤون الخارجية، حيث ساعد أمير ملقا على طرد من كان يريد اغتصاب العرش، وأعانه على استعادته، إضافة إلى ذلك فقد بذل أقصى جهوده في مؤازرة مؤسس ملقا ممّا جعلها مركزًا رئيسًا على طريق التجارة الذي يربط الشرق بالغرب، فضلًا عن أنه قد أنهى تهديد كل من سيام وجاوا الشرقية لملقا.

4.6.5. معالجة ملف سيلان (سريلانكا):

لقد كانت العلاقة بين أسرة مينغ وسيلان علاقة متوترة ومتدهورة، وكان حكامها يكنون العداء لحكام أسرة مينغ، بل إن عداء حكام سيلان

---

(1) ينظر في ذلك الفصل الثالث تحت عنوان: المراكز التجارية.
(2) دراير، تشنغ خه، ص42، 43، 61.

ظهر بشكل جلي ضد الأسطول الذي يقوده تشنغ خه منذ وقت مبكر من الرحلات[1].

ومن ثم كانت السياسة العدائية التي تنتهجها سيلان ضد أسرة مينغ تتناقض مع الدبلوماسية السلمية لتشنغ خه، فقد كانت دبلوماسية تشنغ خه تدعو إلى المساواة والصداقة والوحدة والعمل على التوصل لحل سلمي لإنهاء كافة النزاعات الدولية.

ولما كان النهوض بالمسؤولية تجاه أية مهمة بكل مصداقية وأمانة من السمات العامة لدبلوماسيته، بغض النظر عن موقف الطرف الآخر، فقد كان يتحمل في كثير من الأحيان بعض التصرفات العدائية والسلبية التي تصدر ضده من بعض الحكام، وهذا ما يؤكده موقفهُ من تصرفات ملك سيلان يالي كوناي العدائية تجاه الأسطول الصيني وتجاه تشنغ خه نفسه، حيث عمل على إيذائه بل قتله، لكن تشنغ خه علم بما يدبره من المؤامرة، واستطاع أن ينجو منها، بل تمكن من يالي كوناي، لكنه عفا عنه رغم كل تصرفاته القبيحة، ونصحه ألا يعود لمثل هذه الأفعال الشريرة، ثم غادر عائدًا إلى الصين[2].

لقد غادر تشنغ خه وترك ملك سيلان وشأنه، رغم أنه كان يمتلك من القوة ما يمكنه من أن يقضي عليه قضاءً مبرمًا، لكنه لم يفعل ذلك متحملًا كل ما صدر منه من سلوكيات، وهذا إن دل على شيء فإنما يدل على إيمانه العميق بالدبلوماسية السلمية التي كان ينتهجها تشنغ خه، ضاربًا

---

[1] دراير، تشنغ خه، ص61.
[2] سجلات أسرة مينغ، اليوم 16 الشهر 6 السنة 9، الموافق 6 يوليو 1411م، السجل 762، المجلد 12، ص1477.

بذلك أروع الدروس التي يمكن أن يستفيد منها رجل الدبلوماسية في الوقت الحاضر من سعة الصدر والصبر وعدم التهور، إضافة إلى الاتزان وامتصاص غضب الخصم المحاور بكل السبل، وكذلك الإعراض عن اللغة الخشنة العدائية.

وهكذا كانت دبلوماسية تشنغ خه تحتم عليه الابتعاد عن مناطق التوتر، وتجنب الخوض والدخول في أي صراع بقدر الإمكان، وكان الهدف من ذلك كله خلق بيئة إنسانية تنشد السلام، وتدعو إلى تعزيز الروابط والصداقة والوحدة الإنسانية.

فعلى الرغم من محاولاته العديدة لتجنب عدوانية ملك سيلان، والنأي بنفسه عن الوقوع في هوة الصدام المسلح، فإن ملك سيلان كان في كل مرة يستخدم أساليب استفزازية، ومما زاد الطين بلّة محاولته الإيقاع بتشنغ خه وجنوده، ولذا لجأ تشنغ خه إلى القوة والعنف مضطرًّا إلى ذلك بعد محاولات النصح الفاشلة العديدة التي أسداها لذلك الملك الطاغية، فاستطاع الإمساك به واقتياده إلى الإمبراطور الذي عفا عنه[1].

وفضلًا عن ذلك، فإن ما أجبره على القبض على ملك سيلان، وحمله إلى الإمبراطور الصيني ليقضي في شأنه أمرًا، هو ما يشكله من خطر على البلدان المحيطة ببلاده بسبب نزعته العدائية، وليس بسبب موقف شخصي من هذا الملك الذي أساء إليه وإلى أسطوله. حيث كان يقوم بنهبهم وسلب ممتلكاتهم، على غرار اعتداء جنوده -مرارًا وتكرارًا- على المبعوثين.

---

(1) سجلات أسرة مينغ، اليوم 16 الشهر 6 السنة 9، الموافق 6 يوليو 1411م، السجل 762، المجلد 12، ص1478.

فكانت جميع البلدان تعاني من تصرفاته الهوجاء(1)، ومن ثم كان التخلص منه في نظر تشنغ خه أمرًا حتميًا.

إن الترفع والإعراض عن مكائد الخصوم وسياساتهم العدائية يدل على حنكة دبلوماسية لا تصدر إلا من دبلوماسي محنك، يتحلى بصفات ضبط النفس وكبح جماح الغضب والحفاظ على رؤيته الواضحة وهدفه النبيل، ولذا لم يكن قاموسه يحوي مصطلحات الانتقام والثأر والتشفي، بل إنه قد قام بتعطيل قانون (لكل فعل رد فعل)، ولهذا كان تشنغ خه الدبلوماسي الذي لا ينتصر لنزواته أو ينهزم أمام سلطان الغضب الغاشم، فكان دبلوماسيًا صاحب قضية أخلاقية يدير ملفًا سياسيًا، ويقود جيشًا حربيًا، وليس سياسيًا تقود خطاه البرجماتية التي لا تؤمن إلا بتحقيق الهدف مهما كانت الوسيلة، أو عسكريًا يعمي بصره الزهو بكسر شوكة الخصوم، وتحطيم كبريائهم لا غير.

ومن ثم فإن قراره بضرورة إزاحة ملك سيلان عن سدة الحكم في بلاده لم يكن نتيجة انتقام شخصي، أو منفعة خاصة، وإنما كان الهدف منه تحقيق استقرار سياسي في المنطقة وتنمية مستدامة ومستقرة للاقتصاد الإقليمي، فالتخلص من ملك سيلان كان لنزع فتيل النزاعات والصراعات، وخلق بيئة سلمية تنشد السلام من خلال انتهاج سياسة حسن الجوار.

5.6.5. تسوية الوضع في باليمبانج:

كانت منطقة باليمبانج منطقة تشكل وكرًا للقراصنة، وكان يحكمها الشيخ المحلي تشن تسو يي الذي ولد في مقاطعة قوانغتشو في الصين،

---

(1) سجلات أسرة مينغ، اليوم 16 الشهر 6 السنة 9، الموافق 6 يوليو 1411م، السجل 762، المجلد 12، ص1478.

وبعد سيطرته على هذه المنطقة، واحتلالها جمع العديد من الجماعات الإجرامية والعصابات، وأخذ يشن هجمات على السفن التجارية التي تمر بالقرب من الساحل، ويقوم بنهبها[1].

ولما كانت باليمبانج على هذا النحو من الخطر حيث كانت تشكل منطقة تهديد للسلم في المنطقة، ومصدر خطر لأمن التجارة البحرية، وهو ما يناقض السياسة السلمية التي انتهجتها الصين، والذي يعمل على تطبيقها سفيرها تشنغ خه. لقد كان الملف الأمني لباليمبانج مطروحًا بقوة في جدول العمل الدبلوماسي لتشنغ خه، ويتطلب منه حلولًا سريعة.

وتجدر الإشارة إلى أن تشنغ خه في أثناء الذهاب للرحلة الأولى تجنب المرور عبر سواحل باليمبانج، وإذا كان من تفسير لهذا فعلى ما يبدو أن ملف باليمبانج لم يكن ضمن الملفات التي أوكلت إليه خلال هذه الرحلة، ولكن أتت الرياح بما لا تشتهيه السفن، فقد فرض ملف هذه المنطقة نفسه أثناء رحلة العودة لتشنغ خه. ففي أثناء رحلة العودة مر تشنغ خه بأسطوله قرب سواحل باليمبانج، فدعا الشيخ المحلي تشن تسو يي تشنغ خه وأتباعه إلى الشاطئ كي يأخذوا قسطًا من الراحة، ولما علم وانغ جينغ هونغ -نائب المبعوث المفوض- بذلك اقترح على تشنغ خه أن يغادر ساحل بحر باليمبانج من أجل تجنب المضايقات، حيث كان يعلم بمكر وتصرفات القرصان تشن تسو يي، ولكن تشنغ خه رفض ذلك، وكان من جملة ما قال عند رفضه: «... إن أسطولنا ذو سطوة وبأس، وعدد جنودنا لا يحصى ولا يعد، فكيف لنا أن نخشى من أمثال هذا القرصان، الذي فرض سيطرته فرضًا على هذه البقعة من البحر، ونهب التجار المارة، مما أفسد العلاقات الودية

---

(1) ليو ين، رحلة تشنغ خه إلى دول المحيط الهندي، ص46.

فيما بين الدول المختلفة، فكيف نقف مكتوفي الأيدي، مغمضي الأعين عن تصرفاته الضالة؟»(1).

ممّا سبق يتضح لنا ما يأتي:

- أظهر تشنغ خه ذكاءً دبلوماسيًّا منقطع النظير، فقد أظهر أنه ذلك الدبلوماسي الذي لا يدع أي فرصة تفوت دون الاستفادة منها، فعلى الرغم من أن الدخول إلى سواحل باليمبانج لم يكن ضمن مخطط رحلته الأولى، فإن دعوة تشن تسو يي للراحة كانت فرصة لدراسة الوضع عن كثب، أو اتخاذ إجراءات ممهدة لزيارات قادمة.

- من خلال حديث تشنغ خه عن تفوق أسطوله العسكري على تشن تسو يي يتضح لنا اطلاعه المسبق على حجم القوة العسكرية لتشن تسو يي، ومن ثم فلم يكن يجازف مطلقًا، وإنما كان على دراية بحجم القوة التي تقع تحت لوائه، وكذلك حجم قوة أعدائه.

- من خلال حديث تشنغ خه مع نائب المبعوث المفوض يتضح أنّ تشن تسو يي وصل إلى مرحلة خطيرة من التهديد لأمن المنطقة وإشاعة الفزع بين جنباتها، بل والتسبب في إفساد العلاقات الودية فيما بين الدول المختلفة.

إن تشنغ خه لم يتخل أبدًا عن السلمية في التعاطي مع كافة الملفات، ومنها التصرف حيال العدوانية الصادرة عن الخصوم، فحتى هؤلاء القراصنة المجرمون كان يتعامل معهم انطلاقًا من ذات السياسة السلمية، ولذا نراه بمجرد وصوله إلى الساحل يستدعى تشن تسو يي إليه على متن السفينة،

---

(1) ليو ين، رحلة تشنغ خه إلى دول المحيط الهندي، ص46-47.

ويقوم بنصحه أن يترك سبيل الشرّ، وأن يعود إلى الطريق الصحيح بصورة صادقة خالصة، ولما سمع ذلك تظاهر تشن تسو يي باعترافه وإقراره بجرمه وأفعاله الآثمة، واعتذر عنها وتعهد لتشنغ خه بعدم العودة إلى مثل هذه التصرفات أبدًا»[1].

وهكذا نجد تشنغ خه يسعى إلى تجنب الصدام العسكري، ويفضل الطرق السلمية في حل النزاعات، وإصلاح الأعمال الخاطئة، وإرشاد المنحرفين، ونصحهم بالعودة إلى الطريق الصحيح، وهذا ما فعله مع تشن تسو يي، وبذلك يكون قد أقام الحجة عليه في حالة عدم وفائه بما التزم به، وهذا ما حدث، فما إن عاد تشن تسو يي إلى باليمبانج حتى جمع أتباعه، ودبَّر المؤامرة للهجوم على الأسطول للنيل من تشنغ خه، وسلب البضائع التي كانت على متن الأسطول[2].

هذا وقد وصلت الأخبار إلى تشنغ خه بما دبره تشن تسو يي، فلما سمع وانغ جينغ هونغ نائب المبعوث المفوض بهذه المؤامرة، حثَّ تشنغ خه على مغادرة المكان، ولكن تشنغ خه رفض ذلك، وقال بثبات: «إن ضمان سلامة القنوات من مسؤولياتنا التي لا يمكننا التهرب منها، كما أنها الأمنية المشتركة من قبل أبناء شعوب الدول المختلفة، فلا بدّ أن نقضي على تشن تسو يي»[3]، وهذا بالفعل ما حدث، فبمجرد اقتراب قوات تشن تسو يي من الأسطول، إذا بزئير المدافع وأنوار المشاعل من جميع السفن في الأسطول تشتعل، فأضاءت أنوارها سطح البحر، وكان صوت التطاحن، ودقات الطبول تكاد تصمّ الآذان، فانقض جنود تشنغ خه على قوارب القراصنة، وقضوا

---

(1) ليو ين، رحلة تشنغ خه إلى دول المحيط الهندي، ص48.

(2) ليو ين، رحلة تشنغ خه إلى دول المحيط الهندي، ص49.

(3) ليو ين، رحلة تشنغ خه إلى دول المحيط الهندي، ص51.

عليهم، وقبضوا على تشن تسو يي حيًّا، فجيء به وركع بين يدي تشنغ خه ووانغ جينغ هونغ، وتوسّل إليهما بإلحاح للعفو عنه، وأقسم أنه لن يعود لتلك الأعمال، فلما سمع تشنغ خه ذلك، ثارت ثائرته، وهاجمه بشدّة قائلا: «لم تفِ بوعدك، وأنت من الذين لا يلتزمون بالصدق والعدالة! لقد قبضنا عليك هذه المرة، فلن نطلق سراحك ونتركك تعمل ما يضرّ مصالح الدول المختلفة!»، فأخذه أسيرًا إلى الصين، ورفع إلى الإمبراطور تصرفات القرصان تشن تسو يي الإجرامية، وعملية القبض عليه، فأعلن الإمبراطور مرسومه بتنفيذ حكم الإعدام عليه بواسطة ضرب عنقه على مرأى الجميع[1].

وهكذا نجد تشنغ خه يسلك كل مسلك سلمي لدفع أي عدوان أو إضرار بمصالح الناس والمجتمعات، لكن إذا ما اقتضى الأمر منع هذا العدوان على المجتمعات، نراه يستخدم القوة. ومن الأمور المهمة التي نلاحظها فيما سبق أن تشنغ خه لا يتحدث عن أمن وسلامة الصين، بل يتحدث عن أمن وسلامة الدول المختلفة.

وأخيرًا وبعد القضاء على تشن تسو يي، اتخذ تشنغ خه خطوته الدبلوماسية الثانية لاستتباب الأمن، حيث أسس نظامًا للحكم في باليمبانج، وتم تعيين ملك لها وهو شي جين[2]، واعترفت محكمة مينغ بالملك شي جين ملكًا على باليمبانج[3].

---

(1) ينظر: سجلات أسرة مينغ، اليوم 15 الشهر 11 السنة العاشرة، الموافق 18 ديسمبر 1412م، السجل 834، المجلد 12، ص 1639؛ ليو ين، رحلة تشنغ خه إلى دول المحيط الهندي، ص52-58.

(2) دراير، تشنغ خه، ص30.

(3) دراير، تشنغ خه، ص57.

5.6.6. العلاقة مع كاليكوت:

تُعدُّ كاليكوت من المناطق التي أبدى تشنغ خه اهتمامه الكبير بها خلال رحلاته[1]، حيث استطاع أن يربط معها جسور الصداقة والتعاون، وذلك بفضل الدبلوماسية المرنة التي كان لها الأثر الكبير في التقارب السريع، وخصوصًا أن أسرة مينغ كانت تنظر إلى كاليكوت باهتمام بالغ.

إنّ هذا الدولة التي تنظر إليها أسرة مينغ باهتمام منذ زمن طويل، وتحاول أن ترتبط معها بعلاقات سياسية واقتصادية وطيدة، صارت حليفًا رئيسًا بفضل جهود تشنغ خه، لدرجة أنّه استطاع بدبلوماسيته أن يربطها بسياسة التعاون مع مينغ الصين، وهو الأمر الذي مهّدَ الطريق لأن تمنح كاليكوت الأسطولَ الصيني سلسلة من القواعد، ممّا مكّن الأسطول من العمل بأريحية خلال الرحلات[2]. كما أنّ كاليكوت استمرّت في توثيق صداقتها مع أسرة مينغ بعد ذلك، حيث عملت على إرسال الوفود إلى بكين، وظلت ترسخ عُرَى الصداقة وتمد جسور التعاون[3].

5.6.7. العلاقة مع تشامبا (مدينة كويرن في جنوب فيتنام اليوم):

كانت تشامبا أول محطة رسا فيها الأسطول في رحلته الأولى، والتي استطاع تشنغ خه من خلالها أن يرتبط بعلاقات متينة معها[4]، ومنذ ذلك الوقت أصبحت تشامبا حليفًا للصين، وهو الأمر الذي جعل تشنغ خه يجتهد في تسوية الصراع بينها وبين فيتنام[5].

---

(1) سجلات أسرة مينغ، السجل 632، المجلد 11، ص1114؛

(2) دراير، تشنغ خه، ص65.

(3) Ming - shi - lu,ch103,6b-7a, p 287; Ming - shih, ch7,2b, p 294.

(4) ليو ين، تشنغ خه، ص32-37.

(5) دراير، تشنغ خه، ص52.

ويبدو أنه على الرغم من جهوده في تسوية هذا الصراع بالطرق السلمية لكنه لم ينجح، إلا أنه في عام 1409م خلال رحلته الثالثة إلى الغرب وصل إلى تشامبا[1]، فنجح خلال تلك الرحلة في إيقاف عدوان أنان (فيتنام) ضد تشامبا، كما ساعد تشامبا على استعادة مساحة كبيرة من الأراضي التي كان يحتلها أنان.

8.6.5. تسوية الخلاف مع جاوا:

في الرحلة الثالثة سيقوم الصينيون بتسوية العداء الذي كان قائمًا بين الصين ممثلة بأسرة مينغ وجاوا، فقد كان ملوك جاوا يتصرفون بتحدٍّ نحو أسرة مينغ منذ عهد الإمبراطور يونغ وو.

فخلال الحرب الأهلية بين عامي (1401–1406م) قَتَل ملك غرب جاوا عددًا من أعضاء السفارة الصينية[2]، وقد أرسل الإمبراطور يونغلي إلى ملك جاوا يطلب منه الاستغفار والاعتذار[3]، وقيل إنّ الإمبراطور يونغلي طلب 60000 أوقية من الذهب، وأمرهم بالتأمل فيما آل إليه الوضع في أنان (فيتنام)، والتي تمّ تأديبها من الجيوش الصينية[4]، فاستجاب حكّام جاوا وقدموا اعتذارهم للصينيين، فقبلوا اعتذارهم ونبهوهم إلى أنّ الأسطول الصيني سوف يعمل على مراقبة أنشطتهم خلال الرحلات اللاحقة[5].

---

(1) سجل 834، المجلد 12، ص1639.

(2) دراير، تشنغ خه، ص63.

(3) سجلات أسرة مينغ، اليوم 29، الشهر 6، السنة 1، الموافق 11 أغسطس 1436م، السجل 1694، المجلد 23، ص385.

(4) دراير، تشنغ خه، ص63.

(5) Chan, Hok-lam (1998). "The Chien-wen, Yung-lo, Hung-hsi, and Hsüan-te reigns, 1399-1435". The Cambridge History of China, Volume :7 The Ming Dynasty, 1368-1644, Part 1. Cambridge: Cambridge University Press. P 272.

9.6.5. تسوية ملف سيام:

من ضمن الملفات التي حمل مسؤوليتَها تشنغ خه ملف الاعتداء المتكرر من قبل سيام على ملقا، فتشير الأحداث التاريخية إلى أنه عند وصول وفد ملقا إلى الإمبراطور ذكروا أن ملك بلادهم يرغب في أن يأتي إلى البلاط الإمبراطوري لتقديم صداقته، ولكن ملك سيام أعاق الأمر، كما ذكروا للإمبراطور أن ملك سيام يحاول غزو بلادهم، فكتب الإمبراطور رسالة إلى ملك سيام، ذكر فيها أنه كان مسرورًا من إرسال الرسل للبلاط الإمبراطوري ومعهم الهدايا، ولكنه انزعج من سماعه أخبارَ تَعَرُّضه لملك ملقا عندما كان يريد الحضور إلى البلاط الإمبراطوري، كما أوضح له أنه إذا أعيقت السبل، وانتشرت الصراعات فإن ذلك سيؤثر على حالة الازدهار، ونصحه بضرورة تطوير علاقات جيدة مع جيرانه، وألا يتصرف بتهور أو بعدوانية[1].

وكُلّف تشنغ خه بحمل الرسالة إلى ملك سيام، فأخذ تشنغ خه أوامر وتعليمات الإمبراطورية إلى ملك سيام، وبعد مباحثات معه استطاع تشنغ خه بدبلوماسيته وأسلوبه السياسي أن يصل إلى حلول سليمة مع ملك سيام، وأن يلزمه بإقامة علاقات ودية مع جيرانه، لما في ذلك من مصلحة للجميع.

10.6.5. توطيد العلاقة مع البنغال:

في أوائل أسرة مينغ كانت البنغال تتمتع بمكانة مهمة في الاتصالات الصينية، كما كانت أسرة مينغ ترى أن البنغال تستحقّ الاهتمام الخاص، ولما كانت البنغال على هذا النحو من الأهمية لأسرة مينغ فقد أعطاها تشنغ خه

---

(1) سجلات أسرة مينغ، يوم 7، الشهر 2، السنة 6، الموافق 20 مارس 1431م، السجل 1548، المجلد 20، ص1762-1763.

اهتمامًا خاصًّا، وحظيت بأهمية خاصة، ولعلّ ما يؤكد لنا هذا الاهتمام أنّ إجمالي الزيارات المتبادلة بين البلدين طيلة رحلات تشنغ خه تقدر بحوالي 13 زيارة رسمية[1].

وعلى هذا يمكننا القول إن الاتصالات القائمة بين الصين والبنغال كانت كثيرة، لذا فإنه من المؤكد أن تترك هذه الاتصالات بين البلدين تأثيرات سياسية واقتصادية في كلا البلدين لتدل على عمق الروابط بينهما.

11.6.5. توطيد العلاقة مع الدول العربية والإفريقية:

سعى الصينيون لإعادة جسر العلاقات العربية بعد أن أُصيبت بالتدهور أثناء الفترة المغولية، حيث تمكنت أسرة مينغ من استعادة تلك العلاقات في عهد الإمبراطور يونغلي، وذلك بفضل جهود تشنغ خه[2] الذي استطاع استعادة العلاقات خلال رحلاته التي زار خلالها مكة والأجزاء الشرقية للجزيرة العربية، إلا أنه -على ما يبدو- كما يرى لو ماو دينج، أنه بسبب نظام الجزية لم ترحب دولة الجبور[3] في الأحساء بالسياسة الصينية الماكرة

---

(1) دراير، تشنغ خه، ص157.

(2) هيلدا هوخام، تاريخ الصين: منذ ما قبل التاريخ حتى القرن العشرين، ترجمة: أحمد أشرف الكيلاني، المركز القومي للترجمة، دمشق، ص358-363.

(3) كان يحكم الأحساء في فترة قدوم الأسطول الصيني الذي يقوده تشنغ خه، أمراءُ بني جروان وبالأخص الأمير إبراهيم بن ناصر بن جوران المالكي، فقد ذكر ذكر ابن حجر العسقلاني في ترجمته لإبراهيم بن ناصر بن جروان، والذي ذكر أن الأحساء على رأس سنة سبعمائة من الهجرة، قد ملكها سعيد بن مغامس بن سليمان بن رميثة، ثم انتزع الملك منه جروان أحد بني مالك بن عامر سنة 705هـ/ 1305م، ثم ابنه ناصر، ثم حفيده إبراهيم بن ناصر بن جروان الذى كان موجودًا فى الحكم سنة 820هـ/ 1417م. ابن حجر العسقلاني، شهاب الدين أبو الفضل أحمد بن علي بن محمد بن أحمد (المتوفى 1448م)، الدرر الكامنة في أعيان المائة الثامنة، تحقيق ومراقبة: محمد عبد المعيد ضان، مجلس دائرة المعارف العثمانية، حيدر أباد، الطبعة،

مما دفع الطرفين إلى التشدد، وحاصر الأسطول المدينة، وحدثت مناوشات طفيفة بين الطرفين[1].

لكن أحد الباحثين يذكر أنه لم تحدث اشتباكات، فكل ما حدث هو أن تشنغ خه قدم عرضًا للقوة العسكرية في لاسا (الأحساء) بسبب عدم الترحيب بهم من قبل حكام دولة الجبور[2]، ومن ثَمّ تمّ إزالة سوء الفهم، وأعقبه صلح وتفاهمات وتبادل للزيارات والسفارات، وهو أمر أكدته الرحلتان اللاحقتان.

لم تكن الأحساء هي المنطقة الخليجية الوحيدة التي زارها الأسطول الصيني بقيادة تشنغ خه، بل زار وتعامل مع موانئ قطر والبحرين وغيرها من موانئ الخليج العربي، ولعل ما يؤكد ذلك أن عددًا من الوثائق في سجلات أسرة مينغ كانت تفرق بين الأحساء وبعض المناطق الأخرى في الخليج العربي[3]، ولذا فقد كانت الموانئ القطرية من الموانئ التي حظيت بزيارة الأسطول الصيني، ومما يزيد جزمنا بهذا الأمر هو أن موانئ قطر كانت أولى

الثانية، 1392هـ/ 1972م، ج 1، ص83. وبعد سقوط دولتهم قامت دولة الجبور، وهي السلطنة الجبرية التي قامت في المنطقة الشرقية للجزيرة العربية على يد زامل بن حسين الجبري في نهاية العقد الثاني من القرن الخامس عشر الميلادي(1417- 1525م)، وذلك بعد أن تمكن زامل بن حسين من فرض سلطانه الفعلي على الأحساء أولًا ومن ثَمَّ مد نفوذه على القطيف وأجزاء من إقليم نجد، ثم امتد نفوذ سلطنتهم من سواحل عمان جنوبًا وحتى الكويت (الحالية) شمالًا، وضمّت أيضًا جزر البحرين وامتد نفوذها إلى شرق نجد وما إلى تلك البلاد من العراق. ينظر: الهاجري، علي بن غانم، السلطنة الجبرية... عهد السلطان أجود بن زامل، دار جامعة حمد بن خليفة للنشر، الدوحة، 2018م، ص25 ومابعدها.

(1) Luo Maodeng, annotated by Lu Shulun, p 50-57
(2) المطاحن، المسح الشامل لسواحل المحيط، ص13.
(3) ينظر ذكر البحرين في سجلات أسرة مينغ. مجلد 12، سجل 834 - مجلد 19، سجل 1534 - مجلد 13، سجل 921 - مجلد 13، سجل 949 - مجلد 13، سجل 956.

الموانئ الخليجية التي تستقبل السفن التجارية الآتية من الهند والصين[1]، هذا بالإضافة إلى أن الآثار في مروب كشفت عن بقايا بعض الأدوات الصينية، ومن تلك الأدوات طاسه صينية، وهي موجودة في المتحف الوطني القطري.

هذا وقد استطاع تشنغ خه بدبلوماسية راقية أن يعقد علاقات وطيدة بين البلدان العربية والشرق الإفريقي من ناحية وأسرة مينغ من ناحية أخرى، فخلال رحلاته الرابعة والخامسة والسادسة والسابعة استطاع أن يصل إلى العديد من المناطق العربية والإفريقية وأن يوثق العلاقات الودية معها.

وخلال هذه الرحلات توالت زيارات الدول العربية والإفريقية إلى بكين معبرة عن صداقتها للشعب الصيني، فقد قدمت الوفود إلى الصين من مكة المكرمة والمدينة المنورة[2]، ومن مقديشو ومصر والخليج واليمن[3]، هذا بالإضافة إلى أن عدة دول إفريقية أرسلت السفراء عدة مرات[4].

كان تشنغ خه كلما وصل إلى دولة يقابل ملكها أو حاكمها بوصفه رسولًا لأسرة مينغ، ويقدم إليه الهدايا باسم الإمبراطور الصيني، ويبدي رغبة صادقة في إقامة علاقات رسمية بين البلدين وتطوير الصداقة بينهما.

---

(1) يشير الإدريسي صراحة إلى أنه أثناء القدوم من طريق الهند والصين فإن أول ما يدخل إليه أو يظهر هي جزائر قطر، كما ذكر الإدريسي ميناءً قطريًا أسماه «المرسى المفقود»، ولفظ «المفقود» لا يعني «غير الموجود»، ولكنه اسم للميناء -كما يبدو- لأنه وصفه بأنه مرسى جليل محمي من الرياح، وبه عين ماء غزيرة عذبة. الإدريسي، نزهة المشتاق، ج1، ص162.

(2) تشودري، ملحوظة عن وصف ابن تاغرو بيرد للسفن الصينية في عدن وجدة، مجلة الجمعية الملكية الآسيوية لبريطانيا العظمى وأيرلندا، 1989م، ص112.

(3) دراير، تشنغ خه، ص87.

(4) دراير، تشنغ خه، ص89-90.

ونتيجة للجهود المكثفة من قبل تشنغ خه وصل إلى الصين الكثير من رؤساء وملوك ورسل الدول التي زارها تشنغ خه زيارات رسمية، وبفضل تلك الجهود أقيمت علاقات دبلوماسية وتجارية بين الصين وهذه الدول.

الفصل السادس
نتائج الدراسة
تشنغ خه ربان الدبلوماسية الصينية ورائد الاكتشافات الجغرافية

في نهاية هذه الدراسة، والتي حرصنا على أن تكون الرصانة العلمية الدقيقة أساس قوامها وخطوطها، توصلنا إلى نتيجة مفادها أن تشنغ خه كان يمثل قائدًا أمميًّا وطد مكانة السياسة الخارجية الصينية في كافة أرجاء الدول المحيطة بها، وأسس لمكانتها الإقليمية في كافة المجتمعات التي كانت معروفة للصين في ذلك الوقت، والتي قام تشنغ خه بزيارتها.

كما يُعدُّ تشنغ خه أول من كسب الصفة الأممية العالمية تاريخيًّا، وذلك من خلال مهامه المتنوعة التي قام بها نحو البلدان المختلفة، سواء أكانت تلك المهام تمثل المعالجات الأمنية أو الملفات السياسية أو الاقتصادية أو الاجتماعية التي أُنيطت به، وقام بمعالجتها في العديد من الدول.

ومن جانب آخر يعدُّ تشنغ خه رائد الكشوفات الجغرافية والبحرية الأول، حيث بدأ كشوفاته الجغرافية في مرحلة كانت فيها المعرفة نادرة ومجهولة في هذا الصدد، فوضع أبجديات الكشوفات الجغرافية، وفيما سيأتي سنقوم بتوضيح ملامح هذه السمة الأممية، وريادته في الكشوفات الجغرافية في ضوء ما توصلت إليه هذه الدراسة.

1.6. تشنغ خه القائد الأممي للأمن الدولي:

لا يخفى على أحد ما كان عليه الوضع العام قبل رحلات تشنغ خه لمنطقة جنوب شرق آسيا، بل ومناطق المحيط الهندي والهادئ، فقد وصل الوضع في هذه المناطق إلى أدنى درجات الانحطاط والاضمحلال السياسي والتدهور الأمني وفقدان السلم، ومرد هذا يعود إلى الحالة التي كانت عليها هذه المجتمعات من تخبط وتفكك وركض خلف المصلحة المحدودة، فضلًا عن سيادة الأفكار البالية التي قامت على الأنانية والانغلاق على الذات، لذا فقد افترس العديد من تلك المجتمعات الجهلُ وسيطر عليها حكمُ الغاب، وما القرصنة واللصوصية في أعماق البحار إلا دليل على جهل تلك المجتمعات وتخلفها، حيث أدت هذه القيم والمفاهيم المتخلفة إلى اضمحلال أمنها وانحلالها.

وسط هذه الفوضى السياسية والانفلات الأمني، ظهرت رحلات تشنغ خه لتغير مجرى تاريخ المجتمعات الشرقية، حيث أتت مبادئ الرحلات وأصولها قائمة على ما يحفظ السلم والسلام، ويقيم العدل والأمن بين المجتمعات التي تعامل معها بلا تفرقة أو تمييز، ومن هنا ظهرت الإمبراطورية الصينية للعب دور الوسيط الأممي الحافظ للاستقرار الأمني والازدهار الاقتصادي لهذه الدول، وذلك بواسطة سفيرها تشنغ خه الذي استطاع إحداث دور محوري وتغيير جذري في طبيعة الدور الذي لعبته الإمبراطورية الصينية في قارة آسيا، بل في العالم كله آنذاك خلال القرن الخامس عشر الميلادي.

هذا وقد سعى تشنغ خه لفرض الأمن واستتبابه في البحار والمدن الساحلية، حيث عمل على محاربة القرصنة والهجمات البحرية، والقضاء على أوكار القراصنة، فأحرق سفنهم وطاردهم في البحار، فقضى على

خطرهم، وجعل الطرقات سالكة آمنة، وقد مرّ معنا في هذه الدراسة بعضٌ من أقوال تشنغ خه، والتي أكدت رغبته الجامحة في محاربة أولئك الذين يخلون بالأمن في البحار، حيث نجده يذكر أحد القراصنة وكان قد سيطر على بعض الأراضي الساحلية، واتخذها منطلقًا لغاراته ضد السفن، فيقول تشنغ خه عنه: «... فرض سيطرته فرضًا على هذه البقعة من البحر ونهب التجار المارة، مما أفسد العلاقات الودية فيما بين الدول المختلفة، فكيف نقف مكتوفي الأيدي ونغض الطرف عن تصرفاته الضارة؟».

وهكذا فإنَّ النص يظهر تشنغ خه بمظهر القائد الذي يقوم بمهمة استتباب الأمن العالمي، ويظهر في النص أن تشنغ خه لم يقل: إنّ هذا القرصان وجيشه أضر بالصين، ولكنه ذكر أنه أضرَّ بالدول المختلفة، وهذا إن دل على شيء فإنما يدل على أن تشنغ خه يتعامل باعتباره راعيًا للأمن الإقليمي وليس مجرد الأمن الوطني للصين.

لم تكن مهمة تشنغ خه هي استتباب الأمن في المحيط الإقليمي للصين، بل في كل منطقة زارها تشنغ خه، وهذا يتضح من قوله: «... عند وصولنا للبلاد القاصية البعيدة، تصدينا للملوك البرابرة الذين يحاولون أن يعيقوا التأثير المتنقل للثقافة الصينية، وكانوا عديمي الأدب، فألقي القبض عليهم أحياء، وكذلك اللصوص الذين أعطوا أنفسهم الحق في استخدام القوة حيث تمّ استئصالهم وتطهير البحر منهم، وأهل تلك البلاد شهود على ذلك...»[1].

وهكذا يشير قول تشنغ خه إلى أن هدفه كان تحقيق استتباب الأمن في المناطق البعيدة، وهي كل المناطق الغربية من القارة الآسيوية، وكذلك مناطق القارة الإفريقية، وليس مجرد تحقيق الأمن الوطني لبلاد فحسب.

---

[1] تشنغ خه، في ذكرى العلاقات مع البرابرة، الملحق الأول.

كما يتضح أن ما قام به تشنغ خه من عمليات نشر الأمن في البحار لم تقتصر على قضائه على القراصنة فحسب، بل شمل كل من أخل بالأمن العام، ثم يؤكد تشنغ خه في آخر قوله أنه استطاع تطهير البحار وجعلها آمنة، ثم يذكر أن المجتمعات قد شهدت بذلك، وأحست باستتباب الأمن، وهو الأمر الذي جعلهم في غاية السرور لتخليصهم من خطر لصوص البحار.

وفضلًا عن ذلك فقد كانت جهود تشنغ خه الأمنية هادفة إلى تغيير وتحسين الأوضاع المتوترة بين الدول، فانطلق من قاعدة المساواة في التعامل مع الملفات الأمنية للدول، وسعى بخطى حثيثة من أجل التوصل إلى حلول معقولة للخلافات، ولعلّ أهمها معالجته للملفات الدبلوماسية بين الصين واليابان وقد تكللت جهوده السياسية بعقد اتفاقية سياسية بين البلدين، وكانت هذه الاتفاقية مصدر إعجاب وتقدير من قبل الإمبراطور الصيني.

كما استطاع تشنغ خه تسوية الوضع السياسي المضطرب في سومطرة، وقمع التمرّد الأهلي فيها، وعالج الصراعات الدائرة في المناطق الواقعة في المنطقة المحيطة بخليج ملقا، فتوجت أعماله بقيام دولة مستقلة ذات سيادة في ملقا، كان لها دور في حفظ أمن واستقرار المنطقة، كما تمكن من نزع فتيل الصراع بين سيلان والصين، وإنهاء العداء مع جاوا وغير ذلك من الملفات الأمنية.

وهكذا نجد تشنغ خه يسلك كل مسلك سلمي لدفع أي عدوان أو ضرر يلحق بمصالح الناس والمجتمعات، فلم يكن تشنغ خه يتحدث عن أمن وسلامة الصين بل يتحدث عن أمن وسلامة الدول المختلفة، فاستطاع معالجة العديد من الملفات السياسية التي تثير القلق الأمني، واستطاع تقزيم

بعض القوى التي كانت تثير التوتر داخل المنطقة، كما جنَّب الدول الضعيفة الكثير من المخاطر التي كانت تهدد أمنها وسيادتها من قبل دول أقوى منها ولديها نزعات عدائية.

إن التجربة الأمنية التي آمنت بها الصين وانتهجتها قولًا وفعلًا، وعمل على تنفيذها رسولها تشنغ خه تعد من التجارب الإنسانية الرائدة في مسيرة الأمم التاريخية، تلك التجربة التي وضعت أهدافها وفق مقاييس إنسانية عامة وليس انطلاقًا من مصالح ذاتية محدودة.

ما أحوجنا لهذه التجربة في الوقت الراهن في هذه الألفية التي فيها تراكمت الملفات الأمنية للمجتمعات الإنسانية، وأثقلت وأنهكت شعوبها المشاكل المستعصية، ومما زاد الطين بلة اتخاذ بعض المجتمعات الكبرى مسألة معالجة الملفات الأمنية سبيلًا للمقايضة والمساومة، وذلك على الرغم من قيام المجتمع الدولي ببناء منظمات دولية وإقليمية يناط بها معالجة الملفات الأمنية لكن ذلك لم يحقق النتائج المأمولة.

ما أحوجنا إلى إعادة النظر، والاستفادة من النهج الأمني لتشنغ خه الذي حمل الكل على قدم المساواة، ووضع أسس السلم التي لا تتغير بتغير المكان أو الزمان أو الأطراف المتنازعة، فأركان الأمن وفق منظور تشنغ خه ينبغي أن تمثل الثوابت والمرجعيات للأمن العام للدول جميعًا.

2.6. تشنغ خه رائد الفكر الاقتصادي العالمي الحديث:

لقد ترك لنا تشنغ خه تاريخًا اقتصاديًا مليئًا بالأفكار والنظريات الاقتصادية، وعلى الرغم من بساطتها فإنها أوجدت حلولًا عملية وواقعية لمشكلات المجتمعات الاقتصادية، وهو بخلاف التاريخ الاقتصادي

الحديث الذي لم يقدم ما يعوّل عليه من حلول عملية لحل مشكلات المجتمعات الاقتصادية والاجتماعية رغم تطور نظمه وتعدد نظرياته، فليس المهم أن تكون هناك نظريات وقوانين وأنظمة معقدة، ولكن المهم هو إيجاد حلول لمشكلات المجتمعات الاقتصادية والاجتماعية؛ أي الاهتمام بحاجات المجتمعات الأساسية والضرورية، ومد يد العون لها بغض النظر عن بساطة الأفكار.

ولعلّ من أهم الأفكار الاقتصادية التي أبدع فيها تشنغ خه ربطه بين الاستقرار السياسي والازدهار الاقتصادي، فمن منظوره أنه كي تنجح عملية الازدهار الاقتصادي فلا بُدَّ من استقرار سياسي، ومن هذا المنطلق نراه يعمل على نزع بؤر التوتر في عدد من البلدان، وبذل قصارى جهده لكي تصل إلى الاستقرار السياسي، ولعل من أبرز الأمثلة على ذلك الاستقرار السياسي الذي أرساه في ملقا وسومطرة مما مكّن هذين البلدين من النهوض الاقتصادي.

لقد انطلقت السياسة الاقتصادية لتشنغ خه من منطلق اقتصادي قائم على تحقيق المنفعة للجميع ونبذ الاحتكار، ففي رحلاته جميعًا لم نعلم -بحسب اطلاعنا- عن ممارسته أساليب احتكارية مع البلدان المختلفة التي تعامل معها.

ومن المرتكزات الرئيسة للفكر الاقتصادي عند تشنغ خه مساعدة المجتمعات من أجل التنمية والنهوض الاقتصادي، فكان يقدم المعونات والاستشارات لبعض الدول من أجل النهوض الاقتصادي، منطلقًا في ذلك من الاستراتيجية العامة التي وضعها، وأساسها مساعدة كل بلد وفق ظروفه وقدراته وإمكانياته، وبذلك ساهم في النهوض الاقتصادي للعديد من البلدان مثل ملقا من خلال تطوير الميناء الرئيس فيها ليصبح أول ميناء ترانزيت في

العالم، ثم إنه ساعد العديد من البلدان كي ترتقي إلى مراكز تجارية مهمة، هذا بالإضافة إلى مساعدة بعض الدول في المجال الاقتصادي الزراعي.

وكانت لرؤية تشنغ خه الاقتصادية أثرها الكبير على التجارة العالمية، حيث نشطت التجارة الدولية والتجارة العابرة للقارات والمحيطات، وساعدت رحلات تشنغ خه على ظهور مراكز تجارية في العديد من المناطق على امتداد مسار الأسطول. فكانت تلك المراكز الواقعة على سواحل المحيطات بمثابة المراكز الدولية للتجارة، ومن نماذج ذلك: أحد الموانئ الهندية الذي كان يستقبل السفن الصينية العملاقة لدرجة أن عملية التفريغ في هذا الميناء كانت تستغرق عدة أشهر.

على كل حال؛ فإن التجربة الاقتصادية لتشنغ خه كانت تجربة ناجحة تستحق الدراسة والاستفادة منها في الوقت الحاضر، فقد شكلت الرؤية الاقتصادية في تجربة تشنغ خه نحو تقديم المساعدات غير المشروطة للبلدان رافدًا من الروافد التي تساعد البلدان على النهوض الاقتصادي؛ ذلك النهوض غير المشروط، فتشنغ خه لم يقم بما يقوم به البعض الآن من احتكار التجارة والسيطرة على موانئ البلدان الفقيرة وتأجيرها، وما إلى ذلك من الأعمال الاقتصادية التي ترزح بسببها المجتمعات الفقيرة تحت وطأة المجتمعات القوية.

3.6. دور تشنغ خه في التكافل الاجتماعي العالمي:

إن الدور الكبير الذي لعبه تشنغ خه للنهوض بالمستوى الاقتصادي لكافة الدول المحيطة بالصين، فضلًا عن ضمان الأمن -لاسيما الأمن البحري- لتسهيل مهمة التبادل التجاري، ومن ثم تحقيق النمو المأمول، كل ذلك لا بد وأن يصب في خدمة الوضع الاجتماعي للمواطنين الذين

ستشملهم هذه التطورات الإيجابية في المجالين الاقتصادي والأمني ومن ثم الاستقرار السياسي. لذلك لعب تشنغ خه دورًا في مساعدة الفلاحين على تحسين إنتاج المزروعات، من خلال تعدد الدورات الزراعية وتسهيل مهمة نقل المحاصيل إلى الأسواق، حيث كان يحمل على أسطوله بعض المزروعات، وينقلها من بلد إلى بلد، وكان يعلم الفلاحين أصول زراعتها بنفسه. فضلًا عن دوره الجلي في المجال التجاري، وتنمية العلاقات التعاونية بين الدول في هذه المجالات.

هذا وقد قاد الصيني المسلم تشنغ خه أتباعه في بعض السواحل إلى بناء الغرف والمنشآت وتشييدها، وشارك الجماهير العامة المحلية في عملهم، كما ساهم في حفر الآبار وتعليم الناس فنون حفرها بالطريقة الصينية، وعلَّم بعض المجتمعات بعض الحرف الصناعية، فنجد البعض في هذه المجتمعات التي مر بها الأسطول يتحدث عن شباك الصيد الصينية والأساليب المعمارية الصينية في حياتهم، ويفيض كلامهم عن هذا الموروث الصيني بكثير من الود والامتنان نحو أبناء الشعب الصيني.

ومن ثم فقد تمكن تشنغ خه من توظيف التعاون الاقتصادي والسياسي والأمني توظيفًا رائعًا في توفير بيئة اجتماعية تنعم بالاستقرار والتكافل بين أفرادها، والتقليل من الاضطرابات الطبقية التي تنشأ في المجتمعات المادية، والتي بدأت إرهاصاتها تلوح في الأفق بعدد من الدول.

وهكذا كان لتشنغ خه دور كبير في مجال الرعاية الاجتماعية والضمان الاجتماعي لعدد كبير من أفراد المجتمعات الإنسانية التي مر بها أسطوله العظيم.

4.6. تشنغ خه رسول التعايش السلمي والأمن العالمي:

إن القراءة التاريخية المتأنية لمعظم المعاملات التي تمت بين تشنغ خه والمجتمعات الإنسانية في رحلاته السبع خلال 28 عامًا لتطلعنا على نتيجة واضحة، مفادها أن تشنغ خه استطاع أن يقدم نموذجًا فريدًا للتجانس والتعايش والتفاهم بين مختلف الفئات والقوميات والطوائف والأديان وفي مختلف جوانبها النفسية والاجتماعية والسياسية، الأمر الذي خلد سيرته، ورسخ بأحرف من نور مساهمته التاريخية في هذا الملف.

فقد قدم رؤيته الراقية للسلام القائم على العدل والتعاون الإيجابي بين البشر، سعيًا نحو الصالح العام للجميع، بلا تفرقة أو تمييز، ودون استئثار أو احتكار يبقي التمايز قائمًا بين الشعوب، فيزيد الأغنياء غنى والفقراء فقرًا.

لقد عاش تشنغ خه باذلًا كل جهد من أجل إقرار السلم، وتوفير مقومات التعايش السلمي بين المجتمعات المختلفة من خلال سياسة صالحة لا تغفل البعد الأخلاقي، وترسيخ علاقات الود بين الشعوب، فهو القائل: «... إنّ الزيارة الهادفة إلى إقامة العلاقات الودّية شغل شاغل عاجل بالنسبة إلينا...»، ومن أقواله أيضًا: «في سبيل إقامة العلاقات الودية بين الصين وهذه الدول، لا نخشى حتى الموت».

لقد قام سفير السلام وربان الدبلوماسية الصينية تشنغ خه بنقل الصداقة الودية من قبل الشعب الصيني إلى أكثر الدول التي لا يزال له ذكرى طيبة في حياة كثير من شعوبها إلى يومنا هذا.

ولا شك أن التعصب والعنصرية من أخطر الإشكاليات التي تواجه المجتمعات الإنسانية على مر تاريخها الطويل. وقد ارتبط السلوك التعصبي للأسف بفهم منحرف للانتماء الديني والدفاع العقائدي، فأصبحت العديد

من السلوكيات العنصرية المنحرفة تجاه الآخر المختلف عقائديًا تتدثر برداء الدفاع عن المعتقد والانتصار للإيمان. وهذا هو أخطر ما في هذا الداء الذي يضرب أمن المجتمعات الإنسانية واستقرارها.

ولما كان التعصب على هذا الوجه من السوء، كان تشنغ خه على وعي كامل بهذا الأمر، ولذا فقد أولى مهمة التصدي له كل اهتمام، ولم يدخر جهدًا في سبيل التصدي له من خلال نشر مبادئ التعايش السلمي بين الشعوب. وقدم نموذجًا للشخصية المعتدلة المتوازنة غير المتعصبة لمعتقد، والمؤمنة بحرية كل مجتمع في اختيار معتقده ومنظومة إيمانه، دون أن يكون من حق معتقد آخر إجباره على تغييره أو الحط من شأنه، فكانت شخصيته متوافقة، غير متعصبة لعصبية أو قومية. وعلى الرغم من القوة العسكرية التي كانت تحت تصرفه، والتي كانت كفيلة باستسلام أي شعب بمجرد اقتراب الأسطول إلى سواحله، لكنه لم يستخدم أسطوله في العدوان والتوسع، بل استخدمه لنشر الصداقة وتحقيق السلم، فخلال رحلاته البحرية كان يلجأ إلى وسائل مختلفة للتوسط بين المتصارعين، وتخفيف التناقضات بين شعوب مختلف الدول، وتهدئة النزاعات، والسعي إلى نشر ثقافة الاجتماع الإنساني. فرحلات تشنغ خه السبع البحرية كانت بمثابة رأس الحربة في الاستراتيجية الصينية الهادفة إلى حسن الجوار، والدافعة للتبادلات الثقافية والاقتصادية بين الصين ومختلف دول آسيا وإفريقيا وأوروبا.

لقد أبحر تشنغ خه وهو يحمل في أسطوله بذور الثقافة الصينية الرامية إلى التسامح والتعايش، وخلق اجتماع إنساني متجانس، وهدم عوامل الاختلاف في المعتقد، ونزع كل ما يؤجج الصراع والنزاع بين البشر، وتمنع تعايشهم مع بعضهم البعض؛ والتأكيد على ضرورة الاعتراف بوجود الآخر المختلف، والدفاع عن حقه في الاختلاف. ولقد جسدت سلوكيات تشنغ خه

في أثناء رحلاته مبدأ قبول المخالف في المعتقد، واحترامه وكسب وده، كما نلاحظ أن سلوكياته الدينية كانت تضع الضوابط، وتقيم العلاقات، فنراه لا يفرق بين الديانات؛ فقد شيد المسجد، ودعم المعبد، وشارك في الطقوس الدينية لمختلف الديانات، إلى الدرجة التي جعلت من معتقد تشنغ خه أمرًا ملتبسًا على المؤرخين، فبينما رآه البعض مسلمًا، رأى فريق آخر أنه كان بوذيًّا أو طاويًّا، وجميعهم استندوا في حكمهم على معتقده إلى ما كان يقوم به من أعمال ملؤها التقدير والاحترام لهذه المعتقدات جميعًا، معتبرين ذلك انطلاقًا من إيمان بالمعتقد -وليس تسامحًا مع كافة المعتقدات- وإيمان بمبدأ الحرية الدينية والتقدير لحرية كل شخص أو مجتمع في اختيار معتقده وممارسة طقوسه بحرية كاملة.

5.6. تشنغ خه التاريخ المشترك بين المجتمعات:

لقد عكست هذا الدراسة صدى رحلات تشنغ خه في المجتمعات التي زارها، ذلك الصدى الذي يعكس نظرة الإنسان خارج الصين للصين ولشخصية تشنغ خه، تلك النظرة المحملة بمشاعر الود والاحترام، والتي جاءت رد فعل للمبادرة الصينية الساعية نحو مد جسور الصداقة والتعاون مع مختلف الشعوب المحيطة. وكان تشنغ خه هو من ترجم أهداف الشعب الصيني ورغبته في التعاون ونشر السلم وخدمة الإنسانية.

إن تشنغ خه ما نزل ببلد إلا وترك فيها أثرًا باقيًا، فتسابقت الشعوب على تخليد ذكره طيب الأثر، فإذا نظرنا إلى الأقطار التي زارها نجد التاريخ يخبرنا عن القرية المسماة تشنغ خه التي لا تزال قائمة في إحدى ضواحي مدينة بروة الواقعة على الساحل الشرقي الإفريقي حتى اليوم، وفي إندونيسيا مدن عدة تحمل اسم طفولته (سان باو)، وفي تايلاند ميناء سان باو، ومعبد سان باو،

وفي محافظة سان فنغ نوع من الزنجبيل المسمى (زنجبيل سان باو) حيث قيل إن هذا النوع من الزنجبيل قد تكاثر من الزنجبيل الذي أعطاه تشنغ خه إياهم، وجاءت هذه الأسماء كلها لتقدير فضل وجهود تشنغ خه ومحبتهم له.

لقد تركت زيارة تشنغ خه آثارًا عديدة في كوشين وكلاكوت والبنغال حتى الآن، فعندما يتحدث المحليون عن شباك الصيد الصينية، والأساليب المعمارية الصينية في حياتهم، يفيض كلامهم بذكر الصداقة القديمة والحديثة نحو أبناء الشعب الصيني. وهكذا أحدث تشنغ خه تمازجًا اجتماعيًا بين الشعوب يصعب نسيانه.

6.6. تشنغ خه رائد الكشوفات الجغرافية:

يُعدُّ تشنغ خه رائد النشاطات الاستكشافية والملاحية البحرية؛ وذلك بما قدمه خلال رحلاته من المنجزات للنشاطات البشرية البحرية التي تعد في حد ذاتها عملًا عظيمًا، ففي ذلك العهد لم تكن هناك قوة محركة لمثل هذه الأعمال الكبيرة تفوق القوة الصينية، كما أن عالم البحار والمحيطات كان عالمًا مجهولًا عندما قام تشنغ خه برحلاته، ورغم ذلك استطاع تشنغ خه تحقيق عدد من الاكتشافات البحرية التي استفاد منها من جاؤوا بعده من الرحالة والمكتشفين.

كما استطاع تشنغ خه أن يحدث تغيرات واضحة في خريطة الملاحة العالمية في بداية القرن الخامس عشر للميلاد، فكان من نتائج ما قام به تشنغ خه إثراؤه لمعارف الإنسانية البحرية، ورفعه من مستوى إدراك الإنسانية لقيمة البحار ودورها في مجمل النشاطات الإنسانية.

فقد وفرت رحلات تشنغ خه كمًّا هائلًا من المعلومات البحرية، ووضعت تلك المعلومات تحت خدمة الإنسانية، بالإضافة إلى ما قام به من استكشافات لخطوط الملاحة البحرية شملت خطوطه الملاحية الرئيسة (56 خطًّا ملاحيًّا) والتي بلغ طولها 15000 ميل، كما استطاع تشنغ خه أن يشق خطوطًا جديدة، وأن يختصر طرقات قديمة، وكذلك أنشأ خطوطًا للربط بيم مراكز تجارية وموانئ بحرية، إلى غيرها من الأعمال العظيمة في هذا الصدد.

كذلك أظهرت هذه الدراسة أن الرحلات الاستكشافية التي قام بها بعض الرحالة فيما بعد ما كان لها أن تتم بتلك الصورة لولا أنهم استفادوا من الإرث الذي قدمه الشرق في الملاحة البحرية، فقد كانوا يتحركون في رحلاتهم بأريحية، وكل ذلك وفق خرائط شرقية، سواء أكانت عربية إسلامية أم صينية، فمن غير المعقول ظهور رأس الرجاء الصالح، وكذلك الساحل البرازيلي إلا وفق خرائط وكشوفات مسبقة.

ومن هذا المنطلق فقد أكدت الدراسة على سبق الرحالة الشرقيون في اكتشاف العالم الجديد وطريق رأس الرجاء الصالح؛ فالصينيون والمسلمون قد مروا برأس الرجاء الصالح قبل الأوروبيين بمئات السنين.

كما توصلت الدراسة إلى وصول بعض أسراب أسطول تشنغ خه إلى الأمريكتين، وذلك اعتمادًا على ما تمتع به تشنغ خه وأسطوله من قدرة معرفية بحرية وتقنية متفوقة في بناء السفن الضخمة والأسطول شديد الضخامة، وذلك كله يؤكد على وصوله إلى الأمريكتين. ثم إن الأوصاف البحرية التي حملتها كلمات النقش الذي نقشه تشنغ خه حول أوصاف المحيط الأطلسي -والذي ذكرته المصادر العربية- دليل على اجتياز تشنغ خه إياه، ووصوله إلى الأمريكتين.

كما أن خريطة العالم التي رسمها تشنغ خه عام 1418م أضافت حقائق جديدة للكشوفات الجغرافية، ففيها تظهر الأمريكتان قبل اكتشاف كولومبس لها، وهذا يدل على معرفة تشنغ خه بالأمريكتين.

خلاصة القول؛ أن تشنغ خه ورحلاته تشكل تجربة فريدة، ومظهرًا رائعًا من مظاهر التعايش السلمي والتكافل الاجتماعي والتكامل الاقتصادي لشعوب العالم بأسره في القرن الخامس عشر، فهذه الرحلات قدمت تجربة تجارية واقتصادية ساهمت بفاعلية في نهضة شعوب القارات الثلاث للعالم القديم. ولقد أخذت هذه الرحلات على عاتقها مهمة تلبية احتياجات المجتمعات المختلفة، ومدّ جسور التواصل، وتحقيق استفادة الشعوب من الخبرات الإنسانية لبعضها البعض، وكل ذلك تم برغبة صينية خالصة عبر سفيرها وربان دبلوماسيتها تشنغ خه، الذي نجح نجاحًا باهرًا في تأدية دوره نحو الأمم جميعًا، بل صارت رحلاته سمة بارزة من سمات الحضارة العالمية، ورسالة من رسائلها الإنسانية النبيلة.

قائمة المصادر والمراجع

7.1. المصادر والمراجع العربية والمعربة:

1. الإدريسي، محمد بن محمد بن عبد الله بن إدريس الحسني الطالبي (المتوفى 1166م)، نزهة المشتاق في اختراق الآفاق، عالم الكتب، بيروت، الطبعة الأولى، 1409هـ.

2. أدهم، علي، الهند والغرب، القاهرة، 1978م.

3. الأمين، سعيد محسن، أعيان الشيعة، حققه وترجمه: حسن الأمين، دار المعارف، بيروت.

4. ابن بطوطة، محمد بن عبد الله بن محمد بن إبراهيم اللواتي الطنجي (المتوفى 1377م)، رحلة ابن بطوطة: تحفة النظار في غرائب الأمصار وعجائب الأسفار، أكاديمية المملكة المغربية، الرباط، 1417هـ.

5. ابن حجر العسقلاني، شهاب الدين أبو الفضل أحمد بن علي بن محمد بن أحمد (المتوفى 1448م)، الدرر الكامنة في أعيان المائة الثامنة، تحقيق ومراقبة: محمد عبد المعيد ضان، مجلس دائرة المعارف العثمانية، حيدر أباد، الطبعة، الثانية، (1392هـ/ 1972م).

6. تانغ روا وانغ (المبشر اليسوعي الألماني J.A. Shar von Bell)، جميع الأساسيات في الأسلحة النارية (Huo gong qie yao)، وقد ألفه في

فترة الإمبراطور تسونغ تشن 1643م. الكتاب موجود على المكتبة الرقمية العالمية على الرابط:

https://www.wdl.org/ar/item/11403/

7. تيرادا تابانوبو، تشنغ هو: مستكشف يربط بين الصين والدول الإسلامية، مطبعة هاييانغ، 1988م.

8. تشنغ يي جيون، إبحار تشنغ خه إلى المحيط الهندي، دار المحيط، 1985م.

9. تشنغ خه، شجرة العائلة لتشنغ خه، (1723–1735م).

10. تشنغ خه، في ذكرى العلاقات مع البرابرة، تحقيق: محمد محمود خليل، منشور ضمن كتاب: «الخليج والجزيرة العربية في الوثائق والحوليات الصينية فترة العصور الوسطى، أسرة مينغ نموذجًا» لمحمد محمود خليل، موقع الألوكة.

11. تشنغ خه، فو- تشيان رين - هوا، تحقيق: محمد محمود خليل، منشور ضمن كتاب: «الخليج والجزيرة العربية في الوثائق والحوليات الصينية فترة العصور الوسطى، أسرة مينغ نموذجًا» لمحمد محمود خليل، موقع الألوكة.

12. الحداد، محمد يحيى، مقاومة العرب للنشاط البرتغالي البحري بعد اكتشاف رأس الرجاء الصالح في الهند، مجلة المؤرخ العربي، العدد (45)، 1993م.

13. الحميري، أبو عبد الله محمد بن عبد الله بن عبد المنعم (المتوفى 1494م)، الروض المعطار في خبر الأقطار، تحقيق: إحسان عباس،

مؤسسة ناصر للثقافة (طبع على مطابع دار السراج)، بيروت، الطبعة الثانية، 1980م.

14. خليل، محمد محمود، الخليج والجزيرة العربية في الوثائق والحوليات الصينية فترة العصور الوسطى، أسرة مينغ نموذجًا، منشور في مؤتمر العلاقات العربية الصينية، جامعة قناة السويس، 2012م. (نسخة إلكترونية).

15. داير، إدوارد، تشنغ خه: الصين والمحيطات في فترة سلالة مينغ المبكرة (1405–1433م)، بيرسون لونجمان، نيويورك، 2007م.

16. رايس، بيري، كتاب البحرية، مكتبة القديسة صوفيا، إسطنبول، 1935م.

17. زروق، أسعد، إسرائيل الكبرى، مركز الأبحاث، بيروت، 1973م.

18. السامرائي، خليل إبراهيم وآخرون، تاريخ العرب وحضارتهم في الأندلس، دار الكتاب الجديد المتحدة، بيروت، الطبعة الأولى، 2000م.

19. السعدون، خالد، مختصر التاريخ السياسي للخليج العربي منذ أقدم حضاراته حتى عام 1971م، جداول للنشر والتوزيع، بيروت، 2012م.

20. السلمان، محمد حميد، الغزو البرتغالي للجنوب العربي والخليج في الفترة ما بين (1507–1525م)، مركز زايد للتراث والتاريخ، العين، (1420هـ/ 2000م).

21. سين، تانسن، تأثير حملات تشنغ خه على تفاعلات المحيط الهندي، المجلد 79، العدد (3)، 2016م.

22. شاكر، محمود، تاريخ الإسلام، المكتب الإسلامي، بيروت، الطبعة الثانية، (1416هـ/ 1995م).

23. شبكة الصين، الذكرى السنوية الستمائة لرحلات تشنغ خه البحرية، شبكة الصين، 17 أغسطس 2007م، على الرابط:

http://arabic.china.org.cn/culture/txt/2007-08/17/content_8703546_2.htm

24. شبكة المعلومات الدولية، الحروب الصليبية الحديثة، على الرابط:

http://www.alminbar.net/malafilmy/horoob/4.htm

25. شتشيبانسكي، كالي، الرحلات السبع لأسطول الكنز، ThoughtCo، على الرابط:

https://www.thoughtco.com/the-seven-voyages-of-the-treasure-fleet-195215

26. شيه غويان، «مدخلات الأجهزة الغربية في عهد أسرة مينغ والمجتمع الصيني ما قبل الحديث»، العدد الأكاديمي الشهري (Xueshu yuekan)، العدد (8)، 2003م.

27. شيوبي، كمال الدين باي، مساهمة المسلمين الصينيين في التاريخ، «محاضرة بملتقى الفكر الإسلامي الثالث عشر بالجزائر».

28. الطبري، أبو جعفر محمد بن جرير (المتوفى 923م)، تاريخ الأمم والملوك المعروف بـ«تاريخ الطبري»، دار النشر للطباعة - القاهرة، الطبعة الرابعة، 1995م.

29. طمسون، توماس، الماضي الخرافي للتوراة والتاريخ، ترجمة: عدنان حسين، دار قدس، دمشق، 2001م.

30. عبادة، مصطفى، ثلاثون يومًا في المستقبل: رحلة إلى ينتشوان- نينغشيا- الصين، 2107م.

31. عبد الله، حسن، الاحتلال البرتغالي للبحرين، شبكة المعلومات الدولية، على الرابط:

http://www.vob.org/arabic/truth/truth6.htm

32. العلوي، هادي، المستطرف الصيني، دار المدى للثقافة والنشر، سوريا، (2000/ 1994م).

33. عمر، عبد العزيز عمر، التاريخ الأوروبي والأمريكي الحديث، دار المعرفة الجامعية، القاهرة.

34. عوض، محمد هاشم، مراحل وأساليب انتشار الإسلام والمسيحية في إفريقيا، مجلة دراسات إفريقية، دار جامعة إفريقيا العالمية للطباعة والنشر، العدد (15)، 1996م.

35. ابن فضل الله العمري، شهاب الدين أحمد بن يحيى بن فضل الله القرشي العدوي العمري (المتوفى 1348م)، مسالك الأبصار في ممالك الأمصار، ممالك المسلمين بالحبشة والأندلس، تحقيق: مصطفى أبو ضيف أحمد، مكتبة الأمالي، الرباط، الطبعة الأولى، (1409هـ/ 1988م).

36. فينلي، روبرت، رحلات تشنغ خه: الأيديولوجيا، سلطة الدولة، والتجارة البحرية في مينغ الصين، المجلد 8، العدد (3)، 2008م.

37. قه تشنغ مينغ، قرية تشنغ خه في القرن الإفريقي، مقالة منشورة في جريدة الشعب اليومية الصادرة 21 يوليو 1985.

38. قونغ تشن، سجلات البلدان في المحيط الهندي، مراجعة وملاحظات شيانغ دا، دار الصين، بكين، 1961م.

39. قوه ينغ ده، تاريخ العلاقات الصينية العربية، ترجمة: تشانغ جيا مين، المركز العربي للمعلومات، 2004م.

40. ك. بانيكار، آسيا والسيطرة الغربية، ترجمة: عبد العزيز جاويد، دار المعارف، القاهرة، 1962م.

41. كنعان، جورجي، أمجاد إسرائيل في أرض فلسطين، دار الطليعة، بيروت، 1978م.

42. كنعان، جورجي، العنصرية اليهودية، دار النَّهار، بيروت، 1983م.

43. كونغ يوانزي، حول العلاقة بين تشنغ هو والإسلام في جنوب شرق آسيا، نشرت هذه الورقة لأول مرة في دراسات جنوب شرق آسيا 2006، وتوجد نسخة منها على موقع كيوتو لجنوب شرق آسيا، على الرابط:

https://kyotoreview.org/issue-10/on-the- relationship-between-cheng-ho-and-islam-in-southeast-asia/#return-note-3047-34

44. كين يو قوان، تاريخ التكتيك الصيني، دار جيش التحرير الصيني للنشر 2008م.

45. لويز ليفاثيس، يوم سادت الصين البحار، ترجمة: علي أحمد كنعان، تالة للطباعة والنشر، الرياض، 2005م.

46. لويز، ليفاثيس، عندما حكمت الصين البحار: أسطول الكنز من عرش التنين (1405–1433م)، أونكتاد، «تنظيم المشاريع والتنمية الاقتصادية: معرض برنامج Empretec»، جنيف، 2004م.

47. لي وينهوا، قومية هوي في الصين، ترجمة: ما ييباو، نينغشيا الشعبية

للنشر، توزيع مكتبة شينخوا الوطنية، الطبعة الأولى، سبتمبر 2013م.

48. ليانغ تشيتشاو، سيرة تشنغ هو، الملاح العظيم في الصين، في مختارات عن دراسات تشنغ هو، وانغ تيان يو ووان مينغ، مطبعة جامعة بكين، 2004م.

49. ليو روزهونغ، بعثات تشنغ هو، مطبوعات الأدب الصيني، 1983م.

50. ليو ين، رحلة تشنغ خه إلى دول المحيط الهندي، رسوم: تشونغ ليو، دار نشر الفنون الجميلة الشعبية، شانغهاي، الطبعة الأولى، 1983م.

51. مارغيتي، روكساني إيليني، تجارة عدن والمحيط الهندي: 150 عامًا في حياة ميناء عربي من العصور الوسطى، مطبعة جامعة نورث كارولينا، 2007م.

52. مارغيتي، روكساني إيليني، الشبكات التجارية ومدن الموانئ ودول القراصنة: الصراع والمنافسة في عالم التجارة في المحيط الهندي قبل القرن السادس عشر، مجلة التاريخ الاقتصادي والاجتماعي للشرق، مجلد (4)، العدد (51)، 2008م.

53. محيرز، عبدالله أحمد، رحلات الصينيين الكبرى إلى البحر العربي، دار جامعة عدن للطباعة والنشر، 2000م.

54. المسعودي، علي بن الحسين (المتوفى 957م)، مروج الذهب ومعادن الجوهر، تحقيق: محمد محيي الدين عبد الحميد، دار الفكر، بيروت، الطبعة الخامسة، (1393هـ/ 1973م).

55. موداك، مانوراما، الهند شعبها وأرضها، ترجمة: عبد الفتاح إبراهيم، مكتبة النهضة، القاهرة، 1964م.

56. موسى، فيصل محمد، موجز تاريخ إفريقيا الحديث والمعاصر، مطبعة جامعة النيلين، الخرطوم، 1999م.

57. موقع arabic.cri.cn، البحّار الصيني المسلم تشنغ خه الذي قام برحلات عدة لسواحل دول العالم، مقالة نشرت في موقع arabic.cri.cn، 2010م، على الرابط:

http://arabic.cri.cn/801/2010/12/29/382s135898.htm

58. موقع ihodl.com أكبر الجيوش في التاريخ، على الرابط:

https://ar.ihodl.com/analytics/2014-12-03/kbr-ljywsh-fy-ltrykh/

59. موقع حول الإسلام، أسطول الكنز، على الرابط:

https://aboutislam.net/multimedia/world-in-picture/admiral-zheng-chinese-leader-spread-islam-across-southeast-asia/

60. نان بينغ ون وتان قانغ، تاريخ أسرة مينغ، الدار الشعبي لشنغهاي، الطبعة الأولى 1980م.

61. نصار، علي إسماعيل، قراءة مستخلصة من كتاب قلادة النحر للفقيه اليمني بامخرمة، شبكة المعلومات الدولية على الرابط:

http://www.aljazeera.net/in-depth/europen_rights/2002/12/12

62. الهاجري، علي بن غانم، السلطنة الجبرية... عهد السلطان أجود بن زامل، دار جامعة حمد بن خليفة للنشر، الدوحة، 2018م.

63. هوخام، هيلد، تاريخ الصين، ترجمة: أشرف محمد كيلاني، المجلس الأعلى للثقافة، القاهرة، 2002م.

64. اليعقوبي، أحمد بن إسحاق بن جعفر بن وهب بن واضح (المتوفى 904م)، البلدان، دار الكتب العلمية، بيروت، الطبعة الأولى، 1422هـ.

65. يلماز، عرفان، مكتشف الكنز المفقود فؤاد سزكين وجولة وثائقية في اختراعات المسلمين، ترجمة: أحمد كمال.

66. يوسف، محمود / لي خواين، البحار الصيني المسلم تشنغ خه في الذكرى الـ600 لرحلته الأولى، موقع أندلسيات الإلكتروني، نشر 2018م، على الرابط:

https://andalusiat.com/2018/05/16/%D8%A3%D9%85%D9%8A%D8%B1-

2.7. المصادر والمراجع الأجنبية:

67- Amashita and Michael S. And Gian Guadalupe, "Zheng He: Track the epic journeys of China's largest explorer," White Star Publishing, 2006.

68- Atwell, William S:"Time, Money, and the Weather: Ming China and the "Great Depression" of the Mid-Fifteenth Century," The Journal of Asian Studies Volume 61, Number 1, 2002.

69- Chan, Hok-lam, "The Chien-wen, Yung-lo, Hung-his, and Hsüan-te reign 1399-1435", The Cambridge History of China, Volume 7: The Ming Dynasty 1368-1644, Part 1.Cambridge: Cambridge University Press, 1998.

70- Chau Ju-Kua, His Work on the Chinese and Arab Trade in the Twelfth and Thirteen Century Entitled Chu-Fan-Chi, translated from the Chinese, and Annoted by Friedrich Hirth and W. W Rockhill (St. Petersburg: Printed Office of the Imperial Academy of Science, 1911.

71- C. Brocleman- History of Islamic People - Liedan - 1965.

72- Chen Dasheng, "Cheng Ho, Islam in Southeast Asia and the Chronicles of Semarang," Asia Culture, Singapore Association of Asia Studies, June 2003.

73- Chen Yusong, The Relationship between Chinese Immigrants from Ming Dynasty and the Islamization of Southeast Asia (Mingdai Zhongguo Yimin Yu Dongnanya Huihua De Guanxi 明代中国移民与东南亚回化的关系), in Journal of the South Seas Society, 1975-1976, volume 30 (1-2).

74- Deng Zhicheng, Edited Antique Miscellanea, Antique Miscellanea III Volume VI, Zheng He Printed Tripitaka (Gudong Suoji Quanbian, Gudong Sanji Juanliu, Zheng He Yinzao Dazangjing 骨董琐记全编·骨董三记卷六·郑和印造大藏经), Beijing: Zhonghua Book Company, 2008.

75- Diffie, Bailey W. and George D. Winius, Foundations of the Portuguese Empire, 1415-1580.

76- Dreyer, Edward, China and the oceans in the early Ming Dynasty 1405-1433, New York: Pearson Longman, 2007.

77- Duyvendak. J.J.L, The True Dates of the Chinese Maritime Expeditions in the Early Fifteenth Century1, in T'oung Pao China, Asian Studies, Leiden, Volume 34: Issue 1, The Netherlands, 1938.

78- Feng Chengjun, Annotations to the Overall Survey of the Ocean's Shores: Preface (Yingya Shenglan Jiaozhu Xu 瀛涯胜览校注·序), Beijing: Zhonghua Book Company, 1955.

79- F. Sezgin, Gechichte des arabischen Schrifttums, G A S, Vol, XI.

80- F. W. Harvard, Imperial China 900-1800, Publisher: Harvard University Press, 2003.

81- Geoff Wade, China and Southeast Asia, London: Routledge, 2009.

82- Gavin Menzies, 1421: The Year a Magnificent Chinese Fleet Sailed to Italy and Ignited the Renaissance, (P.S.) Paperback - June 9, 2009.

83- Haraptasad Ray, The Eighth Voyage of the Dragon that Never was: An

Enquiry into the Causes of Cessation of Voyages during Early Ming Dynasty, Institute of Chinese Studies, Delhi, Vol 23, Issue 2, 1987.

84- Helaine Selin, Encyclopaedia of the History of Science, Technology, and Medicine in Non-Western cultures, New York: Springer, Edition2, Volume A-K, 2008.

85- Hoon, H.S, Zheng He's art of collaboration: Understanding the legendary Chinese admiral from a management perspective. Institute of Southeast Asian Studies, 2012.

86- Hui Chun Hing, Huangming Zuxun and Zheng He's Voyages to the Western Oceans, Journal of Chinese Studies, No. 51, July 2010.

87- HUYGHE, PATRICK, Columbus was last, New York, 1992.

88- Eficent Drei neue versionen der chinesisich-koreanischen wletkarte von 1402, in; studia sino altaica, festschrift fur Erich haenissh zum 80. Geburtstag, hrg. Von H. franke, wiespaden, 1961.

89- Joseph Needham, Science and Civilisation in China, vol, 111, Cambridge, London, -NeYork-Melbourne, 1959.

90- Liu Zhiqin, Discussion on the late Ming History: Rethinking the Decline and Change in the Last Phase (Wan ming shi lun: chongxin renshi moshi shuaibian), Jiangxi Universities and Colleges, 2004.

91- Liao Dake, Zheng He's Voyages to the Western Ocean and the Spread of Islam in Southeast Asia (Zheng He Xiaxiyang Yu Yisilanjiao Zai Dongnanya De Chuanbo郑和下西洋与伊斯兰教在东南亚的传播), The Chinese People Towards the Ocean (Zouxiang Haiyang De Zhongguoren走向海洋的中国人) edited by Nanjing Zhen He Research Center, Beijing: Haichao Press, 1996.

92- Luo Maodeng, annotated by Lu Shulun and Lan Shaohua, Sanbao Taijian xia Xiyang ji tongsu yanyi) Popular romance of the journey to the Western Ocean of the Three Treasure Eunuch), Shanghai: Shanghai Guji Chubanshe, 1985.

93- OBREGON, MAURICIO, The Columbus papers, The Barcelona letter of 1493.

94- ON MANUEL OSUNAY SAVINON, Resumen de la geografia fisica, Santa GUZZ de Tenerife, 1844.

95- The land fall controversy and the Indian guides. Mc Millen co. N.Y, 1990.

96- Parlindungan Siregar, Tuanku Rao, Terror Mazhab Hambali di Tanah Batak, Disunting: Dame Ambarita, Jakarta, 1964.

97- Pollard, Elizabeth, Worlds Together Worlds Apart, New York: W.W. Norton & Co, 2015.

98- Maria Jaschok, Jingjun Shui, The history of women's mosques in Chinese Islam: a mosque of their own, Psychology Press, 2000.

99- Muljana Slamet, Runtuhnja Keradjaan-Keradjaan Hindu Djawa Dan Timbulnja Negara-Negara Islam Di Nusantara, Jakarta: Bhratara, 1968.

100- Robert Finlay, The Voyages of Zheng He: Ideology, State Power, and Maritime Trade in Ming China", Journal of The Historical Society, Volume8, Issue3, 2008.

101- Robert Finlay, Portuguese and Chinese Maritime Imperialism: Camões's Lusiads and Luo Maodeng's Voyage of the San Bao Eunuch, Volume 34, Issue 2, Society for the Comparative Study of Society and History, 1992.

102- Qian Jiang, "Cheng Ho's Expeditions and Chinese Muslim Communities in the Indonesian Archipelago as seen through The Malay Annals of Semarang and Cirebon," Overseas Chinese History Studies, 2005.

103- Ray, Haraptasad, The Eighth Voyage of the Dragon that Never was: An Enquiry into the Causes of Cessation of Voyages during Early Ming Dynasty, Journal Indexing & Metrics, Institute of Chinese Studies, Delhi, Vol 23, Issue 2.

104- Robinson, David M: "Banditry and the Subversion of State

Authority in China: The Capital Region during the Middle Ming Period (1450-1525)," Journal of Social History (Spring 2000).

105- Robinson, David M: "Politics, Force and Ethnicity in Ming China: Mongols and the Abortive Coup of 1461," Harvard Journal of Asiatic Studies, Volume 59, Number1, June 1999.

106- Samanen Sutra (Shaminili Jiewen沙弥尼离戒文), the last volume, collected in Yunnan Provincial Library.

107- Shoujiang Mi, Jia You. Islam in China, trans by Min Chang, China Intercontinental Press, 2004.

108- Slamet Muljana, Runtuhnja Keradjaan-Keradjaan Hindu Djawa Dan Timbulnja Negara-Negara Islam Di Nusantara, Jakarta, Bhratara 1968.

109- Tablet of Zheng He: the process of seven voyages of the grand eunuch San' pao.

110- Tan Ta Sen, Dasheng Chen, Cheng Ho and Islam in Southeast Asia. Institute of Southeast Asian Studies, 2000.

111- Wang, Gongoo, Ming foreign relations: Southeast Asia, The Cambridge History of China, Volume 8: The Ming Dynasty 1398-1644, Part 2, Cambridge: Cambridge University Press, 1998.

112- Wang Tianyou, Xu Kai, Wan Ming, ed, Zheng He's Voyages and World Civilization: Proceedings in Memory of the 600th Anniversary of Zheng He's Expedition (Zheng He yuanyang yu shijie wenming: jinian zhenghe xi xiyang 600 zhounian lunwen ji), Peking University 2005.

113- WEINER, LEO, Africa and the discovery of America. Philadelphia, 1920.